تطوير التعليم

في ضوء تجارب بعض الدول

فهرسة أثناء النشر إعداد إدارة الشئون الفنية - دار الكتب المصرية
إسماعيل، منار محمد
تطوير التعليم في ضوء تجارب بعض الدول/ تأليف: منار محمد إسماعيل
ط1.- القاهرة: المجموعة العربية للتدريب والنشر
245 ص : 24x17 سم.

1- التخطيط التربوي أ- العنوان
ديوي: 371,207 رقم الإيداع : 2010/23275

الطبعة الأولى
2012

Arab group

الناشر

المجموعة العربية للتدريب والنشر
8أ شارع أحمد فخري - مدينة نصر - القاهرة - مصر
تليفاكس: 22759945 - 22739110 (00202)
الموقع الإلكتروني : www.arabgroup.net.eg
E-mail: info@arabgroup.net.eg
elarabgroup@yahoo.com

تطوير التعليم في ضوء
تجارب بعض الدول

إعداد
د. منار محمد إسماعيل بغدادي

الناشر
المجموعة العربية للتدريب والنشر

Arab group

2012

(قالوا سبحانك لا علم لنا إلا ما علمتنا إنك أنت العليم الحكيم)

صدق الله العظيم

(سورة البقرة: 23)

الإهداء

إلى

رفيق دربي وشريك رحلة الكفاح ...

إلى زوجي العزيز

المحتويات

التقديم

شهد العالم خلال العقدين الأخيرين تغيرات هائلة في مقدمتها الثورة التكنولوجية، وتزايد التسابق الاقتصادي، والتدفق العلمي والمعرفي، وتعاظم ظاهرة العولمة التي أصبح العالم بموجبها قرية صغيرة، الأمر الذي يحتم علينا التعايش مع كل هذه المتغيرات العالمية واللحاق بركب التقدم والحضارة، وتطوير التعليم بخطى واسعة سريعة، في ضوء الاتجاهات العالمية التي اتبعتها الدول المتقدمة لتطوير تعليمها. ومن ثم أصبح من الضروري الإطلاع على أحدث سياسات تطوير التعليم في الدول المتقدمة والتي اتخذت أشكالا متعددة منها التعلم الإلكتروني، والتعليم من بعد، والتنمية المهنية للمعلمين باستخدام تكنولوجيا المعلومات والاتصال وغيرها من أساليب التطوير.

وقد تناول هذا الكتاب أبرز الاتجاهات العالمية لتطوير التعليم في بعض دول العالم بهدف الاستفادة منها في تطوير التعليم في مصر، وتضمن الفصل الأول منه تجارب بعض الدول في تطبيق المدارس الإلكترونية، ومنها إنجلترا وأستراليا وسنغافورة والصين ، وتناول الفصل الثاني المحاسبية التعليمية كأحد آليات الإصلاح المؤسسي في كل من إنجلترا والولايات المتحدة وكندا ونيوزيلندة. وتضمن الفصل الثالث خبرات بعض الدول في الإصلاح المتمركز على المدرسة ومنها إنجلترا والصين ونيوزيلندة. أما الفصل الرابع فقد تناول خبرة كلا من إنجلترا والولايات المتحدة في استخدام أكاديميات التنمية المهنية للمعلمين من بعد وكذلك الأكاديميات الافتراضية بهدف تطوير التنمية المهنية للمعلمين في مصر. أما الفصل الخامس فقد تناول تجربة مشروع المائة مدرسة لتطوير التعليم في مصر وما يماثلها من مشروعات على مستوى العالم. أما الفصل السادس فقد تناول تجربة الصين في الإصلاح التعليمي، ولعل هذه المنظومة الرائعة من سياسات تطوير التعليم تسهم في الارتقاء بالمدرسة المصرية لتصل لمثيلاتها على مستوى العالم.

و الله ولى التوفيق

المؤلفة

الفصل الأول

خبرات بعض الدول في تطبيق المدارس الالكترونية إنـجلترا وأستراليا وسنغافورة والصين

أولا: تجربة إنـجلترا في تطبيق المدارس الإلكترونية

المدرسة الإلكترونية هي مدرسة يتعلم فيها الطالب كيف يقوم استخداماته لتكنولوجيا المعلومات والاتصال عن طريق البريد الإلكتروني، وغرف الحوار (Chartrooms) .

وتؤسس المدارس الإلكترونية في إنجلترا على أسس التعلم الإلكتروني مثل البرمجيات، وتطبيقات معالجة النصوص Word Processing والنشر المكتبي، والرسم باستخدام Power Point، وتأليف الوسائط المتعددة وتصميم المرافق باستخدام الكمبيوتر، وتعليم الطلاب كيفية البحث عن المعلومة عن طريق الانترنت، وكيفية تفسيرها واستخدام جداول البيانات وتسجيل التجارب .

يعتبر بناء الشبكة القومية للتعليم (NGFL) National Grid for Learning من أهم السياسات التعليمية التي اتخذتها حكومة تونى بلير والتي هدفت إلى تكامل التعليم (دمج التعليم في نسيج المجتمع البريطاني[(1)].

تقوم المدارس الالكترونية على استخدام الوسائط التالية

1- استخدام الوسائط الرقمية مثل الكاميرات الرقمية**Digital Cameras** في تسجيل قيام الطلاب بالأنشطة العلمية، وإجراء التجارب، والألعاب الرياضية وليسهم استخدام الوسائط الرقمية في زيادة واقعية الطلاب ويساعدهم على تحليل أدائهم وتحسين مقاييس التعلم.

2 - استخدام أجهزة الفيديو الرقمية وإدخالها في برامج الفنون الإبداعية.

ويتضمن استخدام المعدات والأجهزة مثل الفيديو والتسجيلات أن يعطى الطلاب قائمة بمجموعة من العناصر ليستمعوا إليها مسبقا[2]. وقد أجرت المؤسسة البريطانية لتكنولوجيا التعليم British Education Communication (Beta) برنامج لتدريب المدارس على استخدام الكاميرات الرقمية . وتقوم هذه المؤسسة بتعزيز المدارس التي تقوم تعتمد على الكمبيوترات المحمولة وإدخال البيانات ومشاركة الطلاب وإجراء الملاحظات[3].

3- استخدام السبورة الذكية التي تجعل الدخول على شبكة الانترنت متاحا وتجعل المعلومات متاحة وتساعد على تسجيل بيانات الطالب.

4- تستخدم أجهزة الكمبيوتر المحمولة التي تساعد على نقل التكنولوجيا للفصل الدراسي.

5- إستخدام مؤتمرات الفيديو كونفرانس عن طريق الشبكات المدرسية School Intranet والاشتراك مع مدارس أخرى في تدريب المعلمين .

6- إستخدام لوحات إعلانات إلكترونية لإعلام الطلاب والمعلمين التفاصيل الإدارية المهمة.

7- إنشاء مراكز التعلم المستقل المتكاملة مزودة بمكتبة وأجهزة كمبيوتر محمولة. وتقوم على أساس المكتبات المباشرة Living Library[4] التي تعد مصادر لخدمات المكتبة المباشرة للمعلمين والطلاب، وتوفر آلاف من المقالات كمصادر رقمية، والمراجع، والصور، وعروض الملتيميديا من أشهر دور النشر في انجلترا ويستخدمها أكثر من مائتي مليون طالب بانتظام وتقريبا نصف المدارس في المملكة المتحدة، وهى تدار بواسطة شركة آلات البحث (RM) Company Research Machines توفر ICT لكل مدارس المملكة المتحدة[5].

الشبكات في المدارس الالكترونية في انـجلترا :

1- الشبكة القومية للتعليم (NGFL)

أولت حكومة تونى بلير عام1996 اهتماما متزايدا بتعليم تكنولوجيا المعلومات والاتصالات في المدارس حيث خصصت في عام 1996 بحوالى 3.6 بليون دولار لتعليم تكنولوجيا المعلومات والاتصالات في المدارس، وتم بناء الشبكة القومية للتعليم (NGFL) National Grid for Learning والتي تعتبر من أهم السياسات التعليمية التي اتخذتها حكومة توني بلير والتي هدفت إلى تكامل التعليم (دمج التعليم في نسيج المجتمع البريطاني.وتعد الشبكة القومية للتعليم في انجلترا بوابة المصادر التعليمية على الانترنت وتم إنشائها بواسطة وزارة التربية والتعليم بالتعاون مع الهيئة البريطانية لتكنولوجيا المعلومات والاتصالات وتشمل الشبكة القومية للتعليم المدارس والكليات، والجامعات والمكتبات العامة، ومراكز المجتمع وتم ربطها بالمكتبات العامة وتهدف إلى توصيل مجتمع التعلم ببعضه كما أنها مصدر ثرى للمعلم من خلال ما توفره من مصادر تعليمية على الانترنت[6].

وتهدف هذه الشبكة إلى تحسين التعليم في المدارس البريطانية للصفوف من (1-12) من مرحلة رياض الأطفال وحتى الصف الثاني عشر وأن تغير عملية التعلم بحيث تكون شيقة مع التركيز على استخدام خدمات Software لكل من التلميذ والمعلم على حد سواء وهى شبكة تنطق حرفيا ما ينبغي تعلمه. الشبكات الإلكترونية في انجلترا National Grid for Learning (NGFL) تربط الشبكة القومية للتعليم بين المدارس والكليات والجامعات والمكتبات العامة ومراكز المجتمع، مع مبادرة المتعلم المباشر للعمل معا Learn Direct to Work Together [7]. وتقوم هذه الشبكة بتوفير فرص التعليم للمجتمع لتحقيق التعلم مدى الحياة Life Long Learning وإزالة أبرز مبادرات الشبكة القومية لتعليم المجتمع في انجلترا مبادرة Dudley Community Grids for Learning والتي تدار كسلسلة من الشبكات المفتوحة التي يمكن مستخدمي الانترنت

من الدخول لأي جزء من المملكة المتحدة. كما تم إنشاء شبكة نادى للأطفال في سن (7-11) يهدف إلى استخدام وسائل الاتصال لمساعدة الشباب الصغار على أن ينجحوا في أداء الواجبات المنزلية، وأداء الامتحانات أو ببساطة اكتشاف أشياء كثيرة على العلم.

الشبكة القومية للتعليم في انجلترا مشروع يتكون من ثلاثة عناصر أساسية هي البنية التحتية لمراكز التعلم في المكتبات العامة. المجتمع الرقمي لمصادر التعلم. وتدريب كل العاملين في المكتبات العامة على استخدام التكنولوجيا .وتقوم الشبكة القومية للتعليم على تطوير Soft were والمحتوى الرقمي للمناهج وتركز على تطوير مؤشرات الجودة النوعية للمحتوى الموضوع على الانترنت. وقد نفذت (NGFL) إطار عمل موحد للمصادر التعليمية والتطبيق وقد اهتمت الحكومة البريطانية بتعزيز الشراكة بين القطاع العام والخاص في تطبيق الشبكة القومية للتعليم، ومن ابرز الأمثلة لذلك برنامج (face to face) وهى المبادرة التي قام بها بنك(Nat west) البريطاني لتدريس الأطفال من سن 11 - 19 سنة وتزويد المعلمين بمواقع مجانية للمصادر التعليمية بالمواد الدراسية بحسب الأعمار، والمراحل الدراسية والمهارات الأساسية .

2- المنهج القومي كمصادر ومواد تعليمية رقمية :

بدأ تنفيذ مبادرة وضع المنهج القومي كمصادر ومواد تعليمية في انجلترا Curriculum on line Digital Course Material uk. على الشبكة القومية للتعليم في انجلترا (NGFL) لتوفير المقررات الدراسية الرقمية للمنهج القومي وموارده الدراسية في ابريل وفى 2004 وقد تكلف هذا المشروع 84 مليون دولار قدمتهم مدارس BBC في انجلترا. وقد تم توفير المحتوى الرقمي لمناهج ست مواد دراسية لشهادة (GCSE) في سبتمبر 2002 ومنها الرياضيات والعلوم والتاريخ. وتستخدم الأفلام الوثائقية والتجارب والفيديو لشرح تلك المواد ويهدف المنهج القومي على الانترنت إلى إنشاء مكتبة على شبكة الانترنت مباشرة مزودة بملفات الفيديو والوثائق التاريخية ومواد تفاعلية أخرى لتكون متاحة لكل فرد.

3- الشبكات المدرسية:

يبدأ طلاب المدارس الإلكترونية في انجلترا من خلال عملهم في الشبكة المدرسية، School Intranet ، والعمل من خلال خطة فردية للتعلمIndividual (IEP) Education Plan وكل طالب لديه خطة فردية تفي باحتياجاته ولدية عمل على الشبكة المدرسية فالتعديل معد لما يحصله الطالب وليس على أساس الهدف الذي يجب أن يصل إليه

توجد في انجلترا مؤسسات تقيس كفاءة الطلاب في استخدام البرمجيات مثل شهادة التقدم المهني (Avce) Advanced Vocational Corticated in Education الكمبيوتر المستوى المتقدم GCE عند سن 9-10-11 في المرحلة الرئيسية الرابعة. وتستخدم الشبكة المدرسية School Internet ليتعرف المعلمين على الطلاب الغائبين في يوم محدد وفى فصل معين من خلال مكالمات الصباح (roll Call) هي عبارة عن تسجيل رقمي لأسماء الطلاب وهذا يسمح للمدرسة أن تنذر الأسرة بشكل مبكر .

4- شبكات المعلمين Teachers Network :

يقوم هذا النمط من التنمية المهنية المعتمدة على الشبكات بتدعيم التنمية المهنية والإصلاح التعليمي حيث تقوم الشبكات بتوفير كافة المعلومات التي تسهم في تنمية المعلمين أكاديميا ومهنيا وشخصيا كما تقوم بعرض المؤتمرات ونشر المجلات العلمية ومن أشهر شبكات التنمية المهنية للمعلمين (Teacher Net) [8] وهى جزء من الشبكة القومية للتعليم National Grid for learning تدعم الشبكات أيضا في عملية التنمية المهنية للمعلم من خلال شبكة المعلمين Teacher Net وتقوم هذه الشبكات بتوفير كافة المعلومات التي تسهم في تنمية المعلمين أكاديميا ومهنيا في خمسة مجالات أساسية هيئة التدريس والتعلم بوابة للمصادر التعليمية على الانترنت، الإدارة، مساعدة المعلمين على إجراء بحوثهم التربوية، الإحاطة بأحدث التطورات في مجال التعليم[9].

كما يتم تدريب المعلمين عن طريق شبكة (iT Network Support) وتوفر هذه الشبكة مصادر تعليمية للمعلمين حديثي التعيين. كما توفر هذه الشبكات فرص

الاطلاع بشكل مستمر للمعلمين على القضايا المدرسية أولا بأول وكافة المعلومات عن المجتمع المدرسي. وقد ساهمت هذه الشبكات في تعديل أساليب التدريس وخلق نمط جديد من العلاقة بين مؤسسات التدريب والمدارس[10].

ومن أهم المبادرات في مجال إنشاء الشبكات، إنشاء الشبكة القومية لمراكز تعلم العلوم National Network For Science learning centers والتي تهدف إلى تعلم العلوم ومساعدة الطلاب على اكتساب وفهم احتياجاتهم وكذلك دعم المعلمين لتوصيل وتعليم العلوم[11].

ويفرض استخدام الشبكات الالكترونية في عمليات التعليم والتعلم على المعلم أداءات سلوكية جديدة، ويغير من أدواره ومسئولياته خاصة في تفاعله مع الطلاب وفي تعامله مع المادة الدراسية لأنها تغير من دور المعلم من ملقن وشارح لمادة دراسية في فصل تقليدي إلى موجه وميسر[12].

5- شبكات الويب التفاعلية :

تستخدم شبكة الويب التفاعلية Parents on Line بهدف تقوية الروابط المدرسية والأسرة، ويستخدمها أولياء الأمور للحصول على المعلومات عن كل ما يتعلق بالعملية التعليمية، وخلق الوعي لدى الآباء عن كيفية تدعيم أبنائهم في استخدام ICT وزيادة وعى الآباء نحو استخدام أطفالهم الانترنت وعن عوامل تحقق الأمان في استخدام الانترنت[13].

6- معلم التعليم الالكتروني:

تأسيس أول مجتمع تعلم مباشرة على الانترنت Head Teachers بواسطة الكلية الوطنية للقيادة المدرسية (NCSL) ويهدف إلى تسهيل الربط الشبكي بين القيادات المدرسية لغرض تسهيل المناقشات والاشتراك معا في حل المشكلات[14].

كما يعد قطاع التعلم مدى الحياة life Long Learning وهو جزء من مجلس التعلم والمهارات مسئولا عن التطوير المهني لجميع العاملين في مجتمع التعليم والتنمية والتعليم العالي، والمكتبات، والمحفوظات، وخدمات العمل والعمل على أساس التعلم work Based Learning ويقوم بالمشاركة ونشر المعلومات ذات الصلة بإطار مؤهلات المعلم، ودعم التنمية المهنية واعتماد المعلمين في سياق التعلم الإلكتروني يتكون من ست مراحل تبدأ بخلفية عن المعايير، ثم تحليل احتياجات المتعلم، يليها التقويم الذاتي ثم التخطيط، يليها التنفيذ ثم التقويم، والتغذية الراجعة . وتقوم شبكة تعليم ودعم المعلمين باستخدام Learning and Teaching wsing باستخدام تكنولوجيا المعلومات في التخطيط للدروس، ودراسة الحالة عبر الفيديو كما يستخدم الانترنت في تعليم المعلم والتنمية المهنية للمعلم من خلال موقع (BEJA) ، ويتم تدريب المعلم عن طريق it Network .ويوجد أيضا دليل لاستخدام المعلمين لتكنولوجيا الاتصال والمعلومات في كل المراحل التعليمية ودمجها مع المواد الدراسية داخل الفصل الدراسي[15].

7- المدارس الصيفية:

تقدم **برنامج بعد ساعات الدراسة** Out of School Hours Learning Program يفتح هذا البرنامج نصف المدارس الثانوية والمدارس الخاصة وربع المدارس الابتدائية لتعلم المجتمع .ويدعم أنشطة التعليم عن طريق برنامج للموسيقى، دراما، والأنشطة الفنية، وأنشطة تطوعية وحاليا يصرف 50 مليون لتأسيس وإنشاء مدارس صيفية في أنحاء المملكة المتحدة.

8- البريد الالكتروني

استجابت انجلترا للتغير التكنولوجي السريع من خلال إنشاء مجموعة من الشبكات المحلية التي تدعم كثير من المجتمعات وتهيئ الظروف التدريسية الفعالة والجماعية وتسمح بتبادل الخبرات والممارسات الجيدة والمعلومات وترسخ قيم العمل التعاوني

وتساعد أعضائها على حد المشكلات وتوفر الخبرة والمعرفة .ويسهم البريد الالكتروني في تقديم الدعم، وتسهيل الاتصالات، واشتراك مجموعة غير متزامنة، بمعنى أنها لا تحتاج من المشتركين الدخول على الانترنت في الوقت ذاته ويمكنهم قراءة رسائلهم في أوقات الفراغ، وهذا يسهل الاتصال عبر المسافات الطويلة والمناطق الزمنية المختلفة ويتيح إنشاء المجتمعات الدولية[16].

ويستخدم البريد الالكتروني في التقييم والتعليم بشكل غير متزامن حيث يعتمد على مجموعات النقاش كطريقة لجذب المعلمين من أجل دعم إنشاء مجتمعات المعلمين على الانترنت. وقد أسهم هذا الأسلوب في دعم المعلمين بطريقة غير رسمية[17]. ويعد البريد الالكتروني وسيلة اتصال جيدة تمكن المعلم من الاتصال بطلابه وتمكن التلاميذ من إرسال واجبا تهم المنزلية لمعلمهم عبر الانترنت. كما يفيد المعلم في الاتصال بزملائه وبمدربه في برامج تدريب المعلمين المبتدئين[18].

مبررات وعوامل نشأة المدارس الالكترونية في انـجلترا :

أولا: العوامل السياسية

تعد بريطانيا من أوائل دول العالم التي أخذت بنظام الحزبين وذلك لوجود حزبين كبيرين يتناوبان السلطة، هما حزب العمال وحزب المحافظين ولكل من الحزبين كتلة برلمانية مكونة من أعضائه في البرلمان[19].

النظام السياسي في إنجلترا نظام ديمقراطي برلماني يتم تشكيل الحكومة بواسطة الحزب السياسي الذي حصل على تأييد أغلبية الأعضاء المنتخبين. ويتبنى كل حزب اتجاها خاصا به نحو القضايا التعليمية. فبينما كانت سياسة التعليم لحزب المحافظين تتمثل في تقديم التعليم الأكاديمي لفئة مختارة من الشعب وتحرم منه الطبقات الفقيرة نجد حزب العمال استهدف برنامجه التعليمي دائما إعطاء كل فرد فرصة الحصول على تعليم متكافئ، ومن ثم وفرت انجلترا تعليما ديمقراطيا مجانيا للجميع يحقق تكافؤ

الفرص التعليمية ويحقق توازنا بين المركزية واللامركزية ومرن ومتنوع وشامل ويراعى الفروق الفردية بين أبناء الطبقة المتوسطة والفقيرة ومن لم تساعده ظروفه على استكمال دراسته[20]. وقد انعكست هذه الظروف السياسية على نظام التعلم الالكتروني في تحقيق الديمقراطية ومبدأ تكافؤ الفرص التعليمية ومراعاة الفروق الفردية للطلاب، والاهتمام بتوفير سياسة الباب المفتوح في قبول الطلاب، كما اهتمت بتوفير التعليم لأبناء الطبقة المتوسطة والفقيرة ولمن لم تساعده ظروفه على استكمال دراسته لإتمام تعليمهم[21].

ثانيا: العوامل الإقتصادية

تلعب العوامل الإقتصادية دورا مهما في الارتقاء بجودة التعليم فكلما زاد الإنفاق على التعليم زادت جودته وقد ساعد النظام الاقتصادي الذي تتمتع به المملكة المتحدة على توفير القوى البشرية العالية والمدربة وتوفير الهيئات التدريسية المدربة والمؤهلة للعمل في الجامعات وتوفير سلم وظيفي يتناسب وطبيعة العمل فيها،كما ساعد العامل الاقتصادي على تقديم حوافز تشجيعية لاجتذاب العناصر ذات الكفاءة العالية من الكوادر البشرية في المملكة المتحدة، وساعد التطور الاقتصادي على دعم ميزانية الجامعة المفتوحة إلى جانب التبرعات المادية. وقد شهدت التسعينيات تحسنا ملحوظا في الظروف الاقتصادية في انجلترا. وغير النمو الاقتصادي من النظرة إلى التعليم فبعد أن كان ينظر إليه باعتباره سلعة إنتاجية أو عاملا من عوامل الإنتاج والاستثمار هو استثمار الموارد البشرية وأصبح الهدف الأساسي من التخطيط للتعليم هو تزويد المجتمع بحاجاته من القوى العاملة المدربة الأمر الذي نتج عنه استحداث تخصصات جديدة تتناسب مع سوق العمل انطلاقا من أن التقدم في التعليم أساسا للنمو الاقتصادي[22].

وترتبط التنمية الاقتصادية بإصلاح التعليم القائم على تكنولوجيا المعلومات والاتصالات والتي تعتبر محركات للنمو وأدوات لبناء القدرات وتعزيزها كما أن لها أثر عميق في إصلاح التعليم[23]. وكاستجابة للعوامل الاقتصادية وللنمو الاقتصادي

استطاعت انجلترا سد الفجوة الرقمية عن طريق توظيف إستراتيجيات لتكنولوجيا المعلومات والاتصالات ملائمة بحيث استطاعت معظم المدارس الاستفادة من استخدامات الانترنت الذي يسهم في تدريس المواد الدراسية واستطاع المعلمون زيادة دافعية الطلاب في التعلم واستخدام اختبارات onlineعلى الانترنت مباشرة واستفاد كل الأفراد من الطبقات الاقتصادية المختلفة من إبداعات صناعة تكنولوجيا المعلومات والاتصالات اللاسلكية[24].

ثالثا : العوامل الجغرافية

تضم المملكة المتحدة انجلترا وويلز واسكتلندا وشمال ايرلندا، وهؤلاء جميعا يكونون دولة واحدة وما يعرف باسم الجزر البريطانية التي يفصلها عن أوروبا بحر الشمال قد أوجد عزله كبيرة بين انجلترا وأوروبا حتى إن أهل المملكة المتحدة يشعرون بأنهم يختلفون بشكل ما عن مجتمعات القارة الأوربية[25] وقد ساعدت عزله بريطانيا علي أن ينمو في بريطانيا طابع قومي خاص يختلف بشدة عن الطوابع القومية الأوربية، وهذا الطابع البريطاني أو الإنجليزي يبدو أكثر ما يكون في نمط التفكير وطبيعة وأسلوب الحياة.

ويتضح أثر العوامل الجغرافية على ظهور التعليم المفتوح ونمط الجامعة المفتوحة واعتمادها علي هيئة الإذاعة البريطانية في معظم برامجها الدراسية، وأصبحت الجامعات البريطانية محمولة علي الهواء وانتشر التعليم من خلالها في كل أرجاء المملكة وأصبح التعليم يصل إلى كل فرد في مكان تواجده، متحدية الظروف الجغرافية للجزء البريطاني[26].

رابعا: العوامل الاجتماعية:

ارتبط التعليم في انجلترا بالطبقة الإجتماعية. وإنجلترا مجتمع ديمقراطي يقوم على أن الفرد غاية في ذاته له قيمته وشخصيته وقد ظل المجتمع الإنجليزي في مطلع الستينيات حتى السبعينات أثناء حكم حزب المحافظين مجتمع أرستقراطي وليس ديمقراطي

وبوصول حزب العمال إلى الحكم حدثت تغيرات كبيرة في البنية الاجتماعية وقلت سيطرة التمايز الطبقي.

ونادى حزب العمال بإعادة تنظيم التعليم بهدف تحقيق تكافؤ الفرص بين كل الطبقات المختلفة للحصول على تعليم متساو وموحد من أجل تحقيق العدالة الإجتماعية بين كل الطبقات الفقيرة والمتوسطة والمحرومين والمعاقين وأثر هذا التغير في فلسفة التعلم الالكتروني ونمت قيم العدالة والديمقراطية(27). وسنحت فرص جديدة للطبقات المحرومة وأخذت نظم التعليم تزداد في تقديم التعليم للجماهير العريضة. ويبلغ عدد السكان في انجلترا حوالي 856,490 ألف نسمة حسب تقديرات تعداد السكان لعامة 2003 وقد بلغت نسبة الزيادة السكانية فيما بين عامي 1991 وعام 2003 حوالي 6,5%(28). بالإضافة إلى زيادة عدد المهاجرين من دول الكومنولث والمستعمرات البريطانية وما فرضته من تحديات هائلة على التعليم، ففي انجلترا نظرا لحاجة هؤلاء إلى تعليم يتعلق بلغتهم واختلافاتهم الثقافية(29).

خامسا: العوامل التكنولوجية

تعد الثورة التكنولوجية وثورة المعلومات نتاج تضافر بين العلم والتكنولوجيا وكان من أهم نتائج هذه الموجة ثورة تكنولوجيا المعلومات، وتعد المملكة المتحدة من أوائل الدول التي استفادت من تكنولوجيا المعلومات في المدارس البريطانية والاتصالات، وأصبحت جزءا من المنهج وزادت نسبة أجهزة الكمبيوتر في المدارس. وأعلنت الحكومة عن إنشاء شبكة قومية للتعليم للاستفادة من تكنولوجيات الطريق السريع للمعلومات وفرص التعليم مدى الحياة(30) وتقوم هذه الشبكة على ثلاثة عناصر رئيسة هي:

- أولا: بناء محتوى تعليمي جيد على شبكة الإنترنت.
- ثانيا: إيجاد برنامج متطور للاتصال بين المدارس والمكتبات والكليات والجامعات وأماكن العمل والمنازل وأي أماكن أخرى.
- ثالثا: تدريب المعلمين وأمناء المكتبات على تكنولوجيا المعلومات والاتصالات.

وتهدف الشبكة إلى :

- ربط مجتمع التعليم بعصر المعلومات.
- تقديم الخدمة التعليمية بكافة فئات المجتمع.
- طريقة لاستخدام المواد التعليمية والتعلم المباشر.

وسوف يستفيد من الشبكة كل فرد يرغب في التعلم بغض النظر عن عمره، ويتم الانتهاء منها بحلول عام 2002 ورصدت لها ما يقرب من 700 مليون جنيه إسترليني[31].

وقد تم إنشاء المجلس القومي لتكنولوجيا التعليم British Educational Communications and Technology Agency الذي يهتم باستخدام التكنولوجيا في التعليم، وغيرها من الهيئات والتي أخذت على عاتقها نشر الأجهزة في المدارس وتدريب المعلمين أثناء الخدمة[32].

أوجه الاستفادة من تجربة انجلترا في المدارس الالكترونية

1- استفادت انجلترا من التعلم الالكتروني في تحقيق مبدأ تكافؤ الفرص ومبدأ ديمقراطية التعليم.

2- استطاعت انجلترا الاستجابة للنمو الاقتصادي وسد الفجوة الرقمية عن طريق استخدام معظم المدارس تقريبا للانترنت في تدريس المواد الدراسية .

3- استخدام الوسائط الرقمية مثال الكاميرات الرقمية، وأجهزة الفيديو، وأجهزة الكمبيوتر المحمول، ومؤتمرات الفيديو كونفرانس، ومراكز التعلم المستقل المتكاملة، والمزودة بالمكتبات ومتصلة بشبكات ومزودة بأجهزة كمبيوتر محمولة .

4- الاهتمام بإنشاء الشبكات المدرسية المحلية وتدعيم شبكات المعلمين. ويعتبر بناء الشبكة القومية للتعليم من أهم السياسات التعليمي التي اتخذتها انجلترا

5- ربط التنمية الاقتصادية بإصلاح التعليم القائم على تكنولوجيا المعلومات والاتصالات والتي تعتبر محركات للنمو وأدوات لبناء القدرات وتعزيزها.

ثانيا:تجربة استراليا في تطبيق المدارس الالكترونية

نشأة المدارس الالكترونية في استراليا :

بدأت المدارس الالكترونية في استراليا كتعليم مفتوح بمبادرات فردية نتج عنها إنشاء مدارس الهواء Schools of Air، التي استخدمت الراديو لتوصيل خدماتها التعليمية للطلاب لكي يدرسوا من بعد وقد لعب التعلم الالكتروني في استراليا دورا كبيرا في تطوير البنية الاجتماعية والاقتصادية والثقافية، وذلك منذ بداية القرن العشرين. وبحلول السبعينات صار هناك عدد كبير من المدارس الالكترونية التي تقدم تعليما للأفراد الذين يقطنون بالمناطق النائية، أو أولئك الذي لا يستطيعون الحضور إلى المدرسة لأسباب اجتماعية أو اقتصادية.

وفي خلال فترة الثمانينيات، بدأت الحكومة الفيدرالية عمليات إصلاح التعليم باستخدام التكنولوجيا الحديثة لتعليم الطلاب في إطار الرغبة في تحقيق مبدأ تكافؤ الفرص، وشهدت هذه الفترة إنشاء مراكز التعليم[33]. وفي الوقت الحالي يتزايد الاهتمام بأشكال التعليم المفتوح التي تنتشر في استراليا، حيث يتواجد حوالي خمسين جهة توفر هذا النوع من التعليم، ويرجع ذلك إلى الأعداد المتزايدة من الطلاب الراغبين في الالتحاق به، كرد فعل لطبيعة الموقع الجغرافي الاسترالي[34].

إدارة المدارس الالكترونية في استراليا:

تتكون استراليا من مجموعة من الولايات تربطها علاقات متبادلة وتتعدد نظم الإدارة والإشراف على التعليم تبعا لتعدد واختلاف الولايات بعضها عن بعض، أي أن إدارة التعلم في أستراليا لا مركزية ويمثل الكومنولث الحكومة المركزية في استراليا، ويرأسه الحاكم العام ويعاونه في عمله مجلس الوزراء. وتتمتع حكومات الولايات بالاستقلالية في الإدارة كما هو الحال في الولايات المتحدة الأمريكية وتحرص الحكومة الفيدرالية، على توفير جانب من الدعم المادي اللازم لتمويل التعلم، رغبة منها في

تحقيق مبدأ تكافؤ الفرص التعليمية[35]. أما بالنسبة لإدارة المدارس الإلكترونية فليس هناك شكل إداري عام يحكم المدارس الالكترونية في استراليا، ويرجع ذلك إلى أن المؤسسات التي تقدم برامج التعلم الالكتروني هي نفسها التي تقدم برامج التعليم التقليدي، أي أن التعلم الالكتروني ليس مجالا مستقلا بذاته، ولكنه يمثل جزءا من التركيب الإداري للمؤسسات التعليمية التقليدية، ولعل هذا ما يسهم في نجاح النموذج الاسترالي في التعلم الالكتروني. ومن ثم لا توجد سياسة قومية لتطبيق وتنفيذ وتبنى التعلم الإلكتروني في استراليا، ولكن كل ولاية لديها إطار عمل سياسي خاص بها يعتمد على المفاهيم المختلفة للاحتياجات الالكترونية، وتوصيلها للمدارس العامة. كما توجد خطة لتنفيذ التعلم والتدريب من أجل مجتمع المعرفة واقتصاد المعلومات[36].

أهداف المدارس الالكترونية في استراليا (MCEETYA):

يتمثل الهدف الأساسي للمدارس الإلكترونية في استراليا، في توفير الفرص التعليمية المتكافئة لجميع المواطنين في الريف والحضر، لذا تتجه سياسة الدولة بالدرجة الأولى نحو مساعدتهم في تولى سلطات الإدارة الذاتية، والاكتفاء الذاتي وذلك لتحسين مستوى معيشتهم والمحافظة على ثقافتهم . كما اتجهت استراليا إلى استخدام التعلم الالكتروني في مختلف المستويات التعليمية باعتباره أفضل السبل لتحقيق هذا الهدف. ومن ثم فقد استخدمت الدولة نظام التعليم والتدريب المهني عن بعد، لتعليم وتدريب سكان استراليا الأصليين والتعليم في استراليا إلزامي من سن 6 سنوات وحتى سن 15 سنة، وتصل نسبة حضور التلاميذ للمدرسة خلال فترة الإلزام إلى 100%[37]. وقد حددت وثيقة "التعليم المعاصر" الأهداف القومية للتعليم في استراليا للتعليم في القرن الحادي والعشرين فيما يلي[38].

1- بوصفه أنه تعليم مستمر يهدف إلى الاتصال بالعلم الخارجي لتطوير قدرات وثقافة الطلاب للمشاركة في المجتمع والتكامل مع القضايا.

2- ابتكار نماذج جديدة لمدارس القرن الحادي والعشرين تستخدم التكنولوجيا في

إعادة التصميم والبنية التنظيمية، وبناء المناهج وخلق أنظمة تعليم تتحقق في مجتمعات التعلم عن طريق شراكة قوية بين المعلمين والمجتمع .

3- أن تكون المناهج مصاحبة للفهم العميق وتربط الطلاب بالتعلم وتربط استخدامات تكنولوجيا الاتصال والمعلومات بمخرجات التعليم.

4- تهتم الأهداف القومية للتعليم بتطوير قدرة كل الشباب على التعلم في إطار تكافؤ الفرص.

5- التكامل الإستراتيجي لتكنولوجيا المعلومات والاتصالات .

6- توفير التعليم في المناطق النائية ولذوى الاحتياجات الخاصة .

7- دمج تكنولوجيا المعلومات والاتصال في التدريس والإدارة من أجل ضمان الجودة النوعية في التدريس وتعليم المجتمع على أساس المعرفة المعاصرة بأصول التدريس.

8- زيادة قدرة الطلاب على استخدام تكنولوجيا المعلومات والاتصالات ومحو الأمية الرقمية، واستخدام ICT لإكساب المتعلمين الخبرات ذات الصلة، وخلق وتجسيد حيز التعلم، وتوفير المرونة في الوقت والمكان وتحسين المشاركة والأداء[39] .

9- أكدت الأهداف القومية للتعليم في استراليا على التعلم المهني Professional Learning والتنمية المهنية المستمرة للموظفين والمعلمين، وتدعيم هيئة التدريس ودمج ICT في التعلم والتدريس، والتركيز على تحسين عملية التعلم .

وقد شكلت التطورات السابق ذكرها تقدما في قدرة المعلمين على تحديد مخرجات الطلاب في مجال استخدام تكنولوجيا المعلومات وكان الهدف الرئيس أنه عندما ينتهي الطلاب من المدرسة أن يكونوا مبدعين وواثقين ومستخدمين ومنتجين للتكنولوجيا . ومن ثم وضعت استراليا سلسلة من السياسات الإستراتيجية وأطر العمل ووثائق لتنفيذ خطط لدعم المدارس لمجابهة هذا التحدي كان من أشهرها وثيقة التعلم في عالم الانترنت Learning in an on Line World التي أكدت على التطبيق الابتكاري

للتكنولوجيا عن طريق خلق أبعاد جديدة للتفرد والتفاوض، والتفكير الناقد، وحل المشكلات، والإدارة والابتكار، والتفاعل، والاتصال، وتعاون الشبكات المحلية والعالمية والتقويم[40].

السياسة التعليمية والمدارس الالكترونية في استراليا :

أولا: هدفت برامج الحكومة الاسترالية إلى تعظيم فوائد الانترنت في التعليم والتدريب وهى مطابقة للسياسات التي اتخذت في اقتصاد المعلومات ومن هذه السياسات تطوير الشبكة الاسترالية للتعليم Education Network Australia وأجهزتها الاستشارية وتشكيل لجنة التعليم الاسترالية لتكنولوجيا المعلومات والاتصالات[41].

ثانيا: أصدر المجلس الوزاري لشئون تعليم وتوظيف وتدريب الشباب (MCEETYA) وثيقة "التعليم المعاصر في عالم الانترنت" والتي تهدف إلى دمج التعليم مع التكنولوجيا في القرن الحادي والعشرين . كما حددت العوامل الرئيسية التي تسهم في تشكيل المجتمع الاسترالي وهى العولمة، القيم، الأخلاق، الخصوصية الثقافية، مجتمعات الاتصال والإعلام، والمعرفة، وتكنولوجيا الاتصالات والمعلومات واستيعاب التطور السريع[42].

ثالثا: الاهتمام بالبنية الأساسية للمدارس الالكترونية في استراليا: اهتمت استراليا بتوفير البنية الأساسية لقطاعي التعليم والتدريب وبتحويل التعليم من خلال التكنولوجيا الجديدة، وجعل التعليم أكثر تفردا ومراعاة للفروق الفردية، وأكثر تعاونا وتعزيزا للارتكاز والإبداع والهدف من التعليم والتدريب هو بناء المعرفة والمهارات.

حيث قامت استراليا بربط المدارس بشبكات فردية للكمبيوتر في كل المدارس (Scalable It system) ورسيفرات مستقبلات للأقمار الصناعية في كل المدارس البعيدة والقريبة وتعليم التكنولوجيا في المدارس وهى مبادرة تهدف لتوفير أجهزة الكمبيوتر، والشبكات، والدعم الفني للمدارس الحكومية وللتنمية المهنية.

رابعا: حدثت تغيرات كثيرة في مجال استخدام المعلومات والاتصالات في استراليا في السنوات الأخيرة ففي عام 2000 تم نشر وثيقة " نشر التعليم على شبكة الانترنت، ووضع خطة عمل للمعلومات والاقتصاد في عام 2000 ". وتعكس التطور في المجالات الآتية(43):

أولا: الإصلاح المدرسي والمناهج وطرق التدريس والتقويم.

ثانيا: تكنولوجيا المعلومات والاتصالات في السياسة التعليمية.

ثالثا: زيادة قدرة المعلمين على استخدام تكنولوجيا المعلومات.

رابعا: التوسع في تعليم الأفراد والمجموعات والمجتمع.

خامسا: تطوير التكنولوجيا والمحتوى الرقمي، والبنية الأساسية.

مناهج المدارس الالكترونية:

يمكن للطالب من خلال الإنترنت أن يتعرف علي المقررات التي ينبغي عليه دراستها، واختيار المقررات التي تناسبه منها(44). وهذه المقررات مصممة لمقابلة احتياجات الطلاب التعليمية . وقد صرفت الحكومة الاسترالية أكثر من 48 مليون دولار فيما بين عامي 2000 - 2002 على التعليم والتدريب(45).

وقد تم نشر تقرير وزاري عام 1998 عن إستراتيجية لتطوير المناهج على الانترنت وتحول هذا التقرير إلى مشروع ضخم يخدم المدارس تم تمويله تحت إشراف حكومة الكومنولث(46) واسم التقرير Backing Australia Ability: Innovation Action Oline.

وقد ركز هذا التقرير على تطوير البنية الوطنية لتكنولوجيا المعلومات . وتدريب المعلمين عن طريق عقد دورات تدريبية أو الحصول على دبلومات في التربية عن بعد وكان ذلك بمثابة انعكاس لاتساع نطاق الخدمات التعليمية باستخدام التعليم من بعد سواء من حيث المقررات الدراسية أو إعداد الطلاب الملتحقين هذا من ناحية.

الأسس التى تقوم عليها المدارس الالكترونية في استراليا.

- تقوم المدارس الالكترونية في استراليا علي أساس التمركز حول الطالب، بمعني أن الطالب هو المسئول الأول عن عملية تعلمه، ويقتصر دور المعلم علي التوجيه والإشراف، حيث يتولي مهمة الرد علي أسئلة الطلاب، وعلاج أي مشكلة تواجههم. وهذا هو جوهر التعلم الالكتروني في استراليا[47]. ويستطيع الطالب أن يختار مركز الدراسة الذي يناسبه لاستكمال دراسته من خلال أسلوب التعلم الالكتروني من خلال الإنترنت عن طريق ملء استمارة القبول، وتحديد المقررات التي يرغب في دراستها. وبالرغم من اختلاف إستراتيجيات التعلم الالكتروني وتنوعها في أنحاء الولايات بسبب مركزية التعليم إلا أنه توجد مبادئ أساسية فيما يتعلق بالمحاور الآتية :

أولا: الكفايات التي يجب أن يمتلكها الطالب عند التخرج من المدرسة " يجب أن تكون لديه القدرة على التحليل، وحل المشكلات وتواصل الأفكار والمعلومات، ومن ثم لابد أن يكون الطالب قادرا على تخطيط الأنشطة والتعاون مع الآخرين".

ثانيا: اكتساب المهارات الوظيفية المرتبطة بالتوظيف وفهم بيئة العمل، والاتجاهات الإيجابية نحو التعليم المهني والتدريب والتعليم الإضافي، والتعليم مدى الحياة[48].

ثالثا: القدرة على استخدام وابتكار وإنتاج تكنولوجيا المعلومات والاتصالات، وفهم تأثيرها على المجتمع.

رابعا: أساليب الاتصال التكنولوجية.

تبنت استراليا مجموعة من أساليب الاتصال التكنولوجية إلى جانب الأساليب التقليدية، لتكون بمثابة رابطة للاتصال بين مواقع التعليم المختلفة، وتتمثل هذه الأساليب التكنولوجية فيما يلي[49]:

1- البريد الالكتروني:

يمثل البريد الإلكتروني الوسيلة الأساسية فمن خلاله يتم توصيل المواد التعليمية للطلاب، كما يتم أيضا استقبال ملاحظات الطلاب واستفساراتهم والواجبات المكلفين بها، وبفضل التقدم التكنولوجي الهائل في مجالات الاتصال، صارت عملية الاتصال بين المعلم وطلابه تتم من خلال البريد الإلكتروني[50].

2- التليفزيون:

يمثل التليفزيون أحد أهم الوسائط الفعالة في توصيل برامج التعليم، وتجدر الإشارة إلى أن شبكة الغرب الذهبية Golden West Network عليها مسئولية استخدام الأقمار لتوصيل التليفزيون للمناطق الريفية بهدف إلى توصيل برامج التعليم إلى المناطق الريفية بغرب استراليا، ويمكن تصنيف التليفزيون كأسلوب اتصال إلى: التليفزيون التعليمي، والتليفزيون التفاعلي.

- **التليفزيون التعليمي: Educational TV** يهدف التليفزيون التعليمي إلى بث البرامج التعليمية عبر التليفزيون، ويتم ذلك بمساعدة شبكة الغرب الذهبية للبث التليفزيوني[51]، ويحظى التليفزيون التعليمي باستراليا بالعديد من التطورات التي تزيد فاعليته.
- **التليفزيون التفاعلي: Interactive TV** يسهم التليفزيون التفاعلي في إثارة التفاعل المتبادل بين المعلم والمتعلمين في المواقف التعليمية المختلفة، حيث يقوم المعلم بعرض الدرس وطرح الأسئلة وتلقي إجابات واستفسارات الطلاب الذين يشاهدونه عبر شاشات التليفزيون ويقوم هو بالرد عليها، وكأنهم جميعا في فصل دراسي حقيقي.

3- الراديو التعليمي:

يعد الراديو التعليمي من أقدم أساليب توصيل مقررات التعليم الالكتروني، حيث إن محطات الراديو تقدم مساعدات يومية للطلاب الذين يعيشون علي بعد عشرات الآلاف من الكيلومترات، بما يمكنهم من الاتصال بمعلميهم في المواقف التعليمية المختلفة[52].

4- الفيديو:

يلعب الفيديو دورا كبيرا في مساعدة الطلاب علي الاتصال ببعضهم البعض، وكذلك الاتصال بمعلميهم، وذلك من خلال المؤتمرات التي تعتمد علي التفاعل السمعي البصري باستخدام أنظمة البث التليفزيوني.

5- الكمبيوتر والإنترنت:

تستخدم تكنولوجيا الكمبيوتر وتطبيقاته في تمكين الطلاب من رؤية الدروس التي تحتاج إلى شرح صور، أو رسوم، أو خرائط، أو حل بعض المسائل الحسابية مع الطلاب، أو تحليل نص، من خلال الفصل الإلكتروني Electronic Classroom، ويجب التأكيد علي أن الفصل الإلكتروني مصمم لإعطاء صورة شبيهة بالفصل المدرسي، ولعل أهم ما يميز هذا الفصل الإلكتروني، هو قدرة المعلمين علي التحكم في شاشة الكمبيوتر، ويعد ذلك نوعا من إدارة الفصل الذي يمنع أي جهاز كمبيوتر آخر من أن يعطل الدرس، كما يستطيع الطالب عرض رأيه في حل مشكلة ما، أو الإجابة علي سؤال معين، وهذا يشبه المواجهة التي تتم بالفصل، وقد أثبتت كفاءتها في نقل برامج التعليم من بعد، كما استخدمتها بعض المدارس الابتدائية لتوفير برامج في اللغات غير الإنجليزية، وذلك يرجع لفاعليتها في توفير بيئة تعلم حيوية،ينتج عنها مخرجات تعليمية بارزة[53].

6- الشبكات:

حدثت في استراليا ثورة كبيرة في استخدام شبكات واسعة ممتدة تغطي استراليا بأكملها. ولاشك أن توافر مثل هذه التكنولوجيات قد أسهم إسهاما فعالا في نمو وتطور التعلم الالكتروني، حيث سمحت بسهولة وسرعة الاتصال والحصول علي المعلومات وتسهم شبكة الانترنت في استراليا في تنفيذ التعليم والتدريب، وكذلك شبكة البحث الأكاديمي Australian Academic Research net (AAr) وقد ساهم في تشكيل هذا المحتوى متخصصين عالميين في تكنولوجيا المعلومات والاتصال ومن أهمها هيئة مهندسي الكهرباء والاتصالات[54] Institute of Electronically Engineer and (IEEE) Electronic ومبادرة Dublin Core Meta Data (DCMI) .

تلعب شبكة التعليم الاسترالية دورا بارزا في التنمية المهنية للمعلمين، وهى رائدة التعليم المجتمعي في استراليا، وتقدم معلومات متكاملة وحقائق عن التعليم والتدريس للمعلمين الاستراليين[55].

مما سبق توجد في استراليا الشبكة المدرسية الوطنية (NSN) National School Network الشبكة المدرسية تعمل كأداة لإصلاح النظام التعليمي وتقوم هذه الشبكة بتوفير الدعم لأكثر من أربعمائة مدرسة من خلال ربطها بعملية التنمية المهنية وبالمبادرات البحثية القائمة على المدرسة[56]، كما تتبع استراليا أسلوب العمل التعاوني الذي يتم من خلال المشروعات التي تبنى على شراكة رسمية بين المدارس والجامعات في محاولة لإجراء البحوث وتطبق الممارسات التي تعزز التنمية المهنية للمعلم كما يسجل المعلمون استجاباتهم لواقع التنمية المهنية على هذه الشبكة ويحصلوا على استجابات المدارس الأخرى.

العوامل والمبررات التى ساعدت على نشأة المدارس الإلكترونية فى استراليا

أولا: العوامل الجغرافية.

لقد أدى اتساع المساحة باستراليا، وقلة عدد سكانها، إلى حرمان بعض أبنائها من التعليم، ولعل هذا ما دعي استراليا في العقد الأول من القرن العشرين إلى استخدام أسلوب التعليم عن بعد والتعليم بالمراسلة، لتوفير الخدمات التعليمية للأفراد القاطنين في المناطق الريفية والبعيدة. وتتراوح مساحة استراليا من 500 ميل إلى 600 ميل أي أكثر من 2.96 مليون ميل مربع 7.682 مليون كم أقصى امتداد جنوب شرق أسيا، تبدو منعزلة تماما في موقع جغرافي متطرف وبعيد عن خطوط الملاحة الرئيسة. ويسكن أكثر من 85% من سكان استراليا الأصليين في الأطراف الجنوبية والجنوبية الغربية، وتوجد مساحات تكاد تخلوا من السكان[57].

ويرجع ذلك في المقام الأول إلى سيطرة الصحراء علي مساحات كبيرة منها، هذا بالإضافة إلى وجود المناخ الحار الرطب علي أطرافها الشمالية[58]. وقد أدى اتساع

مساحة استراليا، وانتشار سكانها في مناطق متفرقة في صورة تجمعات صغيرة يفصلها عن بعضها البعض مساحات شاسعة إلى حرمان نسبة كبيرة من أبنائها من التعليم[59].

ثانيا: العوامل الاجتماعية :

استراليا مجتمع متعدد الثقافات نتيجة لوصول مهاجرين من أكثر من 100 دولة، وتعدد اللغات. وينحدر معظم الاستراليين من أصول بريطانية وأيرلندية ولا شك أن مثل هذا التنوع الثقافي قد أدى إلى تنوع في اللغات التي تتحدث بها فئات السكان المختلفة، وإن كانت اللغة الإنجليزية هي اللغة الرسمية، ويتركز نسبة كبيرة من سكان استراليا في المناطق الحضرية فمدينتي سيدني وملبورن فقط يسكن بهما أكثر من ثلث سكان القارة[60].

ثالثا: العوامل الإقتصادية :

ساعدت العوامل الاقتصادية فى استراليا على التوجه إلى زيادة المدارس الالكترونية، حيث يتطلب النشاط الاقتصادي زيادة خدمات التعليم، والتدريب وتطوير أسس المعرفة كما أن طبيعة النظام الاقتصادي تتحدد بالرخاء الاقتصادي والقدرات العقلية المرتفعة للأفراد وتتطلب نوعا مختلفا من التعليم يستخدم معلومات محددة ويطبق المعارف والتعليم في حل المشكلات وبناء عملية التعليم مدى الحياة . وجدير بالذكر أن ما شهدته استراليا من نهضة صناعية كبرى في خلال العقدين الأخيرين من القرن العشرين قد أسهم بصورة كبيرة في رفع مستوى معيشة السكان[61].

رابعا: العوامل التاريخية :

تمتعت استراليا بسمعة كبيرة كرائدة في مجال التعليم المفتوح لعدة قرون مضت فمنذ عام 1950، واستراليا تستخدم تكنولوجيا الاتصالات والمعلومات كالراديو في إدارة مدرسة الهواء School of Air والتليفزيون خلال المراحل الأولى للتعليم المفتوح.

ومنذ عام 1970 واستراليا قد اكتسبت سمعة كبيرة في التطبيقات المبكرة للتكنولوجيا الحديثة في مجال التعليم، وحاليا وفرت الشبكة التعليم المفتوح والتعليم عن بعد، والتدريب والتعليم التقليدي، وهى حليفة مهمة في تشكيل السياسات والبرامج التي هدفت إليها فوائد تكنولوجيا المعلومات والاتصالات I C T للتعليم والتدريب . وفى عام 1988 كان في استراليا 50 خمسون جهة لتوفير التعليم من بعد حتى أصبح خلال السنوات الأربع الأخيرة في استراليا 8 مراكز قومية رئيسية للتعليم عن بعد حتى بدأت الحكومة الاسترالية بإنشاء هيئة متخصصة (O L A A) تقوم بإعداد المواد الدراسية وتنظم الدورات التدريبية[62] .

وقد كان من أهم دواعي انشاء المدارس لإلكترونية في استراليا سرعة الانجاز، وقلة التكاليف لأن وسائط التعليم يسهل حملها كما أنها أكثر تكاملا واندماجا وتتميز بالثراء في المعلومات بالإضافة إلى المتغيرات العالمية والقومية في البناء الاقتصادي والانفجار المعرفي الذي شجع على استخدام ICT على التفاعل والإدارة اليومية للأعمال والاتصالات اليومية .

وكذلك كسر حلقة الفقر للسكان الأصليين والذين يبلغ عددهم 160.9 ألف ويعيشون على شكل مجموعات أسرية أو قبائل. وتتيح المدارس الإلكترونية في استراليا التعليم لنوعيات مختلفة من الطلاب الذين يعيشون في المناطق الريفية والنائية المنعزلة. والطلاب الذين اضطرتهم ظروفهم الاجتماعية والاقتصادية للالتحاق بسوق العمل، والطلاب الذين تعرضوا للاستبعاد من التعليم ويرغبون في مواصلة دراستهم والكبار الذين تركوا المدرسة، ويرغبون في الحصول علي فرصة أخري لاستكمال دراستهم[63] فيمكن لجميع هؤلاء الطلاب الدراسة بمنازلهم، أو في أي مكان آخر .

مما سبق نلاحظ أن استراليا قد تمكنت من التغلب علي مشكلة اتساع المساحة، وحرمان نسبة كبيرة من أبنائها من فرص التعليم، بالاعتماد علي المستحدثات التكنولوجية، والتقدم التكنولوجي الذي وصلت إليه باكتمال البنية الأساسية اللازمة لذلك، والتي تستند إلى استخدام شبكة اتصالات واسعة، وإقامة المؤتمرات من بعد، عن طريق

التليفزيون، أو الكمبيوتر، أو الفيديو، وبذلك أصبح من السهل علي الطالب أن يلتقي بالمعلم ويناقشه ويتحاور معه من بعد، كما أصبح من السهل عليه أيضا أن يلتقي علي الهواء بزملاء الدراسة في مجموعات صغيرة لا تزيد علي عشرة أفراد يتحاورون ويتناقشون، هذا بالإضافة إلى الإفادة من خدمات البريد الإلكتروني، ولوحات المعلومات الإلكترونية. ويتم تقويم الطلاب من خلال الكمبيوتر الذي يلعب دورا كبيرا في عملية تقويم الطلاب، حيث إنه يستخدم في إعداد وتوزيع الاختبارات، وفي تصحيحها، وتسجيل وتحليل مستوى إنجاز وتقدم المتعلمين في المواد الدراسية المختلفة، وتقدم هذه الاختبارات إما معروضة علي شاشة الكمبيوتر، أو مطبوعة علي نسخ خارج الجهاز، ثم يبدأ الطالب في إدخال إجاباته على الجهاز، حيث يتم تقويمها مباشرة، ويتم تلقى التغذية الراجعة في الحال، ويحتفظ الكمبيوتر بسجل يضم درجات كل طالب في المواد المختلفة، وفي ضوء هذا السجل يمكن إعداد تقارير حول مستوى الطالب بالنسبة للمواد الدراسية المقررة[64]. - وتجدر الإشارة إلى أنه يتم تقويم الطالب خلال العام الدراسي، وذلك في أثناء تفاعله مع المعلم، ويختلف التقويم حسب طبيعة كل مادة تعليمية[65].

الدروس المستفادة من تجربة استراليا :

1- استطاعت استراليا التغلب على مشكلة اتساع المساحة، وانتشار السكان في مناطق متفرقة، باستخدام التعليم الالكتروني.

2- قامت استراليا بربط شبكات فردية للكمبيوتر في كل المدارس وقامت بالإصلاح المدرسي للمناهج، وطرق التدريس، والتقويم، وتكنولوجيا المعلومات والاتصالات .

3- اهتمت استراليا ببناء شبكة التعليم الاسترالية، والشبكة المدرسية الوطنية National school network التي تعمل كأداة لإصلاح النظام التعليمي، وتقوم بتوفير الدعم لأكثر من أربعمائة مدرسة.

ثالثا: تجربة سنغافورة فى تطبيق المدارس الإلكترونية:

تهدف المدارس الإلكترونية في سنغافورة إلى دمج تكنولوجيا المعلومات في التعليم. وربط التعليم والاستخدام الفعال للتكنولوجيا في العملية التعليمية، وبناء هيكل التعليم (وبنية التعليم) واستخدام تكنولوجيا المعلومات لتكامل المناهج والوسائل التعليمية والتقويم في العملية التعليمية بطريقة منظمة. وبناء إستخدامات تكنولوجيا المعلومات للتعليم في المدارس. وتعزيز التنافس الإقتصادي من أجل أن تصبح سنغافورة مدينة عالمية بواسطة تكنولوجيا المعلومات لديها اتساع في الشبكة القومية اللاسلكية Wireless.

السياسة التعليمية والمدارس الالكترونية في سنغافورة :

تبنت سنغافورة سلسة من الإستراتيجيات لتطوير أعداد كبيرة من القوي البشرية الماهرة وتعتبر المدارس الالكترونية الإستراتيجية الرئيسة لتطوير القوي البشرية في سنغافورة. واشترك في وضعها وتنفيذها المؤسسات والأجهزة الحكومية (Infocom Development authority (IDA، ووزارة القوي العاملة (MOM). وكان الهدف الأساسي للدولة أن تصبح سنغافورة مركزا تكنولوجيا للإتصالات والمعلومات في العالم، وأن تنافس قوة العمل عالميا، وأن تحقق معدلات نمو ومن أجل تحقيق الهدف عملت هيئة تطوير الإتصالات والمعلومات (IDA) ووزارة القوي العاملة معا لتطوير البنية التحتية للمدارس الإلكترونية ولتطوير التعليم عبر الانترنت من خلال الإجراءات التالية[66].

أولا: قامت وزارة القوي العاملة بالتعاون مع هيئة تطوير الإتصالات والمعلومات ببرنامج إستراتيجي تحويل للقوي العاملة (SMCP) هدفه الرئيس إعداد العمال المهرة لصناعة التعلم الالكتروني، يوفر البرنامج 50 % من رسوم المقررات.

ثانيا: تقدم الحكومة حوافز مالية ومساعدات للمؤسسات وثيقة الصلة بالتعلم الالكتروني بهدف جذب المزيد من المستثمرين لهذه الصناعة.

ثالثا: تعمل حكومة سنغافورة بجد مع شركاء القطاع الخاص لتسهيل التعلم المتركز علي التكنولوجيا علي مستوى المدرسة، وفي عام 2002 وقعت وزارة التعليم في سنغافورة مذكرة تفاهم مع شركة ميكروسوفت بخمسة ملاين دولار، تهدف إلى تعزيز الكفاءات في المجتمع ووضع رؤية لكيفية أن تكون سنغافورة هي محور التعلم الالكتروني في أسيا. من أجل ذلك أسست حكومة سنغافورة بنية تحتية كافية لنشر المدارس الالكترونية و التنفيذ المبكر للتعليم المتمركز علي التدريب كما تعمل الحكومة مع المنظمات الدولية لتعزيز أنشطة التعليم الالكتروني في سنغافورة. في ديسمبر 2000 أعلنت حكومة سنغافورة خطة إستراتيجية خمسيه تهدف إلى تعزيز القدرة التنافسية لسنغافورة في مجال تكنولوجيا المعلومات والاتصال بهدف تحويل اقتصاد سنغافورة إلى اقتصاد الكتروني وتجارة إلكترونية مزدهرة.

وتقوم أسس تكنولوجيا المعلومات للقرن الحادي والعشرين في سنغافورة علي ستة إستراتيجيات أساسية هي[67]:

1- أن تكون سنغافورة محورا لتكنولوجيا المعلومات في أسيا وفي الإقليم الباسيفيكي.

2- تعزيز سيطرة القطاع الخاص وتعزيز دور سنغافورة كمحور تجاري الكتروني عالمي

3- تشغيل القطاع العام، وتطوير مفهوم الحكومة الالكترونية.

4- تشغيل المواطنين وتشجيع الأفراد علي تبني وإتباع تطبيق نمط الحياة الالكترونية.

5- العمل علي تأكيد السياسات الرامية إلى الشفافية والتنافسية والرامية إلى ضمان وجود بيئة تنافسية وشفافة للمؤسسات والمستهلكين.

المبادرات التي قامت بها هيئة IDA infocom development Authority (IDA)[68] للتكنولوجيا والمعلومات لتنمية مهارات القوي العاملة.

1- إنشاء تكنولوجيا تعليم واتصالات عالمية.

2- تطوير القوي العاملة.

3- وضع معايير لمهارات المعلومات والاتصالات.

في يوليو 2002 قامت حكومة سنغافورة بوضع الخطة الخمسية الثانية (2003-2007) لتكنولوجيا المعلومات (IT) لدمج تكنولوجيا المعلومات في التعليم.التي تمركزت حول ربط التعليم والاستخدام الفعال للتكنولوجيا في العملية التعليمية وبناء هيكل التعليم (وبنية التعليم) وتعتمد الخطة علي تنفيذ الناجح للخطة الخمسية الأولى لعام 1997. وتهدف الخطة إلى تحقيق العناصر التالية[69]:

1- الاستخدام الفعال لتكنولوجيا المعلومات للتعليم الفعال .

2- استخدام تكنولوجيا المعلومات لتكامل المناهج والوسائل التعليمية والتقويم في العملية التعليمية بطريقة منظمة.

3- الاستخدام الفعال لتكنولوجيا المعلومات في تنمية المتعلمين مهنيا وذاتيا.

4- بناء استخدامات تكنولوجيا المعلومات في التعليم في المدارس.

5- تعزيز البحث في تكنولوجيا المعلومات في مجال التعليم.

6- بناء البنية التحتية الأساسية لدعم انتشار تكنولوجيا المعلومات.

أما الخطة الخمسية المستقبلية القادمة حتى عام 2012 فقد ركزت علي تعزيز التنافس الاقتصادي من خلال مبادرة أمة مبدعة[70] والتي تهدف إلى:

1- أن تصبح سنغافورة مدينة عالمية بواسطة تكنولوجيا المعلومات لديها إتساع في الشبكة القومية بحيث تصبح في موقع قيادي إقليميا، وأن تكون هذه الشبكة لاسلكية Wireless.

2- تطوير القوي العاملة في مجال تكنولوجيا المعلومات.

3- زيادة المنح القومية التي بدأت في 2004 في تكنولوجيا المعلومات والاتصالات بواسطة هيئة (IDA) والتي تهدف إلى جذب الموهوبين في صناعة تكنولوجيا المعلومات.

سمات المدارس الالكترونية في سنغافورة[71]

تستخدم المدارس الالكترونية في سنغافورة تكنولوجيا المعلومات والاتصالات فيما يلي:

أولا: تقدم المقررات الدراسية (Syllabus) والمصادر التعليمية علي الانترنت، وتحتوي على روابط منفردة

ثانيا: عرض المصادر التعليمية الرقمية (الفيديو - والاوديو- وكليبات - ورسوم جرافيك متحركة كمصادر يمكن للمعلمين أن يحصلوا عليها لاستخدامها في التدريس في الموارد الدراسية المختلفة.

ثالثا: يوجد في سنغافورة مواقع علي شبكة الانترنت للتلاميذ تعلمهم كيفية أن يقوموا بأنشطة تعلم فعالة، ويستفيدوا من المؤثرات الحركية بشكل فعال.

رابعا: تستخدم المدارس الالكترونية المصادر التعليمية التفاعلية Interactive resources للمواد الدراسية المختلفة.

خامسا: تستخدم المدارس الالكترونية المصادر الرقمية CLDigital instructional لتعليم الطلاب اللغات في مراحل الابتدائي والثانوي، ويحصل المعلمين علي مصادر الرقمية التعليمية لتدريس الطلاب نصا تعليميا محددا من خلال الملتيميديا والمحتوي التفاعلي.

سادسا: تستخدم المدارس الالكترونية في سنغافورة مواقع تسمي جسور الثقافة Culture bridge لتزويد الطلاب بالمعرفة عن الثقافات الأخرى مثل الصينية وغيرها .

عوامل ازدهار المدارس الالكترونية في سنغافورة :

1- وجود نظم لإدارة التعلم الإلكتروني في المدارس (LMS) Learning Management System وقد أوضح استطلاع رأى سابق أجراه قسم تكنولوجيا المعلومات في وزارة التعليم بسنغافورة (MOE) أن 75% من المدارس لديها نظم لإدارة التعلم الالكتروني.

2- مقررات التعلم الالكتروني متاحة للمدرسين وللطلاب بنسبة 80%.

3- يوجد في سنغافورة مركز لقياس كفاءة التعلم الإلكتروني (ECC) E- Learning Competency Center

4- تقدم صناعة التعلم الالكتروني في سنغافورة،يرجع إلى مشاركة القطاع الخاص فيها حيث تقوم 32 شركة بتوفير خدمات التعلم الالكتروني للسوق التعليمة المرتبطة باحتياجات واستهلاك سوق التعلم الالكتروني.

5- من أهم عوامل تطور وتقدم التعلم الالكتروني في سنغافورة كفاية البنية التحتية وإتاحتها، الأمر الذي ساعد علي أن تصبح سنغافورة محور التعلم الالكتروني في أسيا، ومما ساعده علي ذلك أنها تمتلك أكثر البني التحتية في أسيا. فالدولة تنفق نسبة كبيرة من دخلها القومي في قطاع تكنولوجيا المعلومات وسنغافورة لديها أعلي معدل من الأفراد الذين يمتلكون كمبيوتر شخصي PC Personal computer في أسيا.

6- زيادة الطلب علي العمالة الماهرة حيث تلعب زيادة الطلب علي العمالة الماهرة في سنغافورة دورا كبيرا في اقتصاديات المعرفة والذي يتطلب مستوى أعلي من التعليم، ومحو الأمية الكمبيوترية ومن المتوقع أن سنغافورة سوف تحتاج إلى حوالي مائتين وخمسين ألفا من العمال المهرة في مجال تكنولوجيا الاتصالات والمعلومات حتى عام 2010 لتنفيذ الخطة الخمسية.

7- استيراد كثير من الشركات في سنغافورة للأنشطة المدعمة للتعلم الالكتروني مثل (الموارد البشرية - التدريب - التطوير) عن طريق استيراد المصادر التكنولوجية هذا بالإضافة إلى تقليل تكلفة تدريب الموارد البشرية.

مما سبق نخلص الى أن التخطيط الاقتصادي فى سنغافورة قد لعب دورا بارزا حيث ساعد على توفير القوى العاملة في مجال التكنولوجيا وتشجيع الأفراد على الابتكار وزيادة الإنتاج ونقل التكنولوجيا من الدول المتقدمة ومن هنا سميت

سنغافورة بالمعجزة الاقتصادية كما اعتمدت على الشراكة بين وزارة القوى العاملة وهيئة تطوير الاتصالات والمعلومات وشركاء القطاع الخاص لتوفير التعليم الالكتروني .ومن ثم ركزت السياسة التعليمية في سنغافورة في تأسيسها لمجال التعليم الالكتروني على إنشاء البنية التحتية للتعليم الإلكتروني وأعطتها الأولوية .

عوامل ومبررات نشأة المدارس الالكترونية في سنغافورة:

وقعت سنغافورة تحت الاحتلال البريطاني فى الفترة من(1919-1939) وكانت أعظم قاعدة عسكرية لبريطانيا، وحصلت سنغافورة على الحكم الذاتي 1948 وأصبحت عضوا في الاتحاد الماليزي حتى عام 1965. من هنا فقد تأثر نظام التعليم فى سنغافورة بنظام التعليم الإنجليزي. وفى هذا الصدد كانت بريطانيا من أوائل الدول التى استخدمت التعليم من بعد والتعلم الإلكترونى مع بدء ظهور الجامعة المفتوحة. ويرجع ظهور المدارس الإلكترونية فى سنغافورة الى مجموعة من العوامل منها :

أولا: العوامل السياسية

وضعت سنغافورة خطتين خمسيتين لاستخدام تكنولوجيا المعلومات ودمجها في النظام التعليمي لمواجهة تحديات القرن الحادي والعشرين فى إطارالتوجه السياسى لسنغافورة، والذى ظهر فى قول رئيس وزراء سنغافورة Goh. Choktong عن أهمية التعلم الإلكتروني **"سوف تتغير أهمية الكمبيوتر بالطريقة التي نعمل بها، والطريقة التي نعيش بها، وسوف نستخدم تكنولوجيا المعلومات لتشجيع التلاميذ على أن يتعلموا بشكل أكثر استقلالية وأكثر فاعلية"**[(72)]. من هنا وضعت سنغافورة خطتين خمسيتين هما .

الخطة الخمسية الأولى : (1997 - 2002) 1st Master Plan for Education .

الخطة الخمسية الثانية: (2003–2007) 2nd Master Plan for Education وركزت هذه الخطط الإستراتيجية على هدف أساسي هو مساعدة الطلاب على اكتساب مهارات

التعلم، والتفكير الناقد، ومهارات الاتصال وهو الأساس الذي تتميز به القوى العاملة في المستقبل[73].

وقد تلقت سنغافورة معونات مالية وفنية من الدول الرأسمالية الصناعية بحكم موقعها من الدول الاشتراكية، الأمر الذي ساعد على النمو الاقتصادى لسنغافورة. وسنغافورة دولة تتميز بالاستقرار السياسى ولها دستور مكتوب منذ يونيو 1959. وقد ساعد هذا الاستقرار السياسي على النمو الاقتصادي والنهوض بالتعليم.

ومن ثم خطت سنغافورة خطوات سريعة في مجال المدارس الإلكترونية حيث تم إنشاء البنية التحتية للمدارس الالكترونية بتكلفة مقدارها (106) مليون دولار في عام 2005[74]. وزادت ميزانية التعلم الالكترونى فى سنغافورة من 24.5 مليون دولار أمريكي في عام 2001 إلى 106 مليون دولار أمريكي في عام 2005 بواقع أربع أضعاف ومن المتوقع أن تشغل سنغافورة المرتبة الثالثة في أسيا بعد كوريا الجنوبية والصين. وقد بلغ معدل الزيادة في نسبة التعلم الالكتروني في دول شمال شرق أسيا في الصين 41%، كوريا 31%، الفلبين 29%، إندونيسيا 28%، تايلاند 23%، سنغافورة 18%، الهند 17%، هونج كونج 13%، ماليزيا 6%.

ثانيا: العوامل الاقتصادية

تسمى سنغافورة "ب**المعجزة الاقتصادية**" وقد لعب التخطيط الاقتصادي دورا بارزا في التقدم الصناعي والتعليمي وفي توفير احتياجات القوي العاملة، ويلاحظ أن التصنيع في سنغافورة قد قام على أساس استيراد المواد الخام من الخارج وتصنيعها في الداخل في ضوء وفرة الأيدى العامله ورخصها، وكان نجاح التجربة فى عدم التورط فى أزمات النقد الأجنبي والديون الخارجية إلى أن حققت معدلات عالية من النمو.. والجدير بالذكر أن معدل النمو الاقتصادي في سنغافورة قد زاد من 6.6 عام 2005 إلى 7.9 عام 2006[75] بينما وصل معدل التضخم من 5% عام 2005 إلى 1.5 عام 2006 ووصل معدل **Gross Domestic Product** من 194.2 عام 2005 إلى 210.0 عام 2006. ويتنوع

النشاط الاقتصادي في سنغافورة بين الزراعة والصناعة وتعتمد سنغافورة على التجارة الخارجية إعتمادا كبيرا وكان التحدي الأول لها في التنمية هو كيفية زيادة الصادرات إلى مستوى كاف لتدبير النقد الأجنبي اللازم لتمويل الواردات؟

وقد مرت سنغافورة بأربع مراحل في التحول الاقتصادي كان أبرزها المرحلة الثالثة والتي بدأت في التسعينيات وهي مرحلة الاقتصاد القائم علي المعرفة لمواجهة تحديات الألفية الجديدة وصار الإبداع والابتكار محددات رئيسية لزيادة القدرة التنافسية في سنغافورة في الألفية الجديدة(76) وأصبح الحصول علي درجة عالية من التعليم والقوي العاملة المرنة وعدد كبير من العمال المهرة والصناعات المتقدمة في مجال التكنولوجيات هدفا لتحقيق سنغافورة رؤية القرن الحادي والعشرين حتى تكون مجتمعا منافسا، أما المرحلة الرابعة في التحول الاقتصادي في سنغافورة فقد بدأت عام 1997. وهدفت إلى أن تكون سنغافورة متطورة في قطاع الصناعات التحويلية واتسمت بتشجيع الإفراد علي الابتكار وتحسين قدرة الشركات علي توسيع القاعدة الاقتصادية وأصبح المورد الوحيد الذي يعتد به في سنغافورة هو القوي العاملة، وقد انعكس هذا التقدم الاقتصادي علي التعليم فقد أدت سنغافورة أداء جيدا .

العلاقة بين نشأة المدارس الإلكترونية والنمو الاقتصادي

يمكن بلورة العلاقة بين نشأة المدارس الالكترونية والنمو الاقتصادي في سنغافورة في دور التعلم الالكتروني في توفير القوى البشرية العاملة والمدربة والماهرة الرخيصة، وزيادة الإنتاج. من أجل هذا تبنت سنغافورة سياسات ونظم لإدارة المدارس الالكترونية ولخلق بيئة تعلم فعالة، والمساهمة في النمو الاقتصادي، وفى نقل التكنولوجيا من الدول المتقدمة وذلك بهدف تقليل تكلفة الإنتاج . وساهم مشروع "معايير كفاءة المعلمين في مجال تكنولوجيا المعلومات والاتصال" في اتساع هذه السياسات وإلقاء الضوء على العلاقة بين استخدام تكنولوجيا المعلومات والاتصال، وإصلاح التعليم، والنمو الاقتصادي. إذ يقوم هذا المشروع على فرض أساسي هو أن النمو الاقتصادي الشامل

يمثل مفتاحا للتخفيف من الفقر وتعزيز الازدهار وهو فرض تدعمه التطورات في بلدان شتى كسنغافورة، وفنلندا، وايرلندا، وكوريا، وشيلي. وكانت كلها بلدانا فقيرة قبل نحو 35 عاما. ويستند المشروع أيضا إلى الافتراضات الواردة في تقرير اليونسكو بعنوان "التعليم في مجتمع المعلومات"[77]، والقائلة إن تكنولوجيا المعلومات والاتصال إنما هي محرّكات للنمو وأدوات لبناء القدرات البشرية وتطويرها، كما أن لها أثرا عميقا في إصلاح التعليم وتحسينه. ويسعى مشروع "المعايير" إلى تحقيق توازن بين سبل الراحة الإنسانية والتنمية الاقتصادية المستدامة، عن طريق إصلاح للتعليم.

وقد لجأت سنغافورة إلى سياسة "تجميع رأس المال". وهو ما يشير إليه علماء الاقتصاد، وإحداث نوع من التوازن بين زيادة المدخلات ونمو المخرجات الاقتصادية كأن تعمد الشركات في بلد ما إلى شراء مزيد من المعدات والتجهيزات، واستخدام مزيد من العاملين وقد لجأت سنغافورة، في أولى مراحل تطورها، إلى هذا النهج، من خلال توفير يد عاملة رخيصة لتجميع المكوّنات الإلكترونية لصالح شركات غبر وطنية. وتستخدم الصين حاليا هذا النهج. لكن سنغافورة أدركت بعد حين أن هذه الوسيلة لا تحقق نموا مستداما، وأن رأس المال الإضافي يعود في النهاية بأرباح متناقصة تدريجيا في المخرجات.

وتزايد النمو الاقتصادي في سنغافورة من خلال تزايد القيمة الاقتصادية التي ينتجها المواطنون. ويُشار إلى هذه النماذج الاقتصادية بنماذج "النمو الجديد" وهى تركز على أهمية المعرفة الجديدة، والابتكار، وتطوير القدرات البشرية، بوصفها مصادر للنمو الاقتصادي المستدام. فمن خلال التعليم وتطوير القدرات البشرية، يمكن للأفراد ليس فقط إضافة قيمة محددة إلى الاقتصاد، وإنما أيضا الإسهام في الموروث الثقافي، والمشاركة في الحوار الاجتماعي، وتحسين صحة العائلة والمجتمع، وصون البيئة الطبيعية، وتعزيز أوضاعهم المهنية وإمكانياتهم في سبيل مواصلة التطور، والإسهام في الجهد المشترك، مما يخلق دورة قوية وفعالة قائمة على التطور والإسهام الشخصي. ومن خلال انتفاع الجميع بتعليم عالي الجودة وتوزيع فوائد النمو الاقتصادي بشكل عادل لينعم بها الجميع.

ثالثا: العوامل الجغرافية :

ساهمت العوامل الجغرافية لسنغافورة فى الاحتياج لنشر المدارس الالكترونية حيث تقع جمهورية سنغافورة في جنوب شرقي آسيا وتتكون من جزيرة رئيسة بالإضافة إلى عدد من الجزر الصغيرة عددها 58 جزيرة ملحقة بها، شمال خط الاستواء ويحدها في أقصى الجنوب شبه جزيرة الملايو. وتبلغ مساحة سنغافورة 597 كم^2 ويبلغ عدد سكانها 206 مليون نسمة، وقد ساهم هذا التكوين الجغرافى فى ظهور نوع جديد من المدارس يعتمد على الاتصال الجيد بين الإدارة التعليمية والمدارس. كما ساهم توزيع السكان فى تنفيذ برامج التدريب المكثف للمعلمين بكفاءة عالية أيضا[(78)].

رابعا: العوامل التكنولوجية

استجابت سنغافورة للثورة التكنولوجية. فقد حققت سنغافورة أهداف الخطة الخمسية الأولى لاستخدام تكنولوجيا المعلومات والاتصال في التعليم حيث جاء في تقرير التعليم لسنة 2001 أن أكثر من 70% من الطلاب الذين تم استطلاع رأيهم أكدوا أن المدارس الالكترونية قد ساعدتهم على زيادة معارفهم وجعل عملية التعليم ممتعة[(79)] وأن معظم المدارس في سنغافورة تستخدم التعلم الالكتروني من أجل التأكيد على كفاءة النظام التعليمي.

خامسا: العوامل الاجتماعية:

سنغافورة مجتمع متعدد الأعراق يتكون شعبة من 76% من السكان من أصل صيني، 15% ماليزيين 7% هنود وهو أيضا مجتمع الديانات (مسيحية- الإسلام - الهندوس) حيث تنتشر فيه الديانات[(80)]. وصل التعداد الكلي للسكان في عام 2005 حوالي 4.341.8555 بينما زاد في عام إلى 5554.483.9 بينما زاد معدل المواطنين السنغافوريين من 3.543.9 عام 2005 إلى 3.608.5 عام 2006[(81)]. وقد شكل عامل تعدد الأجناس عاملا مهما فى ظهور نوع جديد من التعليم يلائم اختلاف الاجناس وتفرد التعليم فى ضوء عدم التجانس الثقافى.

أوجه الإفادة من تجربة سنغافورة في المدارس الإلكترونية :

ترجع عوامل ازدهار المدارس الالكترونية في سنغافورة إلى عدة أمور من أهمها:

1- قيام التحول الاقتصادي في سنغافورة على الإبداع والابتكار كمحددات رئيسية لزيادة القدرة التنافسية وأصبح التقدم الصناعي في مجال التكنولوجيا هدفا لسنغافورة وكذلك تقدم سنغافورة في الصناعات التحويلية وهدفت السياسة التعليمية إلى توفير القوى البشرية العاملة والمدربة للصناعات الالكترونية وتم ذلك بالتعاون مع هيئة تطوير الاتصالات والمعلومات

2- تبنت سنغافورة سياسة ربط التعلم الالكتروني بالمناهج الدراسية والمقررات الدراسية والمصادر الرقمية والمصادر التفاعلية وشبكات الانترنت .

3- إنشاء سنغافورة نظام جيد لإدارة التعلم الالكتروني في المدارس .

4- إعداد برامج تهدف لإعداد العمال والفنيين المهرة لصناعة التعليم الالكتروني ووضع الخطط والسياسات التعليمية التي تهدف إلى تعزيز التنافس الاقتصادي في مجال تصنيع تكنولوجيا المعلومات ودمج تكنولوجيا المعلومات في التعليم .

رابعا: تجربة الصين في تطبيق المدارس الإلكترونية

نشأة المدارس الالكترونية فى الصين

بدأت المدارس الإلكترونية Cyber Education في الصين منذ أوائل التسعينيات خاصة في مجال التعليم العالي، والتعليم الأساسي وترجع أسباب وجود هذا النوع من التعلم إلى زيادة عدد السكان خاصة في مجال التعليم العالي والتعليم الأساسي، وما يشكله من ضغط على قدرة المدرسة، ومن ثم اعتبر هذا النوع من المدارس اقتصادية وسريعة لتخفيف الضغط على المدرسة(82). وتوجد هذه المدارس متحدة مجتمعة في اتحادات على سبيل المثال يوجد في بكين وحدها ثلاثون مدرسة إلكترونية Cyber School(83).

وتعكس المدارس الإلكترونية التطور السريع لاستخدام التعلم الإلكتروني وهى تعرض محاضرات عبر الانترنت وتجيب على الأسئلة بواسطة معلمين محترفين، وتقدم مقررات تدريسية عبر الانترنت، وتحليل نتائج الاختبارات ويمكن أن يتعلم الطلاب، ويدرسون محتوى التعلم في منازلهم. واعتمدت هذه المدارس على استخدام الشبكات العمل المدرسية Network، الذي يوفر للمعلمين والمتعلمين مزيدا من المرونة في الوصول إلى التعلم عما تسهم في زيادة كفاءة المدرسة. وقد وصل عدد شبكات المدرسية التي تربط المدارس ببعضها في الصين عام 2003 حوالي 45 ألف شبكة في المدارس الابتدائية والثانوية من أجل 760 مدرسة في الصين.

وتمثل المدارس الإلكترونية في الصين شكلا جديدا من أشكال التعلم والذي تتم فيه إدارة وتعليم الأنشطة التعليمية بالاعتماد على تكنولوجيا التعلم الإلكتروني بشكل رئيسي. وفى سبتمبر عام 1998 بدأت وزارة التعليم الصينية Moe تمنح تراخيص خاصة للجامعات والمؤسسات . وعملت الصين على تأسيس إطار عمل شامل لمعايير التعلم الإلكتروني، وكذلك إقرار مجموعة من المعايير الثابتة Framework of E- Learning Technology Standards. كما بذلت اللجنة الصينية لمعايير التعلم الإلكتروني جهدا في هذا المجال Chines E- learning Technology Commenwelth.

بدأ التعلم الإلكتروني في الصين في شكل تعليم بالمراسلة كتعليم من بعد وكان الغرض الأساسي من استخدامه يكمن في رفع المستوى التعليمي والثقافي والمهني للموظفين والعاملين، وفى عام 1951 قامت وزارة التعليم بتأسيس قسم للتعليم بالمراسلة، ويعد التعليم بالمراسلة جزءا من نظام التعليم الرسمي، وتقوم مؤسساته على أساس النمط المزدوج، بعد ذلك شهد التعليم من بعد في الصين تزايدا في عدد المؤسسات التي تقدم التعليم من بعد إلى أن وصلت إلى 443 مؤسسة عام 1990 م[(84)]. واعتمد التعليم من بعد في الصين على العديد من الوسائط كالمواد المطبوعة، والتليفون، والكمبيوتر، والبريد الذي يقوم الطالب من خلاله بإرسال الواجبات المكلف بها للمعلم، والتليفزيون، والقمر الصناعي، بالإضافة إلى وحدات الفيديو المتنقلة التي تقوم بعرض المناهج في الأماكن التي لا يتوافر لها وسائل استقبال البث[(85)].

أهداف المدارس الإلكترونية في الصين:

تهدف المدارس الإلكترونية في الصين إلى توفير التعليم لجميع المواطنين لخدمة التحديث الاشتراكي للبلاد، ودمج التعليم مع العمل[(86)]. وفى هذا السياق تلتزم السياسة التعليمية بمبدأ التعليم للجميع وتستند السياسة التعليمية في الصين علي المبادئ التي تضمنها البرنامج الأساسي للحزب الشيوعي في عام 1949 وتنص المادة (159) على إتاحة الفرص التعليمية المتكافئة للجميع. المادة (160) تنص على أن يكون لكل طفل من سن 6-12 حق الحصول على التعليم المجاني في المرحلة الابتدائية[(87)]. ومن ثم اتجهت الصين إلى توفير الفرص التعليمية المتكافئة لجميع الراغبين في التعليم وعدم اقتصارها على الصفوة[(88)]. وتوفير فرص تعليمية مناسبة للموظفين والعاملين بغرض رفع مستواهم التعليمي والثقافي والمهني، مما يسهم بشكل مباشر في تحقيق التنمية الاقتصادية والاجتماعية[(89)].

إدارة المدارس الإلكترونية في الصين:

تتم إدارة المدارس الإلكترونية في الصين في إطار التشريعات والقوانين التي تضعها وزارة التعليم، كما يعتمد التمويل على ميزانية الدولة والرسوم التي يدفعها الطلاب، ومساهمة القطاع الخاص وجهات التمويل المحلية[90].

السياسة التعلمية والمدارس الإلكترونية في الصين:

بدأ التخطيط للمدارس الإلكترونية في الصين عام 1993، حين أدركت الدول أهمية تكنولوجيا المعلومات والاتصالات في جعل التعليم أكثر قدرة على التنافس، في سياق ذلك بدأت الحكومة المركزية في الصين في اتخاذ التدابير والإجراءات لدعم تكنولوجيا المعلومات والاتصالات في قطاع التعليم بمشروع إنشاء أول شبكة تعلم وبحث علمي في الصين Chia Education and Research (CERVE)[91] وتم تمويل هذا المشروع من قبل الحكومة الصينية، وتم إدارته بواسطة مجلس الوزراء Chinese State Education Commission وأصبحت هذه الشبكة جزء أساسي من مجتمع الانترنت الصيني وتوجد أكثر من 100 جامعة ومدرسة ترتبط بالشبكة .

وقد حددت السياسة التعليمية الهدف الأساسي لوزارة التعليم لعام 2002 تعليم الطلاب Student Learning[92].

ومن ثم بدأت الصين في تطبيق سلسلة من المشروعات الالكترونية للمدارس on Line في كل من بكين وتايوان وتركز فكرة هذه المشروعات على كيفية توصيل تطبيقات تكنولوجيا المعلومات والاتصالات ICT للمدارس لاستخدامها في العمل المدرسي ويستخدم التعلم الإلكتروني في الصين في تعليم الثقافات المختلفة Cross Cultural Learning من خلال مجتمع الانترنت on line Community[93].

ومن خلال مواقع تستخدم Ict تكنولوجيا المعلومات والاتصالات في التدريس للآخرين مثل موقع www. Learning together وشبكة "نتعلم معا" ... الخ[94].

ويوجد حاليا في الصين 68 جامعة تدير برامج للتعليم عن بعد على أساس التعلم الالكتروني هذا إلى جانب أكثر من 2000 مدرسة تسمى Cyber Schools (أو المدارس الالكترونية) في مرحلة التعليم الأساسي موجودة فعلا ويستخدم العديد من التخصصات التكنولوجية في تطوير المقررات الالكترونية. ووصل عدد الطلاب في هذه المدارس إلى 600 ألف طالب[95].

عوامل ومبررات نشأة المدارس الإلكترونية في الصين:

أولا: العوامل الجغرافية

تغطي جمهورية الصين الشعبية جزءا كبيرا من شرق آسيا وعاصمتها بكين، وتحدها منغوليا وروسيا الاتحادية شمالا وطاجاكستان وتركستان وكازاخستان من الشمال الغربي، وباكستان وأفغانستان من الغرب والهند ونوقان وماينمار ولاوس وفيتنام في الجنوب، وفي الشمال الشرقي كوريا الديموقراطية الشمالية ولها ساحل طويل على المحيط الهادي[96] وتعتبر واحدة من أكبر دول العالم، حيث تبلغ مساحة أراضيها 9.6 مليون كيلو متر مربع[97] وتقع تجاه غرب المحيط الهادي بين أراضي وهضاب عالية وأنهار كبيرة[98]. ولها حدود قارية طولها (15000) كم. وطبيعة الصين تتكون من سهول ووديان وهضاب، أما جو الصين فهو قاري، ولتنوع المناخ أهمية كبرى، في انتشار الزراعة إلى حد بعيد[99]. ويظهر أثر العوامل الجغرافية في طبيعة البيئة هي التي تحدد طبيعة النظام التعليمي والصين بها تنوعات طبيعية ومناخية ضخمة كان لها أثر علي نمط التعلم الالكتروني من حيث أنها تقدم تعليما عن بعد لمن لا يصل إليهم التعليم إلى الأماكن النائية والريف بسهولة فالناحية الجغرافية من حيث المساحة والتنوعات الطبيعية أدت إلى تعثر السكان وعدم القدرة علي الوصول إلى الأماكن النائية والريفية بسهولة وذلك لضعف شبكة المواصلات مما يضعف إقبال الطلاب علي التعليم وبما أن الصين تحتوي علي خمس سكان العالم فان حل مشكلة توصيل الخدمة التعليمية إلى استعمال التعليم عن بعد (الإذاعة والتليفزيون) ومكاتب البريد ليصل التعليم إلى طلاب المناطق

الريفية والبعيدة حيث إن التليفزيون الصيني عبارة عن قناة واحدة قومية من تليفزيون الصين المركزي و32 محطة تنتجها جميعها بالهيئات المحلية.

ثانيا :العوامل التاريخية :

ولدت جمهورية الصين في الفترة من (1911 - 1949م)[100] وكان تعميم التعليم من أهم مطالب الثورة الصينية الوطنية ولم تستطع السياسة التعليمية آنذاك تحقيق هذا الهدف بسبب الحروب والحاجة إلى حكومة مستقرة، وخلال فترة الحكم الوطني للصين أقيم نظام تعليمي متكامل[101].

ثالثا: العوامل السياسية

الصين مجتمع اشتراكي. والاشتراكية تربط بين الناحية النظرية والناحية العملية[102]، ويتبع النظام السياسي في الصين النظام الشيوعي، والصين بلد التناقضات فهي شيوعية ورأسمالية معا في نظام واحد ورأسمالية يطبقها شيوعيون، فالصين التزمت بمبدأ "دولة واحدة ذات نظامين"[103].

وفي أكتوبر عام 1949 تم إعلان الجمهورية الشعبية الصينية بزعامة ماوتسي تونج، وبدأت الصين التخطيط المركزي للتنمية الاقتصادية والاجتماعية، وشهدت هذه الثورة الثقافية عام 1966. وانتشرت انتقادات الثورة الثقافية وأعادت الجامعة المفتوحة نشاطها مرة أخرى، وبدأ البث التليفزيوني لبرامجها. واحتل التعليم مركز الأهمية في فكر ماوتسي تونج[104]، وأكدت سياسة ماوتسي تونج التعليمية على أهمية أن يخدم التعليم سياسات البروليتاريا، وأن يكون مصحوبا بالعمل والإنتاج حتى يتمكن المتعلمون من النمو الأخلاقي والعقلي والبدني، وأن يصبح لديهم وعي اجتماعي وثقافي وحضاري، وأن يتعلم الطلاب العمل والصناعة والزراعة مع الأخذ في الاعتبار تحقيق العدالة الاجتماعية[105]. وبدأ "ماوتسى تونج" بوضع سياسة تعليمية تركز على الواقع. من خلال غرس بذور الفكر الاشتراكي[106]. وتركزت إستراتيجية "ماو" التربوية على إعادة تربية المدرسين والمثقفين.

تأثرت الصين بالاتحاد السوفيتي في أوائل الخمسينيات حيث عمل حوالي 10 آلاف خبير روسي أو أكثر في الصين من ضمنهم 700 فرد عملوا في قطاع التعليم العالي ومن ثم فقد ظهر تأثير الاتحاد السوفيتي على الصين في تبنى النموذج السوفيتي لتدعيم كلا المرحلتين النظامية وغير النظامية. وفي حركة التعليم الجماهيري mass - education[107].

رابعا: العوامل الاقتصادية :

عانت الصين حتى سنة 1949 اضطراب الاقتصاد القومي إلى أن أعيد بناء الاقتصاد عن طريق استخدام القوه البشرية الهائلة كمورد أساسي[108] وفي عام 1956 أشرف الاتحاد السوفيتي على الخطة الأولى وأجرى تحولا اشتراكيا كبيرا في الزراعة والصناعة اليدوية طبقا لشعار ماوتسى تونج السير على القدمين الذي سمح بتحويل علاقات الإنتاج بشكل متوائم مع القوى الإنتاجية[109]. والجدير بالذكر أن من المؤشرات الدالة على التطور الاجتماعي والاقتصادي في الصين بلغ متوسط معدل النمو في التسعينات 9.6% في الصين وساعد هذا الاندماج في النظام الاقتصادي العالمي على نمو الصادرات الصينية بنسبة 17%[110] وهو ما يعكس أهمية الإصلاح الاقتصادي[111] وقد ارتبطت الإصلاحات الاقتصادية منذ أواخر السبعينيات باللامركزية في مسئولية الإدارة وتمويل المدارس، وبخلق إستراتيجيات جديدة لتحقيق تكافؤ الفرص التعليمية للأطفال خاصة أطفال المناطق الريفية عن طريق إنشاء تخصصات جديدة لمواجهة التنمية وكان ذلك من خلال التعليم عن بعد والجامعة المفتوحة التليفزيونية[112]. وإنتاج قوى عاملة ماهرة ذات كفاءة عالية والتركيز على الجودة النوعية للتعليم[113].

خامسا: العوامل الاجتماعية :

الصين دولة متعددة الجنسيات تشمل 56 جنسية غالبيتهم من الهان Han حوالي (92%) ومعظم الأعراق الأخرى لها لغتها الخاصة واللغة الصينية هي اللغة الرسمية للبلاد انتشرت في الصين ديانات متعددة هي التاوية والبوذية والكنفوشية والمسيحية[114]

والصين دولة بها أقليات قومية مختلفة يصل عدد سكانها إلى 1.261.832.482 نسمة[115]، مما نتج عنه عجز المؤسسات التعليمية التقليدية عن استيعاب تلك الأعداد المتزايدة من الطلاب الراغبين في التعليم الثانوي، الأمر الذي دفع الحكومة إلى البحث عن بدائل أخرى لمقابلة الطلب الاجتماعي المتزايد على التعليم[116].

وقد استجابت الصين لمتغير الزيادة السكانية من خلال بناء نظام التعليم من بعد في الصين ليشمل الدولة ككل من خلال تكامل برامج التعليم من بعد المعتمدة على الأقمار الصناعية، وافتتاح جامعة الإذاعة والتلفزيون المركزية، وإنشاء كلية المعلمين بالتلفزيون الصيني، وتطوير شبكة التعليم من بُعد لتطوير التعليم في المناطق شديدة الفقر، وتشغيل برامج تطوير التعليم مدى الحياة.

واتبعت الصين أسلوب "السير على كلتا القدمين" والمقصود به إنشاء نظام للتعليم غير النظامي وهو نظام مرن ومفتوح إلى جانب التعليم النظامي وهو حكومي مجاني اختياري[117]. استطاعت به القضاء على الفجوة بين الذكور والإناث في الصين[118]. وقامت الحكومة بالعديد من المشروعات لتطوير بيئة التعلم للفتيات المتسربات من التعليم لمساعدتهن على العودة للمدرسة[119]. وبحلول عام 2001 انخفض معدل الأمية في الصين إلى اقل من 6,72%كما انخفضت نسبة الأمية بين الشريحة العمرية15- 50عاما إلى اقل من 4,8%[120].

التعقيب:

أسهمت العوامل الجغرافية والاقتصادية والاجتماعية في الصين في اتساع استخدام المدارس الالكترونية حيث يتضح أثر العامل الجغرافي في تعثر السكان وعدم القدرة على الوصول إلى الأماكن النائية والريفية بسهولة بالإضافة إلى ضعف شبكة المواصلات مما أدى إلى ضعف إقبال الطلاب على التعليم الأمر الذي أدى إلى استخدام التعليم من بعد والاستعانة بأكبر شبكة اتصال وهى الإذاعة والتليفزيون وكذلك انتشار المدارس الالكترونية التي تسهم في حل مشكلة الزيادة السكانية وتعكس التطور السريع لاستخدام

التعليم الالكتروني الذي يمثل شكلا جديدا من أشكال التعليم. والجدير بالذكر أن هذه المدارس تعمل بناء على تراخيص عمل لها في ضوء إطار عمل شامل لمعايير التعلم الالكتروني .

أوجه الإفادة من تجربة الصين في مجال المدارس الالكترونية :

1- استفادت الصين من التعلم الالكتروني في التغلب على اتساع مساحتها وتنوع أراضيها بين أراضى وهضاب عالية وانهار كبيرة في توصيل الخدمة التعليمية إلى المناطق النائية والريفية وصعوبة المواصلات والتغلب على الزيادة السكانية في وصول التعليم إلى المناطق النائية وشديدة الفقر وتطوير بيئة التعلم للفتيات المتسربات من التعليم.

2- اتبعت الصين نظام التعليم المزدوج وهو ما يعنى وجود نظام التعلم الالكتروني جنبا إلى جنب إلى جانب نظام التعليم التقليدي وهو ما يسمى بأسلوب **"السير على كلتا القدمين"**.

3- إنشاء العديد من المدارس الالكترونية أو (Cyber Schools) في مرحلة التعليم الأساسي موجودة في الصين منذ أوائل التسعينيات وساهم هذا النوع من المدارس في حل مشكلة الزيادة السكانية وما يشكله من ضغط على قدرة المدرسة، ومن ثم اعتبر هذا النوع من التعليم اتجاه اقتصادي وسريع لتخفيف الضغط على المدرسة .

4- إنشاء تخصصات جديدة لمواجهة احتياجات التنمية من خلال التعليم عن بعد والجامعات التليفزيونية وتوفير القوى العاملة.

المراجـــع:

(1) Spender Dale and Stewart Fiona: "E- **Learning in** UK". Paper Sponsored by CommonwealthBank2002.avaliable.edu.au/public/learning_teaching/research/embracing%20e-Learning%20000-731.pdf

(2) Holmes, Elizabeth: op.cit.190

(3) British Information Communication Technology Agency: available at www.becta.org.uk/technology/infosheets/pdf/handheld

(4) Livlib Edrweb co . uk .

(5) Spender Dale and Stewart Fiona: E- **Learning in** UK . Paper Sponsored by Commonwealth Bank , 2002. p 114

(6) Holmes Elizabeth: **"The newly qualified teachers hand book"** London, Kogan page limited ,2003, p295.

(7) Pollard Anderw: "**Reflective Teaching and Effective Evidence -informed professional practice**", London , Andrew pollard , 2002 , p78

(8) Villegas Eleonora, Reimers: **Teacher Professional development an international review of the literature development** , Unesco ,2003

(9) Holmes, Elizabth: op cit, p 229-303.

(10) ماريا بيلار اوندا: **معلمو القرن الواحد والعشرين تجربة بعثات التدريس وشبكات المعلمين وأنماط جديدة في التدريب"**. ترجمة احمد عطية احمد مجلة مستقبليات 2003 ص426

(11) Pollard Anderw: "**Reflective Teaching and Effective Evidence -informed professional practice**" op.cit p160

(12) عايدة عباس أبو غريب: "**تطوير عمليات التعليم والتعلم باستخدام الشبكات الالكترونية في التعليم العام**" القاهرة المركز القوم ي للبحوث التربوية 2004، ص 31.

(13) Spender Dale and Stewart Fiona: E- **Learning in** UK. Paper Sponsored by Commonwealth Bank , 2002. p 114.

(14) Learning and Skills Network: **A professional Development framework for E- Learning**, 2007. www.Learning Technologies ac uk/files/0627/161

(15) Http: www. ICT Teacher net

(16) Riding Phil:" **On line Teacher Communities and Continuing profession Development**" Journal of Teacher Development, Vol. 5 Number 3, 2001, p.2 available on line at http// www: Cambridge assessment org. uk/ ca

(17) Matthew parralt , Riding phil:" **Building an internati and on line Teacher Cammunity to Suppart Cantining prefession Development**. Hup:// www. Cambridhe asssesrment.Org.

(18) Holmes Elizabeth:" **The newly qualified teachers hand boo**k "op.cit ,p 296

(19) حافظ علوان حمادي الدليمي: **"النظم السياسية في أوربا الغربية والولايات المتحدة الأمريكية".** عمان، دار وائل للطباعة والنشر، 2001، ص83.

(20) عفاف المصري: مرجع سابق، ص

(21) Foreigne & Common wealth Office London: Education and Training in Britain, London Crown Copyright, 1998,pp.34-36.

(22) عفاف على محمود المصري:. مرجع سابق، ص .

(23) Guttman. C.: "**Education in and for the information society**. Paris Unesco, 2003.

(24) **White paper Intel information technology Wireless Technologies and bridging the digital divide**", available at http://intel world.com/white paper /resources /wireless –and-e learning 2006

(25) محمد سيف الدين فهمي: **المنهج في التربية المقارنة**، القاهرة، مكتبة الانجلو المصرية، ط، 1958، ص547.

(26) عفاف على محمود المصري: **"دراسة مقارنة لأنماط الجامعة المفتوحة في كل من انجلترا وألمانيا الغربية والصين الشعبية ومدى إمكانية الإفادة منها في جمهورية مصر العربية"**. رسالة ماجستير، كلية التربية جامعة عين شمس، 1995، ص ص118-131.

(27) منار محمد اسماعيل بغدادي: **"صنع السياسة التعليمية، دراسة مقارنة بين كل من مصر وانجلترا والصين"**. رسالة دكتوراه، معهد الدراسات والبحوث التربوية، جامعة القاهرة، 2005، ص

(28) www.woodlands-junior.kent.sch.uk/customs/questions/**population**.html

(29) Race , Richard W:**Analyzing Ethnic Education Policy Making in England and Wales** http://www.shef.ac.uk/socst/Shop/race_article.pdf

(30)

(31) British Educational Communications and Technology Agency: **The National Gride for Learning**, op.cit , pp.1-2.

(32) National Council for Educational Technology, Published in 1995 by NCET.

(33) لمياء المسلماني: مرجع سابق.

(34) خالد مصطفي مالك: **تكنولوجيا التعليم المفتوح**. القاهرة، عالم الكتب، 2002، ص72.

(35) Australia (Government): In: **The Columbia Electronic Encyclopedia Copyright 1994, 2000,** Columbia University Press, Online, Available: http://infoplease.com/ce6/world/A0856773.html, 26 Jan . 2003, p.1.

(36) Embaying E- Learning in Australia .

(37) Mckenzie, P.: "Australia: System of Education", In: Husen, Torsten & Postlethwaite, T. Neville (eds.), **The International Encyclopedia of Education**, Second Edition, Vol. 1, New York, Pergamon, 1994, pp. 416-417.

(38) Ministerial Council on Education Employment Training and youth Affairs (MCEETYA) 2005, p7.

(39) Ibid

(40) Ministrial Council On Education , Employment (MCEETYA) 2005 , P.5

(41) اللجنة الوطنية لليونسكو: **التعليم عن بعد**، مجلة مصر واليونسكو مجلة نصف سنوية، تعرض نشاطات اليونسكو.

(42) Ministerial Council on Education , Employment Training and Youth Affairs: Contemporary Learning (MCEETYA) 2005

(43) Ministerial Council on Education. Employment Training and Youth Attars , (MCEETYA) 2005, Op.cit . p

(44) Distance Education Centre, Department of Education, Employment and Training: **Enrolment Booklet Secondary Schools**, Victoria, 2002, p. 44.

(45) Eleanor Villegas Reamers: **Teacher Professional development an international review of the Literature** unesco International Institute for Educational. Planning www. Unesco , 2003 . org P. 80 .

(46) White Gery ; op.cit, p .

(47) لمياء إبراهيم المسلمانى: مرجع سابق

(48) Spender Dales Stewaer Fiona: " Embracin".

(49) لمياء إبراهيم المسلمانى: مرجع سابق

(50) Arger, Geoff: "Distance Education in Asia and the Pacific: Australia", Op.Cit., p.3.

(51) اللجنة الوطنية المصرية لليونسكو: "التعليم عن بعد"، مرجع سابق، ص265.

(52) Arger, Geoff: "Distance Education in Asia and the Pacific: Australia", Op. Cit. , p. 3.

(53) Stacey, Elizabeth: "Technology Overcomes Australian Distances", Op.Cit., p.57.

(54) Manson Jon: An Overview of Government Supported E- Learning Activities in Australin Paper Presented in the Seaul E- Learning Conferenc 24 th Sep . 2003

(55) Spender Dale & Stewart Fiona: Embracing E-Learning in Australian Schools, Commonwelth bank 2002 , p .

(56) Whit Gerry: E learning Australia's achievement in education and Training

(57) اللجنة الوطنية لليونسكو: **"التعليم عن بعد"**، مجلة مصر واليونسكو، مجلة نصف

سنوية تعرض نشاطات اليونسكو وجمهورية مصر العربية، القاهرة، 29026. مايو 1996، ص231- 40.

(58) اللجنة الوطنية المصرية لليونسكو: "**التعليم عن بعد**"، نفس المرجع سابق، ص232.

(59) لمياء براهيم المسلمانى:

(60) Family Education Network © 2000-2002: Australia , Op. Cit., p. 2.

(61) Australia (Economy): In: The Columbia Electronic Encyclopedia Copyright 1994, 2000, Columbia University Press, Online, Available: http://infoplease.com/ce6/world/A0856772.html, 26 Jan. 2003,, p.1.

(62) Mason Jon: "An overview of Government Supported E, Learning Activities in Australia". Paper in the School E, learning Conferns G, 24th Sep. 2003 p

(63) Clark, John: "School of Distance Education Charters Towers," Online, Available: http://www.chartowesde.qld.edu.au/home.htm, p. 1.

(64) اللجنة الوطنية المصرية لليونسكو: "التعليم عن بعد"، مرجع سابق، ص ص 268-269.

(65) خالد مصطفي مالك: **تكنولوجيا التعليم المفتوح**، مرجع سابق، ص ص 105-106.

(66) Iqbal Mohammad : E- **Learning in Singapore Assessment . op.cit, p.**

(67) Iqbal Mohammed , E- **Learning in Singapore Assessment** , op.cit,p

(68) Ibid.

(69) Ministry of Education in Singapore: available at Http: WWW. Moe.gov. sg/ edum-all /tl/ tl/ website htm moe. Edu. Mall. Teaching and learning website

(70) Ibid.

(71) Ibid.

(72) Kin Lin Chew: "**Country Report from Singapore**" in AEN Conference, 14, 15, Dec. 2005, Tokyo, available at www.asia-elearning.net/content/conference/ 2005/file/AEN2005-Singapore -2.pdf

(73) Iqbal Mohamad & Kan Habibullah : "**E Learning in Singapore A brief**

Assessment" available at ww.u21global.com/PartnerAdmin/ ViewContent? module=DOCUMENTLIBRARY&oid=157381

(74) **Asia E-Learning Network 2002 available at** www.asia-elearning.net/ content/ conference/2005/file/AEN2005-Singapore-2.pdf. P .

(75) Singapore Department of Statics: **"Singapore in Figures 2007"** available at www.singstat.gov.sg/pubn/reference/sif 2007 .pdf

(76) David foo seon: **"Strategic Management of Educational development in Singapore"**. paper presented of the Asia education study tour for African policy Markers, June 18.30,2006, National Institute of Education Nanyany, Technological University, Singapore. available at: http//www.worldbank. org/1439204

(77) Guttman, C: **"Education in and for the information society"** Paris, UNESCO, (2003).

(78) عبد الجواد سيد بكر، هدى سعد السيد: **"نماذج التنمية والتربية في دول الآسيان، نموذج سنغافورة في التنمية والتربية"**. القاهرة، المؤتمر السنوي السادس للجمعية المصرية للتربية المقارنة والإدارة التعليمية، **"تجارب معاصرة في التربية والتنمية"**، 25-27 يناير، القاهرة، دار الفكر العربي، 1998، ص202

(79) David Ng Foo Seong: **"Strategic Management of Educational in Singapore"**. Background paper prepared for the Asia Education Study Tour for African Policy Makers, June 18-30, 2006 available at site resources. worldbank .org/ .../1439264-53425508901/**Strategic**_Mgt_Edu_**Singapore**_draft.pdf

(80) Bee Geok Leow: **"census of Population 2000 , Education, Language and Religian" Census of Pv**

(81) Singapore Department of Statics: **"Singapore in Figures"** , available on line at www.singstat.gov.sg/pubn/reference/sif 2007 .

(82) Ma, N. (2001). **A report of on the on line Schools and Universities in China**. http://www. On line. Edu.org/ar/icle/article/5 7.html .

(83) http: www.Chine.edu.com.

(84) لمياء إبراهيم المسلماني: **"التعليم الثانوي من بعد في ضوء خبرات بعض الدول"** رسالة ماجستير غير منشورة معهد الدراسات والبحوث التربوية، جامعة القاهرة، 2004.

(85) المركز القومي للبحوث التربوية والتنمية: **إمكانية استخدام تكنولوجيا التعليم من بعد في إطار التربية للجميع بجمهورية مصر العربية**، مرجع سابق، ص64.

(86) Education Law of the peoples Republic of china 1995: **journal of Chinese Education & society** may/jun 99 , vol.32 issue 3 , p30

(87) Unesco World Survey Education: **Educational Policy, Legislation and Administration** , Paris, Unesco , 1971 , PP. 319 - 322.

(88) Bollag, Burton & Overland, Martha A.: **Developing Countries Turn to Distance Education",** Op. Cit., pp. 29-30

(89) Teng , Teng: China, People's Rebublic of: System of Education," In: Husen, Torsten & Postlethwaite, T. Neville (eds.), **The International Encyclopedia of Education**, Second Edition, Vol. 2, New York, Pergamon, 1994, p. 752.

(90) المركز القومي للبحوث التربوية والتنمية: **إمكانية استخدام تكنولوجيا التعليم من بعد في إطار التربية للجميع بجمهورية مصر العربية**، مرجع سابق، ص66

(91) Arlwa Ezedu & Li Rui: **the Impact of E- Learning on China Education and Research Network** (CERNET) London . Metropolis University U . K .

(92) **Working with Schools in China**, applied ict WWW. Schools Network.org uk / Article 9spa Agedly: 238449 & Nodeld = O.3 c .

(93) www.Mirandanet.ac.uk/Intranet/Aoly Cross.King to, Sch/uk/China/main/ htm.

(94) Zhiting Zhu: **The development and Applications of E- Learning Technology Standards in China** Educational Information Centr East Chin Normal University p 100 .

(95) Zhang, R. (2002). **"How to Selet a Cyber School in China?** http://www. cnii.Com.Cn/200220228/ca 30549.htm.

(96) فائقة سعيد الصالح: **التعليم في دول الشرق الأقصى".** البحرين، سلسلة نظم التعليم في العالم، 1998، ص12.

(97) Teng, Teng: "**People,s Rrepublic Of China,** In: “Postleth Waite, T.Neveille (ed) **International Encyclopedia of National System of Ducation,** 2nd Edition”, Britain, Pergamon, 1995, p. 206.

(98) شين شيه - بينع، شنن شيه - فو: **"تاريخ الصين" تايوان"** القاهرة، دار النشر الصينية، 1959، ص1.

(99) محمد رمزي: **"محاضرات في جغرافيا أسيا "** . قطر، دار الفكر، طبعة أولى 1977، ص 66.

(100) شين شيه - بينغ، شين شيه فو: مرجع سابق، ص 40.

(101) Chul, Sam Tsang: "**Society, Schools and Progress in China**", London, Rregiment press, 1968, pp. 26-27.

(102) محمد أبو حسيبة مرسي محمد: **"دراسة مقارنة لنظام التعليم الإلزامي في الصين في جمهورية مصر العربية وجمهورية الصين الشعبية"**، رسالة ماجستير غير منشورة، كلية التربية، جامعة أسيوط، 1995، ص82.

(103) إبراهيم نافع: **"الصين معجزة نهاية القرن العشرين"**. القاهرة، مركز الأهرام للترجمة والنشر، 1999.

(104) Lofsted, Jan Ingvar: **"Chinese Educational policy changes and contradictions 1949-1979"** Sweden, Almqvist & Wiksell International Stokholm, Humanities Press Inc ,1980, P.124.

(105) Price, R E: **“Education in communist China London,** London, Routledge, 1954 , p L-3.

(106) محمد أبو حسيبة مرسي محمد: مرجع سابق ص 88.

(107) Pepper, Suzanne: **"Radicalism and education reform in twentieth century in China the search for an ideal development model"**, London, Cambridge University press 1996 , p157-163.

(108) عبد الغني عبود: **"دراسة مقارنة لتاريخ التربية"**. القاهرة، دار الفكر العربي، الطبعة الأولى، 1978، ص ص394-395.

(109) نبيل سعد خليل: "**التعليم الإلزامي ودوره في التنمية الاقتصادية والاجتماعية في جمهورية الصين الشعبية** دراسة حالة، في "**تجارب معاصرة في التربية والتنمية**، المؤتمر السنوي السادس الجمعية المصرية للتربية المقارنة والإدارة التعليمية دار الفكر العربي ومكتبة النهضة 25-27 يناير 1998، ص130.

(110) **التقرير الإستراتيجي العربي: اختلالات نظرية الاتجاه شرقا، التجربة الصينية، نموذجا". القاهرة**، مركز الدراسات الإستراتيجية والسياسية بالأهرام، 2000، ص88.

(111) ليو بواتنج: "**الإصلاح الهيكلي والتنمية الاقتصادية في الصين**" مقالات مختارة بمناسبة مرور خمسين عاما من عمر المجلة الدولية للعوم الاجتماعية، المجلة الدولية للعلوم الاجتماعية، سبتمبر 1998، العدد 157، ص161.

(112) جون فاى فيلد، كمال توفيق الهلباوى: "**تطور السياسة التربوية في الصين الحديثة**"، رسالة الخليج العربي، العدد السادس عشر، مكتب التربية لدول الخليج العربي، السنة الخامسة، الرياض، 1985، ص ص370-372.

(113) إيملي هانوم ترجمة: د. مجدي على: "**الفقر والتعليم الأساسي في الصين، قضايا الإنصاف في التسعينيات، مستقبليات**، مجلة فصيلة للتربية المقارنة، العدد 112، مجلد 29، عدد 4 ديسمبر 1999، ص634.

(114) عبد الغني عبود وآخرون: "**التربية المقارنة منهج وتطبيق**". القاهرة، مكتبة النهضة المصرية، 1989، ص347.

(115) **The World Fact Book 2000: China, Online,** Available: http://www.odci.gov/cia/publications/factbook/goes/ch.html, p. 3.

(116) Bollag, Burton & Overland, Martha A.: "**Developing Countries Turn to Distance Education**" Op.Cit, p. 29.

(117) سعاد بسيوني عبد النبي: "**بحوث ودراسات في نظم التعليم**". القاهرة، مكتبة زهراء الشرق، 2001، ص21.

(118) Ministry of Education: "**Education in China**", Pepoles Republic of China, 2002,p10

(119) State Education Commission: "**Improving the educational environment for girls as whole, helping girls back to school.** in **Hard Climbing**. selected cases in promotion of basic education in china western Disadvantaged counties, Sino Unicef Progect , State Education Commission ,1998, p112.

(120) Ministry of Education: "**Education in China**", op.**cit ,P.10**

الفصل الثاني

تجارب بعض الدول في تطبيق المحاسبية التعليمية كأحد آليات الإصلاح المؤسسي

مقدمة:

شهدت نهاية القرن العشرين تركيزا متزايدا على "المستويات التعليمية من أجل الوصول إلى تعليم أفضل، وتؤكد الأدبيات التربوية على ضرورة اهتمام المؤسسات التعليمية بتقويم أداء التلاميذ ومحاسبة المدارس، وتوضح الأهداف القومية للتعليم من أجل تقويم أداء المدارس، كما تؤكد الحاجة إلى معايير ومستويات محددة لمحاسبة القائمين على العملية التعليمية والمسئولين عنها[1].

وقد بدأ الأخذ بنظام المحاسبية التعليمية Educational Accountability في معظم دول العالم مع بدء حركة الإصلاح التعليمي، والتوجه نحو لامركزية التعليمي، عن طريق تفويض الجزء الأكبر من السلطة والمسئولية عن التعليم للمجتمعات المحلية، ومنح المدارس نوعا من الاستقلال، والحكم الذاتي بحيث أصبحت وحدة تنظيمية قائمة بذاتها تحت مسمى الإدارة الذاتية للمدرسة، أو الإدارة المتمركزة حول المدرسة بحيث يحق للمدرسة أن تتصرف بحرية تامة في أمورها الإدارية والتمويلية ومن ثم وضعها تحت نظام فعال للمحاسبة في حالة إخفاقها في تحقيق الأهداف المنشودة[2].

وتشير المحاسبية التعليمية Educational Accountability بصفة عامة إلى الالتزام بالإدارة الجيدة، والإشراف الجيد والأداء الأمثل. وتؤكد على المستويات التعليمية للطلاب وتقديم الدليل على تعلم الطلاب بشكل جيد كما تساعد المحاسبية على تعديل طرق التدريس وتقديم أنشطة منظمة للمعلمين، وتركز على الأهداف الأساسية وتنمية المهارات الأساسية للمعلمين، وتطوير وتحديث العملية التعليمية[3].

وتهدف المحاسبية التعليمية إلى تطوير التعليم وتعد آلية من آليات مراقبة جودة التعليم، من خلال هيئة مسئولة عن مراقبة الجودة، ومراجعة ومحاسبة كافة المسئولين عن العملية التعليمية. في ضوء معايير تضعها الهيئات المنظمة وتتم على ضوئها المحاسبية التعليمية، ومن ثم فإن توفر المعلومات حول أداء المؤسسات التعليمية يعد أمرا ضروريا لتحقيق المحاسبية التعليمية مثل نتائج الامتحانات القومية، وجداول الأداء المدرسي التي تسمح بمقارنة أداء المدارس المختلفة(4) كما تحقق المحاسبية التعليمية غايات مختلفة منها مقرطة التعليم والتي تتم من خلال وضع التعليم تحت رقابة الشعب أو العامة، والرقابة المهنية ورقابة المستفيدين من خلال المشاركة الديمقراطية، والشراكة المجتمعية.

وتختلف أنماط المحاسبية التعليمية باختلاف نظم التعليم ودرجة المركزية واللامركزية في إدارة التعليم، وتغير دور الحكومة المركزية من موفر للخدمات التعليمية إلى منظم لها، وتستطيع اللامركزية أن تضمن وصول الخدمة التعليمية في إطار من العلاقات القوية بين القائمين على توفير الخدمة التعليمية والذين يعتبروا مسئولين بشكل مباشر عن مستهلكي أو متلقي الخدمة(5). وتشير الدراسات إلى أنه لا يمكن إحراز فوائد اللامركزية إلا إذا كانت السلطات المفوضة تعمل على أساس نظام للمحاسبية. فلو أن السلطات تم تمثيلها بصورة لا مركزية من خلال ممثلين لا يخضعون للمحاسبية فلن تتمكن اللامركزية من تحقيق أهدافها(6).

تحديد المصطلحات:

المحاسبية التعليمية : Educational Accountability

يقصد بالمحاسبية التعليمية "قياس نتائج العملية التعليمية بطريقة مباشرة عن طريق استخدام معايير موضوعية في إطار نظام تعليمي يعتمد على تحقيق الأهداف أكثر من اهتمامه بالعملية التعليمية والممارسات التربوية الضمنية لها، ويهتم بالفاعلية أكثر من اهتمامه بالكفاية في التعليم ويتجه نحو نتائج العملية التعليمية أكثر من توجهه نحو عناصر العملية أو مدخلاتها"(7).

والمحاسبية هي إحدى المداخل المستخدمة في تقويم الأداء، ويقصد بها المجال الذي يكون فيه الفرد مسئولا عن أفعاله أمام سلطة أعلى سواء كانت تشريعية أو تنظيمية.

ويتضمن أيضا تقديم البراهين على أن البرامج التي اتبعها قد اتسقت مع الأهداف الموضوعية وأسهمت بفاعلية في تحقيقها[8].

والمحاسبية هي المساءلة أمام السلطات الأعلى وكون الفرد محاسبا Accountable يعني أنه مسائل answerable أمام رئيسه الذي فوضه في اختصاص معين.

والمحاسبية كما يراها البعض تعني تقويم أداء المدرسة وقياس نتائج العملية التعليمية عن طريق استخدام معايير موضوعية يمكن من خلالها تحقيق مخرجات تربوية مرغوب فيها في فترة زمنية معينة[9].

ويرى "موسازي" أن المحاسبية هي حالة وفقا لها لابد أن يقدم كل عضو في المنظمة تقريرا يبين فيه الأداء الكلي للعمل الذي يقوم به بغض النظر عما قام هو نفسه بتفويضه للآخرين، ومع ذلك يتضح أن أي مسئولية لابد لها من شقين أولهما الالتزام أو التعهد وهذا هو جوهرها وثانيهما المحاسبية أو المساءلة، وهى نتيجتها المنطقية، فبقدر الالتزام تكون المحاسبة[10].

العلاقة بين المحاسبية والمسئولية والسلطة:

تعرف المسئولية بأنها التعهد والالتزام بالقيام بواجبات وأعمال ومهام محددة، وترتبط المسئولية بتحقيق الأهداف[11] ويوجد ارتباط قوي بين المسئولية والسلطة حيث تمر عملية تفويض السلطة بعدة مراحل تبدأ بتحديد الأعمال المراد تفويضها، يليها الوقوف على إمكانات الأفراد المراد تفويض السلطة لهم، ثم تكليف المرءوسين، وأخيرا مسئولية المرءوس ويتصل ذلك بعرض من يفوض السلطة للمحاسبة أو المساءلة.

ولابد من وضوح الخريطة التنظيمية، وخطوط السلطة والمسئولية حتى يمكن

تطبيق المحاسبية، وترتبط مقومات المحاسبية بالمسئوليات المحددة وبالخريطة التنظيمية للعمل لأن المحاسبية ببساطة هي أسلوب لتنظيم المسئوليات والواجبات في الهيكل التنظيمي، بحيث تسدى المسئوليات الكبرى للمستويات الإدارية العليا، وتتم المحاسبية في كل مركز من مراكز المسئولية، كما يتم ربط النظام المحاسبي بالهيكل التنظيمي ومستوياته الإدارية والتنفيذية المختلفة، ويعد تفويض السلطات وتوزيع الاختصاصات على أساس لا مركزي، وفقا لمراكز تحمل المسئوليات هي الأسلوب لتطبيق المحاسبية، كما يعتبر دليل المسئوليات الإدارية أفضل الأدوات لتحديد المسئولية داخل بيئة العمل، ويعتبر أداة فعالة لربط الإدارة بالأهداف، وبالمسئولية الإدارية(12).

أساليب المحاسبية:

وتتحدد أساليب المحاسبية التعليمية والرقابة، بحيث يكون التقويم الذي تعتمد عليه المحاسبية التعليمية ذا طبيعة استشارية إرشادية على المستوى المركزي، وذا طبيعة تقويمية على المستوى المحلي، وتعتمد فعالية نظام المحاسبية التعليمية على التحديد الواضح لخطوط السلطة والمسئولية على كافة المستويات في التنظيم الإداري، ومعلومات تحليلية وتفصيلية متوفرة، ونظام للتقارير يربط بين التنظيم الإداري والمعلومات المالية عن النشاط(13).

مجالات تطبيق المحاسبية:

أ- المحاسبية الإدارية "الإدارة والنظار".

ب- المحاسبية المالية " المسئولين عن النواحي المالية".

ج- محاسبية المعلمين.

أولا: المحاسبية التعليمية للإدارات المدرسية والنظار:

تلعب الإدارات المدرسية دورا محوريا في إدارة المدرسة ومساءلتها حيث أنها في النظم التعليمية اللامركزية مسئولة عن توزيع ميزانية المدرسة بما فيها من رواتب المعلمين،

وعن وضع سياسة المدرسة وتعيين المعلمين، كما يقع على عاتق المدرسة أن تضمن تدريس المناهج بشكل جيد وهي مسئولة عن استبعاد التلاميذ ذوي السلوك السيئ، وعن إحاطة الآباء بجميع جوانب العملية التعليمية.

يعد مجلس إدارة المدرسة مسئول أمام المجتمع وأولياء الأمور عن تطوير المدرسة، والأسلوب الذي تقوم به بإدارة المدرسة ميزانيتها وتحقيق الجودة النوعية، والارتقاء بالمعايير، وتعتبر المجالات الإدارية المدرسية بما فيها من ممثلين عن المجتمع المحلي حلقة اتصال مهمة في تحقيق المحاسبية التعليمية.

ومدير المدرسة مسئول عن إدارة الشئون اليومية للمدرسة وغيرها من المسئوليات التي يفوضها إليه المحافظون، وعن إدارة أعمال الامتحانات وتقويم الطلاب، ومتابعة المستوى التحصيلي للتلاميذ، والنهوض بمستواهم، وتبليغ العاملين بالنشرات والتوجيهات وتنفيذ الخطط والمناهج(14).

ثانيا: المحاسبية المالية التعليمية للمراجعين الماليين:

تعد الرقابة المالية جزء من نظام الرقابة الذي تقوم بها الهيئات النظامية المعنية بتطبيق سياسة المحاسبية التعليمية وتحديد أوجه الإنفاق، وتوزيع الميزانية وتقييم الحالات التي يتم فيها الحصول على الاعتمادات من الميزانية(15).

وترتبط المحاسبية التعليمية باللامركزية ارتباطا وثيقا أو بتفويض السلطة للإدارات المدرسية في توزيع وإنفاق ميزانيتها المالية وتوزيعها بالشكل الذي يلاءم احتياجاتها.

ثالثا: المحاسبية التعليمية للمعلمين

وتشمل مراقبة أداء المعلمين وفق معايير أداء تم تحديدها مسبقا وكذلك مراقبة أخلاقياتهم وسلوكياتهم التربوية داخل المدرسة وأثناء العملية التعليمية.

الأدبيات التربوية:

(1) دراسة خالد قدري إبراهيم: " الإدارة الذاتية والمحاسبية مدخل لرفع إنتاجية المدرسة الثانوية، دراسة مستقبلية

في دراسة خالد قدري إبراهيم[16] عن الإدارة الذاتية والمحاسبية، دراسة مستقبلية: وقد كان المجال الزمني الذي تبحث فيه الدراسة حتى عام 2020 وقد اعتمدت الدراسة علي عينة من أساتذة الجامعات ومديري المراحل التعليمية ومديري المدارس وأولياء الأمور والمعلمين والتلاميذ ورجال الصحافة والإعلام وبعض أعضاء المجتمع المحلي البارزين.

تبني أساتذة الجامعات المفهوم الخاص بالمحاسبية التعليمية عند تطبيق الإدارة الذاتية للمدرسة الثانوية من خلال تحسين خدمة العملية التعليمية المقدمة للطلاب من خلال تطبيق الجودة الشاملة في التعليم الثانوي، وقياس أداء المدرسة الثانوية من حيث النتائج ومستويات تحصيل الطلاب ومقارنتها بمدارس أخري من نفس المنطقة التعليمية علاوة علي التقدم في تحصيل الطلاب بالنسبة للتقويمات الدولية (عقد اختبارات دولية في علوم المستقبل كالرياضيات والعلوم).

أما عينة رجال الصحافة فاقترحوا وضع أسس صارمة للرقابة والتقييم الدوري علي أداء المدارس.

وقد أوضح أيضا رجال الصحافة بالنسبة للمحاسبية التعليمية ضرورة وجود قيادة فعالة تسعي إلى تطوير أداء العاملين. وبالإضافة إلى ذلك لابد من وجود أجهزة رقابية عليا أو مركزية تعمل علي محاسبية المدارس عند تجاوزها للنواحي المالية والأخلاقية كذلك تطبيق مبدأ الثواب والعقاب علي أداء المدرسة بالنسبة للامتحانات ومستويات تحصيل الطلاب.

أما عينة أولياء الأمور فركزت على معايير تطبيق المحاسبية التعليمية فتنشر إلى نتائج المدرسة من حيث تخريج نوعية متميزة من الطلاب وتتغير بالانتماء والأخلاق والإيجابية في نواص الحياة المجتمعية.

أما عينة التلاميذ فقد أشارت بالنسبة لمجال المحاسبية التعليمية إلى حسن استثمار المخصصات المالية للتعليم مع زيادة ا لنواتج والمخرجات التعليمية بحيث تقع المدرسة تحت المسألة والمحاسبة عند الإخفاء في تحقيق أهدافها المنشودة

أما عينة مديري المراحل التعليمية فقد أشارت بالنسبة للمحاسبة التعليمية انه لابد من تشكيل مجلس إدارة المدرسة والذي يكون مسئول عن تقويم أداء المدرسة كشغل ومحاسباتها عن الإخفاء في تحقيق الأهداف .

أما مديري المدارس فأشاروا إلى أن لابد من محاسبة القائد التربوي عن تطوير الأداء بالنسبة للعاملين في المؤسسة التعليمية وكذلك تحقيق الشراكة بين المدرسة والمجتمع المحلى والتقدم في تحصيل الطلاب وتحسين الخدمة التعليمية واستثمارات المكانات المتاحة سواء المادية أو البشرية وقياس أداء المدرسة بالنسبة للمدارس الأخرى المحيطة بالمنطقة التعليمية.

أما عينة المدرسين الأوائل فقد أشارت إلى أنه لابد أن تعتمد المحاسبة التعليمية على تقويم أداء المدرسة كشغل ومحاسباتها عند الإخفاء في تحقيق الأهداف .

(2) دراسة بيرسون: "بحث سياسات المحاسبية التعليمية من منظور مستقبلي"[(17)]

هدفت هذه الدراسة إلى فحص المدى الذي تسهم به سياسات المحاسبية التعليمية في الإصلاح التعليمي، وفي تحسين نوعية السياسة التعليمية ودور ذلك في صنع السياسة التعليمية، وهذا جزء من بحث دولي بهدف إلى إعادة بناء سياسات المحاسبية التعليمية واستخدام آليات إدارية ملائمة، لذا عرضت هذه الدراسة المحاسبية، والقيادة، والضبط واستخدام إستراتيجيات المحاسبية، واستخدام إستراتيجيات للتقويم ودور الأنماط السياسية في المؤسسات المختلفة، ودور سياسة المحاسبية في الإصلاح التعليمي ومعايير وإجراءات ضبط أداء المدارس ونظام التفتيش.

وانتهت الدراسة إلى أن سياسات المحاسبية لابد من العمل بها في إطار بعيد عن الليبرالية، والقوى المتميزة والقواعد الاستثنائية وفي ظل هذا الإطار فالنشاط السياسي

يعتبر أداة لتحقيق الأهداف التنظيمية وأن سياسات المحاسبية في المدارس تحتاج لمجموعة من الالتزامات الاقتصادية.

خبرات بعض الدول في تطبيق المحاسبية التعليمية

أولا: خبرة إنـجلترا في تطبيق المحاسبية التعليمية .

أخذت إنجلترا بسياسة المساءلة التعليمية منذ عام 1976 حين ألقى رئيس الوزراء جيمس كالاجان خطابه المشهور المناقشة الكبرى The Great Depate الذي ناقش فيه أسباب انخفاض مستوى التعليم في إنجلترا[18]. واستخدمت سياسات المساءلة بهدف تطوير المعايير التعليمية وتنفيذها وقد بني تنفيذ سياسة المساءلة في إنجلترا على ما حددته وثيقة الورقة البيضاء "التميز في المدارس من ضرورة توافر الجداول القومية لتقييم الأداء المدرسي" National League Table وتعرض هذه الجداول مستوى إنجاز الطلاب وأدائهم وتتحمل كل مدرسة مسئولية الأهداف التي تضعها للارتقاء بالمعايير، وتتم إدارة جميع أوجه العملية التعليمية من خلال الاختبارات القومية للطلاب National Tests، والتي تنشر نتائجها الجداول القومية لأداء الطلاب وبالهدف من نشر جداول تطور الأداء Improving Performance من خلال تحديد قائمة نموذجية لخصائص المدارس الفعالة، وتطبيق سياسة التدخل في المدارس ذات الأداء الضعيف بحيث تتحمل كل مدرسة مسئولية تحقيق الأهداف التي ترفع من أدائها[19].

تعد هيئة التفتيش على المعايير Office Of Educational Standard (ofsted) هي الجهة المنوط بها تحقيق المساءلة التعليمية في إنجلترا. وهى الهيئة المسئولة عن القيام بتحسين وتطوير المستويات التعليمية للأداء والإنجاز من خلال نظام تفتيش مستقل وقد تم إنشاء هذه الهيئة في سبتمبر عام 1992 وهي هيئة مستقلة ولا تتبع وزارة التعليم بينما تتبع صاحبة الجلالة الملكة وتتمثل الوظيفة الرئيسية لهيئة مفتشي صاحبة الجلالة في زيارة المدارس والكليات ومؤسسات التعليم الحالي والجامعات وتقديم تقاريرها إلى وزير التعليم، وكذلك تقدم النصيحة المتخصصة له ولوزارته[20].

وتهدف هذه الهيئة إلى رفع المعايير التعليمية من خلال نظام تفتيش مستقل والتأكد من إتباع التشريعات والقوانين، وينظم التفتيش على المدارس، ويجدد وظائف هيئة التفتيش قانون التربية والمدارس لعام 1992، وأول وظيفة هي إعلام وزير الدولة بصفة مستمرة عن نوعية التعليم في مدارس إنجلترا ومدى توافر معايير الجودة النوعية في المدارس وتقييم خدمات السلطات التعليمية المحلية[21]. وتشمل مسئوليات هيئة مفتشي صاحبة الجلالة كل عناصر العملية التعليمية، وتهتم بتطبيق السياسة التعليمية والعمل عل تحقيقها وتسهم هيئة مفتشي صاحبة الجلالة على المستوى القومي في إنجلترا بشكل مباشر في صياغة السياسة من خلال التقارير التي تقوم بنشرها.

ويتم التفتيش مرة كل (4-6) سنوات كما تقوم المدرسة بإعلام أولياء الأمور بموعد التفتيش، وتستغرق الزيارة 1-4 أيام يكتب بعدها المفتشون تقريرا عن جميع أنشطة المدرسة وإدارتها ويوزع ها التقرير على الآباء كما يكون متاحا على الإنترنت ويطلب من المدارس وضع خطة لتطوير التعليم بها[22].

ثانيا: خبرة الولايات المتحدة الأمريكية في تطبيق المحاسبية التعليمية

تعد الولايات المتحدة الأمريكية إحدى دول العالم المتقدمة والتي تطبق مدخل إدارة الجودة الشاملة في إدارة التعليم Total Quality Management حيث تعتبر جودة التعليم آلية من آليات التنافس في النظام العالمي الجديد من خلال استخدام مقاييس ومعايير يحددها مجلس المدارس الفاعلة الذي أنشئ عام 1984 لاختيار المدارس الناجحة بناء على معايير الجودة Quality[23].

وتنعكس لامركزية الإدارة التعليمية في الولايات المتحدة الأمريكية على تطبيق سياسات المحاسبية بحيث يضع مجلس التعليم لكل ولاية أهداف عامة لتطوير التعليم بها وتضع كل ولاية أهداف المحاسبية التعليمية وتحدد مبادئها وإجراء تنفيذها وتختلف كل ولاية عن الأخرى وتطور كل مقاطعة محلية برنامجها الخاص بالمحاسبية طبقا لمجتمعها بما يتلائم مع أهداف الدولة كما تضع كل مدرسة أهدافها وبرنامجها الخاص

طبقا لأهداف الدولة وتقدم كل ولاية في الولايات المتحدة معايير للمحاسبية التعليمية خاصة بها بحيث يتمكن العامة من رقابة أداء المدارس، وتقييم المخرجات التعليمية وخاصة مع تزايد الدعم من قبل أعضاء المجتمع المحلي للمدارس[24].

وترتبط المحاسبية بالاعتماد التربوي Accreditation حيث تقوم كل ولاية باعتماد مدارسها بعد استيفاء هذه المدارس بمتطلبات الاعتماد فعلي سبيل المثال وضعت ولاية كولورادو الأمريكية دليل لتقويم مدارس الولاية من أجل تنفيذ برنامج المحاسبية التعليمية بحيث تصبح كل مدرسة مسئولة عن أداء الطلاب بطرق مختلفة وتنشر تقارير المدرسة التي تقدم معدل الأداء الأكاديمي للطلاب من اجل تطبيق المحاسبية كما توجد في كل مقاطعة لجان للمحاسبية التعليمية تتكون من الآباء والمعلمين والإداريين وأعضاء المجتمع المحلى الذين يشتركون معا في وضع خطة لتطوير المدرسة وهم مسئولون أمام مجتمعاتهم عن تحقيقها[25].

بينما تستمد ولاية أوريجون نظام المحاسبية التعليمية من قانون التعليم بأوريجون للقرن الحادي والعشرين ويهدف هذا النظام إلى النجاح الأكاديمي المستمر لكل الطلاب والتأكيد علي التميز ويستند إلى مبادئ موجهة هي[26]:

1- إن النجاح الشخصي والأكاديمي لكل طالب هو الهدف المبدئي للمحاسبية التعليمية.

2- لابد وأن تدعم مسئولية نجاح الطلاب من خلال نظام المحاسبية.

3- تطوير هيئة التدريس وبناء القدرات أمر ضروري لنجاح المدارس .

4- استخدام الحوافز، والمساعدة، والنتائج بطريقة عادلة .

5- تضامن المجتمع، ودعمه هو جوهر الفعل المسئول لنجاح الطالب في المدرسة .

6- لابد أن يحدد نظام للمحاسبية التميز وان يقاس التقدم بمؤشرات الأداء[27].

يوجد في بعض الولايات مراكز قومية للمحاسبية التعليمية (NCEA) تهدف إلى تعزيز تطوير المخرجات التعليمية للطلاب والمدارس من خلال البيانات الصحيحة

وتطبق الإدارة التعليمية في الولايات المتحدة نمط الإدارة الذاتية والذي يقوم على أن المدرسة وحدة رئيسية لصنع القرار التعليمي فيما يخص المنهج المدرسي، وتتمتع المدارس بقدر كبير من الحرية والاستقلالية في ظل إطار عام[28].

كما تتبع بعض المدارس نمط الإدارة التشاركية والإدارة المتمركزة حول الموقع. وهو نمط يجعل المدرسة أكثر فاعلية في إشراك المجتمع المحلي في عملية الإدارة وزيادة مسئولية العاملين بالمدرسة في تحديد الأهداف التعليمية للمدرسة[29].

ويسمى نظام المحاسبية التعليمية في الولايات المتحدة الأمريكية (PTAS) Performance indicator Accountability system أو نظام قياس مؤشرات الأداء. ويعتمد هذا النموذج من المحاسبية على تقرير لمؤشرات الأداء Performance Indicator report الذي يتم إعداده سنويا وهو مكون من ثلاث أجزاء تقريرية ومزود ببيانات خاصة وبعدد من المؤشرات، ويتم استخدام مقاييس خاصة بكل مؤشر لقياس التطور التدريجي لكل مدرسة في تحقيق أهداف الولاية خلال مدة محددة مثل ذلك اختبار تكساس للمهارات الأكاديمية (TAKS) Texas Assessment of academic skills واختبار ستانفورد وابريندا Stanford and aprenda ونسبة الحضور ونسبة التسرب السنوية، وكذلك نسبة التسرب على المدى الطويل[30].

ويتحدد نظام المساءلة التعليمية ومؤشرات الأداء في تعزيز تطوير المدارس لتحقق أهدافها التربوية عن طريق مراقبة تطور المدارس من خلال قياس مجموعة من المؤشرات المتعلقة بالطالب، وتحديد المدارس التي تستوفي (تحقق) أهداف الولاية والتي يمكن اعتبارها نموذجا للمدارس الأخرى.

ثالثا : خبرة كندا في تطبيق المحاسبية التعليمية

بدأت كندا في تطبيق نظام المحاسبية التعليمية منذ أكثر من قرن ولكنها ازدادت في تطبيقها بالاعتماد علي مؤشرات الأداء التعليمي للطلاب منذ أوائل الثمانينيات حيث حددت الحكومة خمس مجالات لتقييم التعليم تناولت الطالب، والمعلم، والبرنامج، والمدرسة[31].

وقدمت مشروع مؤشرات لضمان جودة التعليم Educational Quality Indicators (EQI) من خلال عشرة مؤشرات لمراجعة المخرجات التعليمية للطلاب هي الأداء والمشاركة، والإبداع، والتخرج، والاتجاهات، والثقة بالنفس، والرضا، والسلوك، والمسئولية واستخدمت كندا آلية التقرير الثانوي Annual Reports Education (AER) كآلية لتطبيق المحاسبية[32].

رابعا: خبرة نيوزيلندا في تطبيق المحاسبية التعليمية:

ينظر إلى التعليم في نيوزيلندا من منظور اقتصادي باعتباره سلعة مملوكة يستطيع المجتمع المشاركة في تطويرها، ومن ثم توضع المدارس تحت نظام فعال للمحاسبة للحكم على أدائها والإشراف على إدارتها بشكل يحقق العدالة الاجتماعية. وقد تمثلت الإصلاحات التربوية في نيوزيلندا في ضوء اللامركزية في الإدارة، في منح مزيد من السلطة الإدارية للمدارس وارتباطها بتحقيق الجودة الشاملة (TQM) Total Quality management بشكل يتوافق فيه التعليم مع متطلبات سوق العمل ويستطيع أن يحقق التنافس الاقتصادي. ومن ثم اعتبار بنية المدرسة وحدة لصنع القرار التربوي، وإعطائها سلطة الإدارة الذاتية، والتأكيد على إدارة الفريق الذي يكون مهمته قياس الإنجازات التعليمية والإدارية للمدارس والمحاسبية في نيوزيلندا لها شقين. الشق الأول ويتمثل في المحاسبية الأخلاقية والشق الثاني فيتمثل في المحاسبية الفنية أو المهنية. وقد أقر البرلمان في نيوزيلندا موضوع المحاسبية التعليمية وقواعد العمل بها من خلال جهات مختلفة هي[33]:

1- مكتب مراقبة التعليم ويعد مكتب مراقبة التعليم في نيوزيلندا هو الهيئة المسئولة عن إجراء المحاسبية التعليمية وقد أنشئ بموجب المادة 18 من وثيقة إصلاح التعليم التي حددت مهام مكتب مراجعة التعليم في تحديد الشكل المطلوب لعمليات قياس الإنجاز بالنسبة للمدارس التي تتم إدارتها ذاتياً[34]، ويقوم بتقييم المدارس على أسس ومعايير موضوعية وتم وضع شروط للأعمال التي يقوم بها المكتب، وكذلك

التميز بين السلطات المنوط بها مكتب مراجعة التعليم، وبين الوظائف التنظيمية والعملية لوزير التعليم، وقد أعطي التشريع السلطة لمكتب مراجعة التعليم بأن يقوم بتنفيذ المراجعات سواء من خلال الوزير أو مراجعة الخدمات التعليمية بشكل عام وتقديم تقارير للوزير يتابعها من خلالها مدى تقدم التعليم أو تأخره. وتتحدد مسئولية مكتب مراقبة التعليم في نيوزيلندا في مراجعة وتقويم أداء المؤسسات التعليمية في إطار الخطوط العريضة للسياسة التعليمية الموضوعة. ومتابعة تنفيذ السياسة التعليمية بشكل جيد على المستوى القومي، وإعداد تقارير توضيحية لمستوى الأداء العام لكل مؤسسة تعليمية، والتأكيد على المحاسبية لمنع تدهور الأداء في المدارس والعمل على تقويم الأداء السالب، والتأكيد على ارتفاع المستوى التحصيلي والعلمي للطلاب من خلال عمل التقويمات الدولية، وإنشاء بنك واسع من المعلومات عن مستويات التحصيل الدراسي للطلاب، وتقييم أداء المدرسة كل ثلاث سنوات من خلال محليين ومراقبين من الهيئة في ضوء الوثائق، والتقارير المعلنة عن جودة وأداء هذه المدارس[35].

2- مجلس إدارة المدرسة ويقوم بكتابة تقرير سنوي للوزير يوضح الإمكانات والمصادر المتاحة التي قدمت للمدارس من قبل الدولة، ويوضح الوضع المالي الحالي للمدرسة والأهداف التي تم تحقيقها والأهداف التي لم يتم تحقيقها وذلك لوضع المدرسة تحت نظام فعال من المساءلة أو المحاسبية.

3- الوزير ويقدم تقريرا تعليميا مفصلا عن مستوى الأداء العام بالمدارس إلى البرلمان للحكم عن سياسة التعليم بفاعلية وتصويب مسارها نحو الاتجاه المنشود.

أوجه الاستفادة من خبرات الدول المختلفة في تطبيق المحاسبية التعليمية:

يمكن الاستفادة من خبرات الدول محل البحث في تطبيق المحاسبية التعليمية في الآتي:

أولا: أن توضع معايير تتم على أساسها المحاسبية.

ثانيا: أن تتناول المحاسبية محاور أساسية في العملية التعليمية منها محاسبية المعلم، ومحاسبية الطالب، والمحاسبية عن البرنامج، ومحاسبية المدرسة، ومحاسبية الإدارة.

ثالثا: إيجاد هيئة مستقلة بمراقبة جودة العملية التعليمية هي التي تختص بإجراء المحاسبية التعليمية.

رابعا: ربط المحاسبية التعليمية بمجموعة من المؤشرات يمكن قياسها لمعرفة مدى تحققها.

المراجـع

(1) أوتشيدا مارفين سيترون، فلوريتا ماكينزي، "إعداد التلاميذ للقرن الحادي والعشرين"، ترجمة محمد نبيل نوفل، تقديم حامد عمار، القاهرة، الدار المصرية اللبنانية، 2004، ص 114.

(2) سوزان محمد المهدي: الاتجاهات الحديثة الرقابة الشعبية للتعليم، بحث تخصص الإدارة التربوية مقدم إلى اللجنة العلمية الدائمة للمناهج وطرق التدريس وأصول التربية (للترقية إلى وظائف الأساتذة) يناير 2002.

(3) Janet Ouston: Educational accountability of schools in England and Wales "journal of Educational Policy, jan , mar. v.12, 1998

(4) Agrawal Arun & Ribat Jesse: "Accountability in Decentralization A Frame work with South Asia and west Africa cases" Washington, 2002.

(5) خالد قدري إبراهيم، الإدارة الذاتية والمحاسبية، مدخل لرفع إنتاجية المدرسة الثانوية: دراسة مستقبلية، المركز القومي للبحوث التربوية والتنمية، القاهرة، 1999.

(6) فؤاد أحمد حلمي: "مدخل المساءلة، والمحاسبية التعليمية موسوعة سفير لتربية الأبناء، "المجلد الثالث"، دار سفير للنشر 1998، ص ص 824- 825.

(7) خالد قدري إبراهيم: مرجع سابق" ص825.

(8) أحمد إبراهيم أحمد: "الإدارة المدرسية في الألفية الثالثة" القاهرة، مكتبة المعارف الحديثة، 2002، ص38.

(9) أحمد إسماعيل حجي: "إدارة بيئة التعليم والتعلم، النظرية والممارسة داخل الفصل والمدرسة" القاهرة، دار الفكر العربي، ط2، 2001، ص81.

(10) يحيى محمد أبو طالب: "نظم المعلومات الإدارية والمحاسبية في مجالات التخطيط والرقابة واتخاذ القرارات" القاهرة، دار الأمين للنشر والتوزيع، السند، ص331.

(11) نجدة إبراهيم سليمان: "تطوير الإدارة التعليمية المحلية، رؤية مستقبلية، رسالة دكتوراه غير منشورة، معهد الدراسات والبحوث التربوية، جامعة القاهرة، 1997، ص340.

(12) Janet Ouston: "Educational accountability of schools in England and wales" journal of Educational policy, jan, mar v.12, 1998

(13) خالد قدري إبراهيم،: مرجع سابق

(14) Mac, Pherson, Reyonold J.S.G Bulka james "The Politics of accountability research in prospects "Journal of Educational policy, vol 12.1998

(15) منار محمد إسماعيل بغدادي: " صنع السياسة التعليمية دراسة مقارنة بين كل من مصر وانجلترا والصين،رسالة دكتوراه غير منشورة،معهد الدراسات والبحوث التربوية، جامعة القاهرة 2005.

(16) http:\\www.board.dpsk12.org/siac/pdf/recomandations0.5pdf

(17) www.ode.state.or.us/sfda/qualityed/docs/qualityed2001.pdf

(18) McEwen Nelly "Education Accountability in alberta". Canadian Journal Education, 1995, P.

(19) خالد قدري إبراهيم: نفس المرجع السابق" ص 825.

(20) أحمد إبراهيم أحمد: "الإدارة المدرسية في الألفية الثالثة" القاهرة، مكتبة المعارف الحديثة، 2002، ص 38.

(21) أحمد إسماعيل حجي: "إدارة بيئة التعليم والتعلم، النظرية والممارسة داخل الفصل والمدرسة" القاهرة، دار الفكر العربي، ط2، 2001، ص81.

(22) نجدة إبراهيم سليمان: "تطوير الإدارة التعليمية المحلية، رؤية مستقبلية، رسالة دكتوراه غير منشورة، معهد الدراسات والبحوث التربوية، جامعة القاهرة، 1997، ص340.

(23) خالد قدري إبراهيم: مرجع سابق.

(24) Mac, Pherson, Reyonold J.S.G Bulka james "The Politics of accountability research in prospects "Journal of Educational policy, vol 12.1998

(25) أوتشيد مارفين سيترون، فلوريتا ماكينزي، "إعداد التلاميذ للقرن الحادي والعشرين، ترجمة: محمد نبيل نوفل، تقديم حامد عمار، القاهرة، الدار المصرية اللبنانية، 2004، ص114.

(26) Janet Ouston: Educational accountability of schools in England and Wales "journal of Educational Policy, Jan, mar. v.12, 1998.

(27) Agrawal Arun & Ribat Jesse:" Accountability in Decentralization A Frame work with South Asia and west Africa cases" Washington , 2002.

(28) خالد قدري إبراهيم: "الإدارة الذاتية والمحاسبية، مدخل لرفع إنتاجية المدرسة الثانوية، دراسة مستقبلية، القاهرة المركز القومي للبحوث التربوية والتنمية، 1999، ص16.

(29) فؤاد أحمد حلمي: "مدخل المساءلة، والمحاسبية التعليمية موسوعة سفير لتربية الأبناء، "المجلد الثالث"، دار سفير للنشر 1998، ص ص 824- 825.

(30) يحيى محمد أبو طالب: " نظم المعلومات الإدارية والمحاسبية في مجالات التخطيط والرقابة واتخاذ القرارات" القاهرة، دار الأمين للنشر والتوزيع، السند، ص331.

(31) Janet Ouston: "Educational accountability of schools in England and wales" journal of Educational policy, Jan, mar v.12, 1998

(32) سوزان محمد المهدي: مرجع سابق.

(33) http:\\www.board.dpsk12.org/siac/pdf/recomandations.5pdf

(34) www.ode .state.or.us/sfda/qualityed/docs/qualityed2001.pdf

(35) McEwen Nelly "Education Accountability in alberta". Canadian Journal Education, 1995, P.

الفصل الثالث

تجارب بعض الدول في الإصلاح المتمركز على المدرسة

أولا: تجربة انـجلترا في الإصلاح المتمركز على المدرسة:

بدأت انجلترا حركة الإصلاح المتمركز على المدرسة منذ بداية الثمانينات حينما عملت مارجريت تاتشر على تقليص دور الحكومة في التعليم من خلال تطبيق سياسة الخصخصة حيث تم إصدار قانون التعليم لعام 1980 والذي هدف إلى جعل التعليم متاحا بدرجة أكبر[1]. أصبحت المدرسة في انجلترا وحدة تنظيمية قائمة بذاتها لديها مجلس مدرسي يقوم بدور فعال في اتخاذ القرار، وحل المشكلات وتقديم الآراء والمعلومات[2]. ثم زاد استقلال المدارس بصدور قانون التعليم لعام (1986)، وتم تدعيم الإدارة الذاتية لها. بحيث أصبح مجلس إدارة المدرسة يتخذ صيغة جديدة للمسئولية المحلية وله دور تشريعي، ودور في توثيق الصلة بين المدرسة والأسرة.

ويمكن القول بأنه قد تم تتويج الإصلاح المدرسي في انجلترا بقانون التعليم لعام (1988) الذي منح حق الإدارة الذاتية للمدارس الممولة من قبل الحكومة المركزية، واستحدث هذا القانون عدة اتجاهات هامة منها زيادة النزعة المركزية في إدارة التعليم[3]. وتحديد نظام القبول المفتوح بدلا من القبول المخطط، واستحداث أجهزة جديدة للتمويل، وتفويض الميزانيات للمدارس، وأخيرا التوسع في حرية اختيار الآباء لمدارس أبنائهم وزيادة سلطة الآباء في ذلك[4].

ومن هنا فقد اعتمد الإصلاح المدرسي منذ ذلك الوقت على سياسة التنوع والاختيار diversity and choice وهو ما يعني إيجاد أنماط جديدة وأنواع مختلفة من المدارس وإتاحة الفرص للآباء لاختيار التعليم الملائم لأبنائهم. فظهر اتجاه خصخصة التعليم في عهد مارجريت تاتشر، واعتمد على تشجيع المنافسة بين المدارس المختلفة، وظهرت أنواع

مختلفة من المدارس منها المدارس المدعمة grant maintained schools والتي يتم تمويلها بواسطة الحكومة المركزية بالإضافة إلى ذلك أصبح من أكثر أشكال الإصلاح المدرسي ظهورا المدارس المتخصصة specialist schools والتي تركز على التعليم المهني والفني[5].

وقد تم تأسيس هذه المدارس على أساس الشراكة بين الحكومة وقطاع الأعمال الخاص، وكذلك ظهور المدارس المستقلة independent schools والتي ظلت مستمرة أثناء تولي حكومة حزبي العمال.

مبررات ودواعي الإصلاح المدرسي في إنـجلترا

مرت انجلترا بالعديد من العوامل السياسية والاقتصادية والاجتماعية التي أثرت على جودة التعليم ومنها على سبيل المثال مرورها بالحرب العالمية الثانية التي استنزفت موارد انجلترا المالية، بشكل أثر على تقدم صناعتها وما تبعه من ركود اقتصادي ترتب عليه تقليل حجم الإنفاق على التعليم، واختلال التوازن بين الإنتاج والخدمات خاصة مع ضخامة قطاع الخدمات وما ترتب علي تقليل حجم الإنفاق من انخفاض مستوى التعليم[6] وجود جدل حول مستويات القراءة والكتابة، وظهور الحاجة إلى النهوض بالمعايير التعليمية والحاجة إلى تحقيق تكافؤ الفرص أمام الطبقات المختلفة والعمل على بناء مجتمع عادل وشامل يكون لكل فرد فيه فرصة متساوية لإبراز قدراته وإمكانياته كل ذلك شكل تحديا كبيرا خاصة مع الانفتاح على النظام العالمي الجديد.

وأصبح من الضروري تحقيق هدف التوسع في التعليم لعد الأزمة الاقتصادية التي تعرضت لها إنجلترا بسبب الحرب العالمية الأولى، والارتقاء بمستوى التعليم من حيث الكيف من خلال الرقابة على التعليم وذلك عن طريق المجالس الحكومية والهيئات الرقابية، خاصة مع خلو النظام السياسي لانجلترا من دستور مدون، مما يؤدى إلى غياب المعايير الواضحة وعدم استناد السياسة التعليمية إلى مبادئ دستورية ترسم إطارها العام. كما اتجهت حركة إصلاح التعليم إلى تحقيق تكافؤ الفرص من خلال اشتراك الآباء في تعليم أطفالهم.

آليات الإصلاح في إنـجلترا :

1- التنوع في أنواع المدارس، وظهور المدارس الشاملة والمدارس المستقلة، والمدارس المدعمة ومدارس المقاطعات والمدارس التطوعية، والتنوع في أسلوب تمويل هذه المدارس وإدارتها[7].

2- الأخذ بأسلوب الإدارة الذاتية للمدارس، وتطوير مبادئ الحكم شبه المستقل وفكرة التفويض المالي، ونظام المحاسبة أو المساءلة التعليمية Education accountability، وهو بمثابة نظام جديد لمراقبة الأداء المدرسي، وتحقيق الجودة التعليمية بالمدارس[8].

3- الحد من التداخل الحكومي والتحول إلى القطاع الخاص وتقليل الإنفاق العام والنظر إلى التعليم من مدخل استهلاكي.

4- التنوع في أساليب التدريس في المدارس الابتدائية والتأكيد على مفهوم تمكن الأطفال من التعليم، والتركيز على المناهج الأساسية وهى الرياضة القراءة الكتابة.

5- التوسع في اللامركزية وتفعيل السلطات التعليمية المحلية وإعادة توزيع الموارد المالية التعليمية في المناطق الأكثر احتياجا والتي تعانى حرمانا اقتصاديا واجتماعيا.

من آليات الإصلاح التي اتبعتها إنجلترا، إصدار القوانين والتشريعات التعليمية ومنها قانون التربية والمدارس لعام 1992، وقانون التعليم لعام 1996، وقانون المعايير المدرسية وإطار العمل في إنجلترا لعام 1998 وقانون التدريس والتعليم العالي لعام 1998، كما اتبعت إنجلترا آلية إنشاء المجالس الاستشارية والهيئات العليا للرقابة على التعليم مثل إنشاء هيئة التفتيش على المعايير Office of Educational standards وإتباع آليات ونظم للمحاسبة.

إنشاء هيئة التفتيش على المعايير وهى هيئة مستقلة تتبع الملكة، ووظيفتها الأساسية زيادة المدارس من اجل رفع معايير جودة التعليم وإعلان وزير التعليم نتائج التفتيش على معايير الجودة النوعية في المدارس وتقييم خدمات السلطات التعليمية المحلية[9].

إصلاح موازنة قطاع رعاية الطفل تحت إشراف الخدمات الاجتماعية والاهتمام بملائمة المنهج القومي لأهداف التعليم في تلك المرحلة[10].

إصلاح المناهج وتطبيق نظام المنهج القومي

وقد ارتكز الإصلاح المدرسي في انجلترا على عدة مداخل من أهمها :

مدخل الإصلاح المدرسي المبني على آلية مراقبة جودة التعليم :

الإصلاح المدرسي من خلال الرقابة على الجودة. ويجسد هذا في صدر قانون التربية والمدارس عام 1992 حيث حدد هذا القانون وظائف ومسئوليات هيئة التفتيش على المعايير والتي تقوم بالتفتيش على المدارس على أساس معايير محددة، للوقوف على مدى النمو والتطور الروحي والأخلاقي والعلمي للطلاب في المدارس، وتحديد المدارس الضعيفة والمدارس ذات الأداء الجيد، وقد كان لهذا القانون أكبر الأثر في تشجيع المنافسة بين المدارس حيث يتم نشر تقاريرها على الانترنت وتكون متاحة للجميع[11].

الإصلاح التمويلي للمدارس :

وقد تم تتويج إصلاح التمويل في المدارس بإصدار قانون التعليم 1996 والذي حدد مسئولية (تمويل المدارس) ما بين السلطات التعليمية المحلية وسلطة التمويل في كل المدارس المدعمة أو المعانة أو الإقليمية أو المدارس التطوعية، وقد ركز الفصل الخامس في الجزء الثاني من هذا القانون على سياسة التفويض المالي لمجالس الإدارة المدرسية في كل المدارس سابقة الذكر. كما أقر القانون إنشاء هيئة تمويل المدارس، وحددت المادة رقم (22) وظائف سلطة التمويل Funding Authority[12].

وفي عام 1998 أصدرت الحكومة تقريرها "إصلاح تمويل المدارس" الذي هدف إلى تطويل مخصصات المدارس من خلال توجيه ميزانية المدارس لتغطي المجالات الأساسية، وتكافؤ الفرص وعدم تحميل المدارس أعباء لا تستطيع تحملها، والمساءلة وتحديد

مسئوليات التمويل وتقديم الخدمات التعليمية لذوي الاحتياجات الخاصة، والإداري الذاتية للمدارس وتطوير مبادئ الحكم شبه المستقل.

مدخل الإصلاح المبني على المعايير :

اعتمد مدخل الإصلاح المبني على المعايير كأساس لإصلاح التعليم من خلال الارتقاء بمستويات تحصيل الطلاب باستخدام الاختبارات القومية للطلاب[13]. حيث يتم تقويم الطلاب من خلال ثلاث مواد رئيسية دراسية هي الإنجليزية والرياضيات والعلوم عند سن السابعة، والحادية عشرة، والرابعة عشر. وأيضا تجري اختبارات قومية عند سن السادسة عشرة، والثامنة عشرة، وترتبط هذه الاختبارات بالمنهج القومي، وتتسم إدارة جميع أوجه العملية التعليمية من خلال الاختبارات القومية للطلاب والتي تنشر نتائجها كجداول قومية لأداء الطلاب، وتسمى[14]: National school performance أو League tables وتوج هذا الاتجاه قانون المعايير المدرسة وإطار العمل في انجلترا لعام 1998 الذي يجسد مدخل الإصلاح المبني على المعايير school standards and frame work act 1998 ووصف الجزء الأول من القانون بمقاييس الارتقاء بمعايير التعليم في المدرس ومنها على سبيل المثال، حجم افصل الدراسي كما حدد الفصل الثاني من قانون المعايير المدرسية وإطار العمل لعام 1998 أن يتم تأسيس مجلس إدارة المدرسة (maintained school Governing body لكل مدرسة معانة) بالانتخاب كما صدر البند رقم (38) من قانون المعايير المدرسية وكيفية محاسبة الإدارة المدرسية كما أعطى هذا القانون الأولوية في رفع المعايير المدرسية للمناطق الأكثر احتياجا.

وفي عام 1997 أصدرت حكومة حزب العمال وثيقة الورقة البيضاء "التميز في المدارس" التي جسدت سياستها في الإصلاح المركزي التي أعلنت فيها مبادئ الإصلاح والتي ارتكزت على مبدأ الشراكة بين كل من له دور في العملية التعليمية من أجل تحقيق معايير مرتفعة للجميع، كما ركزت هذه الوثيقة على المسائلة التعليمية، والارتقاء بمهنة التدريس وتحديث تكنولوجيا المعلومات والاتصالات في المدارس[15].

إصلاح الإدارة المدرسية:

تقوم الإدارة المدرسية في انجلترا على مبدأ الإدارة المحلية للمدارس الذي يعتمد على لامركزية الإنفاق من الميزانية وتحويلها إلى موقع المدرسة كما تمنح المدارس سلطة اختيار وتعيين الأفراد العاملين، وتتمتع بالاستقلال والمرونة في صنع القرار من خلال مشاركة المجتمع المحلي[16].

ويقع اختيار المنهج ومحتواه تحت مسئولية إدارة كل مدرسة، بينما تترك الحرية كاملة للمدرس الأول والمعلمين في وضع الجدول المدرسي واختيار الكتب التي تحقق أهداف المنهج، وبذلك تتمتع المدارس في انجلترا بحريتها واستقلالها في اتخاذ القرارات، وفي استغلال الموارد المتاحة[17].

ويلعب مجلس إدارة المدرسة school governing body دورا محوريا في إدارة المدرسة ومسائلتها، ويكون مسئولا من وضع ميزانية المدرسة بما فيها رواتب المعلمين، ووضع سياسة المدرسة ويضمن تدريس المناهج القومية، وإحاطة الآباء بجميع جوانب العملية التعليمية فهو جهاز تنفيذي يقوم بوظائف الإدارة المدرسية، ولمجلس الإدارة سلطة الرقابة على الانفاق حيث يستعينون بالمتخصصين للقيام بفحص دقيق للميزانية وتقديم تقرير شهري عنها ومن هنا فقد استند الإصلاح المتمركز على المدرسة في انجلترا إلى الأخذ بفكرة التفويض المالي وبنظام المحاسبية التعليمية أو المساءلة التعليمية، وهو نظام جيد لمراقبة الأداء المدرسي، وتحقيق الجودة التعليمية بالمدارس[18].

وقد حدد قانون التعليم لعام (2002)، تشكيل هيئة مجلس إدارة المدرسة من :

- أشخاص معينون كفريق إداري.
- أشخاص معينون كمديرين السلطة التعليمية المحلية.

وفي حالة المدارس المؤسسة (مدرسة خاصة مؤسسة أو مدرسة تطويعية) أن يكون الأشخاص معينون كمديرين مؤسسين أو مديرين شركاء كما صدر البند (20) من قانون التعليم لسنة 2002 آليات إدارة المدرسة والتي تحددها لائحة هيئة مجلس الإدارة.

كما تتحدد مسئوليات هيئة مجلس الإدارة في توجيه المدرسة نحو مستويات أعلى من الأداء التعليمي، توفير الخدمات الاجتماعية والتسهيلات، تشر تقارير المدير مدة كل عام وتزويد السلطة التعليمية المحلية بنسخة منها أن تضع شروط استخدام مباني المدرسة، ومسئولية تحديد مواعيد الحصص المدرسية ومواعيد نهاية الفصول الدراسية وبدايتها والأجازات كما تنظم هيئة مجلس إدارة المدرسة اجتماع سنوي للآباء يحضره كل من آباء جميع التلاميذ المقيدين بالمدرسة والناظر، وأفراد آخرين يمكن أن تدعيهم هيئة مجلس إدارة المدرسة[19].

ثانيا: تجربة الصين في الإصلاح المتمركز على المدرسة :

ظلت المهمة الأساسية التي تشغل الصين في التسعينات هي عولمة التعليم الإلزامي، وتعزيز الجودة النوعية للتعليم، وزيادة فعالية المدارس في ظل السياسة التعليمية ومبادئ وتوجهات الدولة. وبدأ الاهتمام بقضايا جودة التعليم عند الأخذ بعولمة التعليم الإلزامي ذو التسع سنوات من خلال الارتقاء بالمعايير، ومقرطة التعليم، وتكافؤ الفرص التعليمية[20].

ومن أجل تحقيق الجودة النوعية في التعليم من خلال عملية الإصلاح المدرسي أرست الصين مجموعة من المعايير النوعية، ونظام المؤشرات الأداء المصاحب لأهداف الجودة النوعية. وكانت المشكلة العظمى هي كيفية تطوير فعالية مؤشرات التقويم ذات الصلة بالمدارس التي تتنوع وفقا للظروف المختلفة. ومن هنا بدأت الصين "مشروع إعادة هيكلة المدارس"، أو (إصلاح المدارس) في عام 1992 في بعض المقاطعات. وقد ركز هذا المشروع على المباني المدرسية والتجهيزات، والأدوات خاصة في بعض المناطق مثل شنغهاي كما ركز الإصلاح المدرسي على التنمية المهنية للمعلمين[21].

وفي بعض البلديات بذلت جهود كبيرة من أجل اكتشاف وتطوير مجموعة من المعايير النوعية العلمية، ومؤشرات التقويم. وقد أدرك الخبراء أن التعليم الإلزامي ذو التسع سنوات يعتمد في جوهره على نوعية الطلاب وأخلاقهم ومهارات العمل، والصحة النفسية، والأداء الأكاديمي.

وقد ركزت التجربة الصينية في إصلاحها للمدارس على تنمية الموارد البشرية من خلال الربط بين التعليم المدرسي وبين العمل اليدوي الإنتاجي وربط المدارس بالمزارع، وإقامة المصانع، والورش في المدارس وتخفيف التركيز على التعليم للتعلم ذاته، ونقل مسئولية تطوير التعليم الإلزامي إلى السلطات المحلية في المناطق والأقاليم، وتقليص الدور الأكاديمي في قيادة المدارس وتغيير القيادة التقليدية فيها، وتشكيل لجان من بعض أعضاء المجتمع المعنيين، والمعلمين، والتلاميذ بهدف تحقيق عنصر المشاركة العامة في إدارة المؤسسات التعليمية والتربوية[22].

وارتبطت الصناعة والتقدم بالتعليم في الصين، فعاصمة الصين بكين فيها أكثر من 300 مدرسة متوسطة لديها مصانع صغيرة تديرها وبعض منها يدير مدارس فرعية في المناطق الريفية وكل مدرسة لها اتصال بعدة مصانع وبعض المجموعات المنتجة في الريف، ويوضع الدخل من هذا الإنتاج تحت تصرف كل مدرسة لتوسيع رقعة عملها، وهناك مدارس كثيرة تشترك في إدارة المصانع وتمتلك المصانع[23].

دواعي ومبررات الإصلاح في الصين

أولا: المبررات السياسية

تعتبر العوامل السياسية في الصين من أهم العوامل التي أثرت على حركة إصلاح التعليم المتركز في المدرسة ومنها أن دستور الصين يصنع النظام الاشتراكي للصين أساسا للحكم وأن النظام الاشتراكي للصين لعب دورا واضحا في تشكيل الفرد بالمبادئ والقيم السياسية المطلوبة والتي تناسب المجتمع الصيني وتتمشى طرق التدريس مع القوى السياسية فيشجع التلاميذ على الاشتراك الفعال في أوجه النشاط الإنتاجي والعمل التعاوني والربط المستمر بين الناحية النظرية والناحية العلمية[24] كما شكلت العوامل الجغرافية مبررا للإصلاح فظهر التعليم الريفي والذي تمثل في نوعين أساسين من المدارس نوعا تديره الحكومة والآخر تنظمه الوحدات الجماعية.

ثانيا: المبررات الاقتصادية :

وأمام العوامل الاقتصادية التي مرت بها الصين فظهرت المدارس المتوسطة ومعظمها لديها مصانع صغيرة تدير مدارس فرعية في المناطق الريفية. وكل مدرسة لها اتصال بعدد من المصانع الأمر الذي انعكس في اهتمام الصين بالتوسع في التعليم الفني والمدارس الفنية[25].

والتنوع في المحتوى التعليمي، وخصخصته بعض التكلفة التي تتحملها المدرسة، واللامركزية في مسئولية الإدارة وتمويل[26] المدارس وخلق إستراتيجيات جديدة

لتحقيق المساواة في الفرص التعليمية للأطفال خاصة أطفال المناطق الريفية، وإنتاج قوى عاملة ماهرة ذات كفاءة عالية والتركيز على الجودة النوعية للتعليم.

وقد أثرت عملية الإصلاح الاقتصادي في الصين إلى تحويل المناهج الدراسية والموضوعات التعليمية بما يخدم عملية التحول فظهرت المدرسة المنتجة في ضوء رواج اقتصاديات التعليم والتحول من النظام المركزي الخاضع لبيروقراطية الدولة إلى نظام مندمج من الشبكات الاقتصادية العالمية من أجل تحقيق قدرا أكبر من العدالة الاجتماعية.

ثالثا: المبررات الاجتماعية :

شكلت الزيادة السكانية مبررا مهما من مبررات الإصلاح حيث بلغ تعداد السكان، الأمر الذي جعل الصين تأخذ بنظام تدريب المعلمين عن بعد أثناء الخدمة عن طريق القناة التليفزيونية وأيضا باستخدام القمر الصناعي[27].

الفجوة بين الذكور والإناث في الصين :

واجهت الصين مشكلة الفجوة بين الذكور والإناث في التعليم نتيجة لارتباط التعليم بمعتقدات صينية تميز بين الذكور والإناث وتعطى الحق للذكور في أولوية التعليم حيث بلغ معدل تسجيل الفتيات في المدارس الابتدائية عام 1949 إلى 15% من الفتيات.

وكان 90% من النساء غير المتعلمات، الأمر الذي أدى إلى اهتمام الصين بالمشروعات التعليمية لتطوير بيئة التعليم للفتيات المتسربات من التعليم لمساعدتهن على العودة للمدرسة[28].

الأمية:

بلغت نسبة الأمية عام 1951 في الصين إلى 80% الأمر الذي أدى بالصين إلى أتباع أسلوب "السير على كلتا القدمين" والمقصود به إنشاء نظام للتعليم غير النظامي، وهو

نظام مرن ومفتوح إلى جانب التعليم النظامي وهو حكومي مجاني اختياري[29] مما نتج عنه انخفاض نسبة الأمية إلى أقل من 6.72% بحلول عام 2001

آليـات الإصلاح :

أولا: إعادة بناء الهيكل الإداري لوزارة التربية والتعليم ووضع نموذج إداري ديمقراطي يسهل الاتصال بين الجماهير في المدارس ويتماشى مع اللامركزية، وتفعيل لدور ومسئولية مديري المدارس بجميع المراحل وإصلاح تمويل المدارس وإعادة توزيع مهام ونظام مسئولية المدير[30].

ولكن بوجه عام تناول الإصلاح المدرسي عدة جوانب منها[31]:

ثانيا : إصلاح الهيكل الإداري للمدارس :

فقد كان الهيكل الإداري للمدارس في الصين شديد المركزية قبل عام 1985 حيث اتخذت الحكومة الصينية في ذلك الوقت قرارا بإعادة هيكلة النظام التعليمي والذي جعل بموجبه التعليم الأساسي من مسئولية المحليات.

ثالثا : التمويل المدرسي :

اتبعت الصين منذ منتصف الثمانينات سياسة لا مركزية تمويل التعليم وزيادة التمويل من خلال قنوات متعددة، وخلق نظام المشاركة في الكلفة، كحل لنقص موارد التمويل.

رابعا : نظام الإدارة المدرسية (داخليا) :

تم تفعيل لمسئولية المديرين بالمدارس لجميع المراحل حتى المرحلة الثانوية، ويجعل هذا النظام الداخلي الجديد المدير مسئولا عن المدرسة والممثل القانوني لها. وتم إنشاء مجلس للمعلمين للمشاركة في صنع القرار، وكذلك تشكيل لجنة مدرسية لمناقشة الأنشطة.

وقد نتج عن تطبيق نظام مسئولية لمدير تفعيل كفاءة الإدارة المدرسية. وبالرغم من أن المدارس التي اتبعت هذا النظام لم تتمتع بالاستقلال الذاتي كلية، إلا أن الإدارة المدرسية في الصين تميزت بالروح الديمقراطية حيث تقوم على أساس مجالس يمثل فيها الطلبة والموظفون، والمعلمين ولهم حقوقهم وواجباتهم.

وتعد المدرسة في الصين مؤسسة تدريبية للمعلمين يتم فيها تدريبهم على تحسين كفاياتهم التدريسية، والتعلم أثناء العمل من خلال العمل البحثي، ويتم التنسيق وإعداد خطط الدراسة بصورة مشتركة بين المعلمين في المادة الدراسية الواحدة أو الفصل الواحد كما تعقد المناقشات لتبادل الخبرة بين المعلمين ويقوم المفتشون بتقييم أعمال المعلمين وفق خطة معينة، حيث يخطر المدرس مسبقا لوقت الزيارة، ثم يناقش في عمله عقب كل زيارة للتشخيص والتقييم ولتحقيق مبدأ التغذية الراجعة[32].

ثالثا: خبرة نيوزيلندا في تطبيق الإصلاح المتمركز على المدرسة من أجل تحقيق جودة التعليم :

بدأت نيوزيلندا في الإصلاح المدرسي عام 1989 ضمن توجهاتها نحو اللامركزية في التعليم، والقضاء على مركزية التعليم وفقا لخطة عرفت باسم "إصلاح مدارس الغد"، والتي ارتكزت على تفويض السلطات الإدارية في المدارس إلى مجالس الأمناء والتي يقوم أولياء الأمور في المدارس باختيارها والإشراف عليها.

واستمرت الحكومة في تمويل المدرس، وتوظيف المعلمين بالمدارس من خلال وزارة جديدة تحددت مسئوليتها في وضع سياسات التعليم ولكن ليس لها أية سلطة إدارية[33].

وقد قدمت خطة إصلاح مدارس الغد على أساس أن تصبح المدارس الحكومية وحدة مستقلة بذاتها فلم تعد مجالس التعليم أو الهيئات على مستوى المقاطعة تفرض عليها أداء أعمال معينة.

ويوجد لكل مدرسة مجلس أمناء يتكون من خمسة آباء، ومدير للمدرسة وتمثل عن هيئة العاملين بالمدرسة، ويتولى هذا المجلس مسئولية كل الأمور بداية من تعيين أعضاء هيئة التدريس وتنميتهم، إلى الميزانية وصيانة الأبنية[34].

ويقوم مكتب متابعة مستوى التعليم (Education Review Office (ERO وهي هيئة مستقلة عن وزارة التعليم بمراقبة جودة التعليم وتقديم تقييم شامل مستقل لمستوى أداء كل مدرسة كل عامين على الأقل[35].

الدواعي والمبررات التي تدعم فكرة الإصلاح المدرسي في نيوزيلندا:

أولا: البنية السكانية المتباينة، وزيادة المطالب الاجتماعية، والندرة الاقتصادية العامة والمستمرة، وزيادة الضغط في الطلب علي التعليم، وارتباطه بتحقيق الجودة الشاملة (TQM) وكذلك توافق التعليم مع متطلبات سوق العمل، وقدرة التعليم علي

أن يتنافس بمخرجاته متطلبات التنافس الرأسمالي الاقتصادي العالمي. كل هذه الأمور أجبرت السلطات التعليمية علي إعادة التقييم المستتر للحاجات التربوية سواء من الناحية الكمية والنوعية.

ثانيا: الانسحاب الإستراتيجي من الدولة الأمر الذي يحتم إعادة توزيع السلطة في المدارس وإعطائها السلطة الذاتية والإدارية التمويلية لها. خاصة مع أزمة تراكم رِأسمال اللغة في ظل الاقتصاد الرأسمالي العالمي.

ثالثا: اهتمام القيادة السياسية بموضوعات نقل السلطة، وتحقيق الإدارة الذاتية، ومن ثم اهتمام السياسة التعليمية بها باعتبارها من المؤشرات الدالة علي تحقيق الديموقراطية، وتحقيق تكافؤ الفرص التعليمية، والفاعلية والجودة في التعليم.

رابعا: تداخل الفلسفات التي تقوم عليها فكرة إعادة توزيع السلطة الإدارية في نيوزيلندا، مثل نظرية الاختبار العام وفلسفة المدير والعميل، والنظرية الإدارية التي تهتم باللامركزية في الحكم. والقيام بإجراء مباحثات في إطار خطوط عريضة واضحة، وذلك لتشجيع المديرين للقيام بدورهم الفاعل في ضرورة التأكيد علي دور المجتمع المحلي في المشاركة بإدارة التعليم وفي تنفيذ البرامج والمناهج والمقارنة في إدارة المدرسة.

الآليات المستخدمة في الإصلاح المدرسي في نيوزيلندا.

1- إعادة بنية الإدارة التعليمية بصفة مستمرة[36].

2- تنمية المهارات والقيم والاتجاهات الأساسية التي يجب تنميتها عند كل المتعلمين، وكذلك مبادئ التقييم داخل المدرسة، بل وعلي المستوى القومي لضمان جودة المخرجات التعليمية.

3- في مجال المناهج تطبيق المنهج الشامل للمدرسة وإتباع نهج جديد في التعليم له إجراءات تقييم جديدة تستهدف رفع المستوى التحصيلي للطلاب خاصة في المواد الأساسية كاللغة الإنجليزية والرياضيات، والعلوم، التكنولوجيا.

4- التركيز علي الوحدات المدرسية، وإعطائها سلطة الإدارة الذاتية وتشكيل مجالس إدارة المدرسة، (المدارس المدارة ذاتيا). ويقوم بانتخابه الآباء وله سلطه تعيين المعلمين والعاملين، وتوسيع مسئولية مجلس إدارة المدرسة، وإعطائه مسئولية استمرار الأعمال الرأسمالية الصغيرة. وزيادة حجم التمويل المقدم للمجالس المدرسية وذلك للتصرف في الميزانية في ضوء توصيات المدير.

5- التأكيد علي الجودة الشاملة في التعليم.

المراجــع:

(1) Power Sally and Whity, Geoff: "New Labour's Education policy: first, second or third way" Journal of Education policy, 1999, vol 14, No. 5 P. 583.

(2) نهلة عبد القادر هاشم: "دراسة مقارنة للعلاقة بين التشريعات التعليمية والسياسة التربوية في مصر وانجلترا"، رسالة ماجستير غير منشورة، كلية التربية، جامعة عين شمس، 1992، ص 230.

(3) محمد منير مرسي: "الاتجاهات المعاصرة في التربية المقارنة". القاهرة، عالم الكتب، 1993، ص 184.

(4) West Ann. Noden Philp: "School Reform in England": Increasing choice and Diversity through specialist schools? Paper presented at the annual meeting of American Educational Research Associatin April 24 - 28, 2000, P; Eric Clearing house Ed 44547.

(5) Ibid.

(6) نهلة عبد القادر هاشم: مرجع سابق، ص230.

(7) Education Act 1996 "her Majesty's stationery office http: www.legislation hmso gov. uk. / acts.

(8) منار محمد بغدادى: صنع السياسة التعليمية دراسة مقارنة بين كل من مصر وإنجلترا والصين رسالة دكتوراه غير منشورة، معهد الدراسات التربوية، جامعة القاهرة 2005، ص 149.

(9) Her majesty's stationery office: "Education Act 1992. http://www.hms.gov. uk.acts

(10) http://www.Legislation-hmso.gov.uk.acts

(11) Ruddock Graham: "England and Wales in performance standards in education in search of quality, organization for economic co-operation and development P. 83.

(12) Busher Hugh and Harris Alma F Wise Christine Subject Leader ship and school improvement P.2

(13) Department of Education and Employment "Excellence in schools", 1997, P

(14) سعيد جميل: "الارتقاء بكفاءة المدرسة الابتدائية في مصر خلال الإدارة الذاتية للمدارس: دراسة في ضوء بعض الخبرات الأجنبية". القاهرة، المركز القومي للبحوث، ص 166.

(15) منار محمد بغدادي: مرجع سابق، ص 196.

(16) نجدة إبراهيم علي سليمان: "تطوير الإدارة المحلية في التعليم، رؤية مستقبلية"، رسالة دكتوراه غير منشورة، معهد الدراسات التربوية، جامعة القاهرة، 1997، ص 219.

(17) Her Majesty's: Education Act 2002. http://www.hms.gov.uk.202

(18) Tang Xiaojie, Wuriaoyu and Liao: "School Based Indicators of Effectiveness: perspeclives from P.R. China", Ministry of Education, People's Republic of china, 1997. P. 41.

(19) Ibid. P. 42

(20) نبيل سعد خليل: "التعليم الإلزامي ودوره في التنمية الاقتصادية والاجتماعية في جمهورية الصين الشعبية"، دراسة حالة، ورقة عمل مقدمة للمؤتمر السنوي السادس للجمعية المصرية للتربية المقارنة والإدارة التعليمية في تجارب معاصرة في التربية والتنمية. القاهرة، دار الفكر العربي، 25 - 27 يناير 1998، ص 153.

(21) محمد أبو حسيبة مرسي محمد: "دراسة مقارنة لنظام التعليم الإلزامي في جمهورية مصر العربية، وجمهورية الصين الشعبية" رسالة ماجستير غير منشورة، كلية التربية، جامعة أسيوط، 1995، ص 70.

(22) Teng, Teng: People,s Rrepublic of clina in posteth waite , T. Neveille (ed) international Encyclopedia of National system of Education 2nd Edition, Britain, Programon 1995, p. 208.

(23) منار محمد إسماعيل بغدادى: مرجع سابق، ص202.

(24) Hudson, christoper and curry, jude: the china Hand book, London, Fitzroy Dearborn publishlers, 1997, p. 250.

(25) Xie yun jin: Recent Development of statellite TV normal Education in china, Paper Presented to national conference on teacher Education, Preparation Training, Welfare, cairo Ministry of Eduction 6.8 November, 1996, p. 97.

(26) Satate Education Commission: Improving the educational environment for girls as awhole helping girls back to school. In hard climbing selected cases in promotion of basic eduction in chinas western Disadvantaged counlies sino unicef progect, state Education commission, 1998, p. 112.

(27) سعاد بسيونى عبد النبي: بحوث ودراسات في نظم التعليم . القاهرة، مكتبة النهضة المصرية، 1989، ص347.

(28) Ministry of Education peoples Republic of china: school Based indicators of Effectiveness from R.China.

(29) Tang Xiaojie: Opcit, P. 43

(30) State Education commission: "The Development and Reform of Education in china", Intennational conference of Education 45th session, Geneva, 1996. P.

(31) إدوارد ب. فسك وهيلين ن. لاد: "استقلالية المدارس" والتقييم: المدارس ذاتية الإدارة في نيوزيلندا، والمساءلة. ترجمة عثمان مصطفى عثمان، مجلة مستقبليات، ع (120)، مج (31) العدد (4) ديسمبر 2001، ص 669.

(32) Cathy Whlie: "In Newzealand / Finessing site Based management With Balancing Acts". Education Leadership. Vol. 53, No 4, Dec. 1995. Available at http://www.ascd.org/publications/cd.head.

(33) سعيد جميل سليمان: "الارتقاء بكفاءة المدرسة الابتدائية في مصر" مرجع سابق، ص 159.

(34) Ken Rae, New Zealand's self Managing school and five impacts from the Ongoing Restructuring of Eductional Administration the tony townsend (Ed)., the Restrucuring and Quality issues for tomorrow's school, first published by Routledge, London, New York, 1997, pp. 115.137.

الفصل الرابع

تطوير الأكاديمية المهنية للمعلمين في مصر باستخدام التعلم من بعد في ضوء خبرة إنـجلترا والولايات المتحدة الأمريكية

مقدمة:

يشهد العالم اليوم تطورا معرفيا وتكنولوجيا متسارعا. ومواكبة لهذا التطور لابد من إعداد المعلم إعدادا يمكنه من التفاعل مع معطياته، ولأن عملية التعلم تشكل عنصرا أساسيا في إحداث هذا التطور، ونظرا إلى ما يمثله المعلم من أهمية باعتباره الركن الأساسي من أركان النظام التربوي فإن أهم الدعائم التي تركز عليها فلسفه التربية تكمن في تهيئه المعلمين بصورة مستمرة لتلبية حاجات المجتمع الضرورية، والارتقاء بالمستوي التعليمي لهم، وتزويدهم بالخبرات التي تؤهلهم للاضطلاع بالمهام الكبيرة، والمسئوليات الجسام التي يتحملونها في حياتهم الوظيفية؛ ولتحقيق هذا الهدف أصبحت التنمية المهنية المستدامة للمعلمين هدفا ضروريا.

وتتنوع نماذج وأنماط أكاديميات التنمية المهنية للمعلمين في دول العالم، حيث توجد نماذج تعتمد على الشراكة المؤسسية مثل مدارس التنمية المهنية، والشراكة بين الجامعة والمدرسة، وأكاديميات مهنية افتراضية تقوم على نظام الشبكات والتعليم من بعد[(1)] ونماذج أخرى تعتمد على الإشراف الفني والتقليدي، وتقويم أداء الطلاب، وورش العمل والسيمينارات، ودراسة الحالة، والتنمية المهنية المتمركزة حول الذات (التعلم الذاتي)، وبحوث الأداء. وظهرت مجتمعات التنمية المهنية عبر الإنترنت والشبكات المحلية التي تدعم كثيرا من المعلمين، وتهيئ ظروف التدريس الفعال، وتسمح بتبادل

الخبرات، والممارسات، والمعلومات الجيدة، وترسخ قيم العمل التعاوني، وتساعد أعضاءها على حل المشكلات، وتوفر الخبرة والمعرفة بشكل يسهل الاتصال عبر المسافات الطويلة والمناطق الزمنية المختلفة، ويتيح إنشاء المجتمعات المهنية العالمية[2].

وقد اتخذت عديد من الدول إستراتيجيات مختلفة للتنمية المهنية للمعلمين، فعلى سبيل المثال ركزت جنوب أفريقيا في إصلاح أحوال المعلمين بها على إرساء مبدأ التنمية المهنية كجزء لا يتجزأ من واجبات المعلم ومسئولياته[3]. كذلك من ملامح التطوير في النظم القومية للتنمية المهنية أن استجابت الحكومات للتحديات العالمية، فمثلا أنشأت نيجيريا المؤسسة القومية للمعلم "National Teacher Institute"[4]. **وأنشأت** إنجلترا هيئة التدريب والتنمية المهنية للمدارس "Training and Development Agency for Schools"، وتقوم هذه الهيئة بوضع إستراتيجية قومية للتنمية المهنية تعتمد على تطوير دليل التنمية المهنية المستمرة الخاص بالمدارس. كما أنشأت أيضا أكاديمية تعلم المعلم "Teacher Learning Academy"(TLA). وتوفر هذه الأكاديمية نظاما قوميا للتنمية المهنية للمعلم وهي تقوم على مبدأ الشراكة مع منظمات أخرى في توفير التنمية المهنية المستمرة للمعلم. وتم تأسيس أول مجتمع تنمية مهنية للمعلمين مباشرة على الإنترنت "Head Teachers" بواسطة الكلية الوطنية للقيادة المدرسية(NCSL)، ويهدف ذلك إلى تسهيل الربط الشبكي بين القيادات المدرسية بغرض تسهيل المناقشات والاشتراك معا في حل المشكلات[5].

كما أنشأت إنجلترا إدارة خاصة بالتعلم مدى الحياة"Life Long Learning"، وهي جزء من مجلس التعلم والمهارات المسئول عن التطوير المهني لجميع العاملين في مجتمع التعليم، والعاملين في المكتبات، والمحفوظات، وخدمات التعلم على أساس العمل"Work Based Learning"، والتغذية الراجعة.

وفي الولايات المتحدة الأمريكية أنشئت أكاديميات للتنمية المهنية للمعلمين على أساس الشراكة بين المدارس والجامعات، وكذلك بين المعلمين والمديرين من أجل دمج النظرية مع التطبيق. والشراكة بين المدارس والجامعات لها أهداف أساسية منها أنها

تؤسس إطار عمل بين ثقافتي عمل مختلفتين[6]. وتوجد أكاديميات تقوم على أساس الشراكة المحلية"Local Partnership Academies" .

وتقوم أكاديميات المعلمين بتطوير برامجها على ضوء الاحتياجات المتغيرة للمعلمين، وتقدم برامج التنمية المهنية على أساس البحث التربوي " Research Based Professional Development " لدعم واستبقاء المعلمين المؤهلين في كل فصل دراسي[7].

وفي الهند تم إنشاء المجلس القومي لإعداد المعلم[8] (NCTE) " National Council of Teacher Education " بواسطة الحكومة الهندية عام 1995م لضمان جودة إعداد المعلم. ويقوم المجلس القومي لإعداد المعلم في الهند بوضع القواعد والمعايير لمؤسسات إعداد المعلم، كما أن له السلطة القانونية لاتخاذ كل الخطوات وفقا لما يراه مناسبا لوضع خطة تطوير إعداد المعلم، ووضع قواعد ومعايير لمؤسسات إعداد المعلم على مستويات مختلفة، وتساعد هذه المعايير مؤسسات إعداد المعلم على تقويم برامجها في ضوء معايير (NCTE).

ويقوم المركز الوطني للبحوث التربوية والتدريب في الهند (NCERT) " National Council of Educational Research"، وهيئة ضمان جودة التدريب والتنمية المهنية " Training Quality Assurance for Professional Development"، والمجلس الوطني للاعتماد "National Board of Accreditation" (NBA) باعتماد مؤسسات إعداد المعلم.

وفي باكستان التي تعتبر من أفقر دول العالم وتعاني ضعف الجودة النوعية للمعلمين، ونقص في المدربين، وقلة التركيز على ممارسات التدريس، وعدم وجود الدعم الكافي لنظام مراقبة وتوجيه المعلمين، وتدني المؤهلات العلمية المطلوبة، أنشئت أكاديمية تطوير التعليم "Academy for Educational Development" (AED). وتهدف إلى الارتقاء بأداء معلمي الرياضيات والعلوم واللغة الإنجليزية، وزيادة المعلمين المؤهلين في المدارس الباكستانية[9]، وتعزيز المفاهيم الثقافية بين الولايات المتحدة وباكستان، وتطوير برامج التنمية المهنية لتعكس الاحتياجات الضرورية للمعلمين في باكستان، وتعزيز المشاركة بين الجامعات، وحلقات العمل، وورش العمل الدراسية، والأنشطة المشتركة، وبناء قدرة مؤسسات تدريب المعلم في باكستان،

وتيسير الروابط طويلة المدى بين مؤسسات تدريب المعلم في الولايات المتحدة، وتحسين تدريب المعلمين في مجالات الرياضيات، والعلوم، واللغة الإنجليزية على مستوى المدارس الابتدائية في باكستان ولمدة ثلاث سنوات (2003-2006 م) من خلال توفير دورات تدريبية لـ250 معلما. وتوفير فرص التنمية المهنية للقيادات المهنية، وتنفيذ نشاطات محلية لدعم الولايات المتحدة للتدريب، وتقوم وكالة التنمية الأمريكية بتمويل أكاديمية تطوير التعليم في باكستان.

وفي الصين افتتحت جامعة الإذاعة والتليفزيون المركزية (CRTVU) " Central Radio and TV University" عام 1979 م[10]. وفي عام 1986م انطلقت القناة التعليمية التليفزيونية الصينية لتدريب المعلمين أثناء الخدمة باستخدام القمر الصناعي عام 1987م عن طريق كلية المعلمين التليفزيونية التي تقوم "China TV Teacher's College" بتدريب معلمي المدارس الابتدائية والثانوية، وتحقيق التنمية المهنية المستمرة لهم. ويحصلون من خلال هذه البرامج على دبلومات إذا ما نجحوا في اجتياز الاختبارات الموضوعة بواسطة مركز الاختبارات الصيني[11]، وتقوم الصين بتطوير شبكة التعليم والبحث العلمي الصينية (CERNET) "China Education and Research Network" التي بدأت عام 1994م[12].

وفي استراليا اتجهت الحكومة الاسرالية إلى إنشاء مؤسسة مهنية لمعلمي التعليم من بعد تسمى هيئة التعليم المفتوح والتعليم من بعد "Open and Distance Learning Association" كهيئة متخصصة مهمتها تنظيم الدورات التدريبية التي تقدمها الجامعات للمعلمين.

وتهتم هذه الدراسة بفكرة إنشاء أكاديمية مهنية افتراضية للمعلمين في مصر من منظور مقارن مع مثيلاتها من أكاديميات التنمية المهنية للمعلمين من بعد في دول العالم. كما تهدف إلى التعرف على الأسس النظرية للتنمية المهنية، وأساليبها، ومبادئها، وأهدافها.

وواقع أكاديميات التنمية المهنية من بعد في كل من إنجلترا والولايات المتحدة الأمريكية، والاستفادة منها في تطوير أكاديمية التنمية المهنية للمعلمين في مصر، ومعرفة أوجه الاتفاق والاختلاف حيث أسلوب الإدارة، والتمويل، والهيكل المؤسسي، ودورها في منظومة التنمية المهنية، ومعايير أداء المعلمين، وعلاقتها بتراخيص مزاولة المهنة.

ويشير **مصطلح الأكاديمية** وفقا لما ورد في الموسوعة الدولية للعلوم الاجتماعية إلى هيئة من الأساتذة منظمة تماما مثل الكلية أو الجامعة، أو أية مؤسسة تعليم عالٍ أخرى[13].

والأكاديمية -كما جاء في موسوعة كتاب العالم- عادة ما تشير إلى مجموعة من الأفراد أو إلى مجتمع منظم يقدم الآداب، والعلوم، والفنون، أو مجالات أخرى من المعرفة. وفي دول مختلفة يستخدم مصطلح **الأكاديمية** أيضا للإشارة – كمسمى - إلى المدارس الثانوية. **والأكاديمية** - وفقا لمفهوم علماء الاجتماع - إيجاد المناخ المناسب للمعيارية بقصد الخروج من اللامعيارية، وهي المكان الذي يثار فيه الجدل بقصد استخلاص المنهج.

وقد جاءت كلمة **الأكاديمية** من مدرسة الفلسفة التي أنشئت عام 300 ق.م على يد الفيلسوف اليوناني "بلاتو Plato"، وكان مقرها قرب أثينا. وأنشئت معظم الأكاديميات الأوروبية فيما بين عامي (1600–1700)، وخصصت للآداب، واللغات، والفنون، والتاريخ، والعلوم، أو الطب. وهي ليست كالجامعات، فليس لديها معلمون أو طلاب أو منح درجات لإكمال مقررات معينة محددة مطلوبة، ومن أشهر الأكاديميات في العالم الأكاديمية الفرنسية في باريس، والأكاديمية الملكية للآداب في لندن[14].

مصطلح التعليم من بعد Distance Education:

نوع من التعليم الذي يكون فيه المعلم بعيدا عن المتعلم في الزمان أو المكان أو كليهما معا، ويعتمد على استخدام وسائط اتصال متعددة كالمواد المطبوعة، والمسموعة،

والمرئية، وغيرها من الوسائط الميكانيكية والإليكترونية، وذلك للربط بين المعلم والمتعلم، وتوصيل المادة التعليمية، كما أنه يتيح فرص اللقاء المباشر بين المعلم والمتعلمين، بهدف تحقيق نوع من التفاعل الحي المباشر بين طرفي العملية التعليمية[15].

مصطلح التنمية المهنية Professional Development:

يشير مصطلح التنمية المهنية إلى النمو المهني الذي يحققه الفرد نتيجة تراكم وزيادة الخبرات. ويشمل النمو المهني الخبرات الرسمية المرتبطة بالتخصص الأكاديمي، والخبرات غير الرسمية مثل قراءة المطبوعات التربوية. ويعد مفهوم التنمية المهنية أوسع من مفهوم النمو الوظيفي الذي يحدد بأنه "النمو الذي يحدث كلما يتحرك المعلم خلال دائرة مهنته أو وظيفته".

وتعتبر التنمية المهنية عملية طويلة المدى (تعلم مدى الحياة)، تتضمن خبرات منظمة ومخططة من أجل تعزيز النمو والتطور في المهنة، وهذا التطور الجديد لمفهوم التنمية المهنية يعتمد على البنائية أكثر من كونه نموذجا يتمركز حول توصيل ونقل المعلومات، ومن ثم فالمعلمون في هذا النموذج متعلمون نشطون، لهم مهام مثل التدريس، والتقويم، والملاحظة[16].

ويرى (فيليب إسكاروس، ومصطفى عبد السميع، 2007) أن التنمية المهنية الفعالة عملية قابلة للقياس من خلال التعلم والتدريس الفعال، وإكساب المعلمين القدرة على بناء محتوى أكاديمي وتربوي خاص بهم يمكن اختباره في الواقع أثناء عملية التدريس، وإكساب المعلمين مهارة إجراء بحوث أداء بهدف حل المشكلات التي تواجههم بأسلوب علمي، وإتاحة الفرص للمعلمين للتعامل مع الخبراء والتعاون معهم، مما يساعد على إكسابهم خبرات جديدة، وإكساب المعلمين مهارات قيادية في الأداء داخل حجرة الدراسة[17].

ويرى (عوض توفيق، 2003) أن التنمية المهنية عملية تطوير شاملة ومستمرة

لزيادة القدرات الإبداعية للإنسان؛ بهدف رفع كفايته العملية، والارتقاء بمستوى أدائه، الأمر الذي يساعد على تحقيق أهداف المؤسسة التي يعمل فيها[18].

ويؤكد هذا المفهوم من وجهة نظر (محمد عزت عبد الموجود، 2004) على طبيعة النمو المهني للمعلمين، ويرفض فكرة ضبط سلوك التدريس بعناصر الموقف التعليمي، ويهدف إلى زيادة الدافعية نحو النمو الذاتي، ويستند هذا المفهوم إلى عدة فروض أهمها أن التدريس عملية متعددة الأبعاد والجوانب وليست عملية آلية، ولكنها تحتوي على خبرات يحققها الموقف التدريسي، وأن التأهيل أو إعداد المعلم على أساس معيار المؤهل أو الشهادة لا يقوم على أساس علمي أو منطقي، ولكن يرتبط بهيكل العمالة في المجتمع[19].

أولا: دواعي إنشاء أكاديميات المعلمين المهنية من بعد:

توجد مجموعة من العوامل التي دعت إلى الاهتمام بإنشاء أكاديمية التنمية المهنية للمعلمين، ومن أهم هذه العوامل:

1- الانفجار المعرفي وثورة المعلومات:

يرتبط إنشاء أكاديمية التنمية المهنية للمعلمين بالمؤثرات العالمية، والظروف المتغيرة، والتمايز المحلى، والانفجار المعرفي، وزيادة المنافسة العالمية، والتجديد العالمي، وزيادة الطلب على القوى العاملة، وكثرة التطورات التقنية، وزيادة معدل التطور، والحاجة المتزايدة إلى استثمار التعليم لمواكبة هذه التغيرات، وهي من التحديات الأساسية التي تدعو إلى الاهتمام بالتعلم مدى الحياة[20]. ويتم التطور المعرفي بمعدلات فائقة السرعة نتيجة النمو المتزايد في المعرفة بفروعها المختلفة، وأصبح حجم المعرفة الإنسانية يتضاعف كل ثمانية عشر شهرا[21].

2- الثورة التكنولوجية:

فرضت الثورة التكنولوجية، والانفجار المعرفي، والتطور التقني على النظم التعليمية سرعة التغير لمواكبة التقدم التكنولوجي المذهل، الأمر الذي أثر على ظهور مستحدثات

وفرت للمتعلم فرصا للتعلم الذاتي، والتعلم المستمر، والتعلم من بعد "Distance Learning"، والتعلم عبر الشبكات، والتعلم الإليكتروني "E-Learning"، واستخدام تكنولوجيا المعلومات والاتصالات في تدريب المعلمين، وتغير فلسفة ومحتوى وأساليب التعلم(22)، واستدعاء أدوار جديدة للمعلمين، وتأهيلهم، وتنميتهم بشكل مستمر، وإكسابهم مهارات التعامل باستخدام تكنولوجيا المعلومات والاتصال بحيث يواكبون العصر(23). وكذلك استحداث أساليب تربوية جديدة للتعلم(24). ومع هذا التطور التكنولوجي واستخدامات الكمبيوتر الحديثة لأغراض العملية التعليمية تحول التعليم من بعد تدريجيا باستخدام الكمبيوتر والإنترنت، مما أثر على بنية، وهيكل، ومقررات، وخبرات التنمية المهنية(25). واستحداث مقررات للتنمية مهنية للمعلم عبر الإنترنت "Online Teacher Professional Development"، وكذلك استحداث المجتمعات المهنية الافتراضية "Communities Virtual Professional"(26).

لذا وجب على المعلم تنمية نفسه مهنيا لما تفرضه تكنولوجيا المعلومات من أدوار جديد وعملية داخل الفصل وخارجه(27).

3- التغير المتسارع:

يتصف المجتمع المعاصر بديناميكية هائلة، وتغير متسارع في جميع مكوناته الاقتصادية، والاجتماعية، والثقافية، والمعرفية، والتكنولوجية. ويظهر هذا التغير المتسارع في المجتمعات والشعوب في وسائل الاتصال المتنوعة. وهذا التغير قد يختلف بين مجتمع وآخر من حيث شموله وشدة سرعته. وهذا يتطلب نوعية خاصة ومتميزة من الثروة البشرية، وهى نوعية قادرة بالدرجة الأولى على الاتصال المستمر والمنتظم مع المعرفة ومستجداتها، وفى جميع فروع النشاط والحياة والعمل.

4- تطور النظريات التربوية:

يشهد هذا العصر تطورا في النظريات التربوية كصدى للتطور العلمي والتكنولوجي الهائل، وكذلك تغير في أدوار المعلمين في ظل ظهور الفلسفات التربوية الجديدة، وظهور

العديد من النظريات[28] والإستراتيجيات الجديدة للمعلم[29]. الأمر الذي يستدعى تحديث المعلم لمعارفه، وتطوير ذاته، واستمرارية نموه مهنيا من خلال اطلاعه على النظريات والفلسفات والمقاييس الجديدة الخاصة بالتعليم والتعلم من أجل رفع جودة التعليم.

5- تغيير دور المعلم:

تستدعى التكنولوجيا الحديثة أدوارا جديدة للمعلمين، واستحداث أساليب تربوية ونهجا جديدة للتعلم في قاعة الدرس، الأمر الذي يتطلب بناء بيئة جديدة للتعلم بوسائل غير تقليدية، ودمج التكنولوجيا الجديدة مع الأساليب التربوية والتثقيفية الجديدة، وتشجيع الأسلوب التفاعلي القائم علي التعاون ومسئوليات جديدة للمعلم كقائد ومتخذ قرار في شأن كيفية بلوغ طلابه المستوى التعليمي المرغوب، وفى تهيئة بيئة التعلم الفعال، وتطور إستراتيجيات التدريس وأدوار المعلم.

6- الدواعي الاقتصادية:

ترتبط التنمية الاقتصادية بإصلاح التعليم القائم على تكنولوجيا المعلومات والاتصال، وتندرج كفاءة المعلمين ضمن سياسات إصلاح التعليم، حيث تهدف التنمية المستدامة إلى تعزيز القدرات المهنية للمعلمين، وتحسين مهاراتهم في القيادة والتطوير المدرسي الابتكاري، والارتقاء بكفاءتهم في استخدام تكنولوجيا المعلومات والاتصال. وأمام زيادة الانفتاح على العالم، وزيادة التنافس الاقتصادي، وتوقيع اتفاقيات الجات أصبحت الفيصل في هذا السباق زيادة القدرة التنافسية للمعلم، وهذا لا يكون إلا باكتساب خبرات وقدرات متميزة تنافس القدرات والخبرات في جميع دول العالم، وزيادة إنتاجية المعلم. وتتطلب التغيرات الاقتصادية أن يتلقى جميع التلاميذ تعليما عالي الجودة؛ لأن المعلمين هم أكثر الموارد أهمية وقيمة في المدارس.

7- العولمة وتحدياتها:

يمثل العالم اليوم قرية صغيرة في ظل قوتي الاتصال والمعلومات، والزيادة في

المنافسة العالمية، وزيادة الطلب على القوى العاملة المتميزة، مما يحتم التسلح بخبرات وقدرات متميزة[30]. ويتجه العالم اليوم نحو نظام عالمي جديد، ويعيش حضارة الثورة الثالثة التي فرضت نوعية جديدة من التكنولوجيا المتقدمة تحتاج إلى معلم على مستوى عالٍ من التدريب والقدرة على تنمية ذاته وقدراته.

ثانيا: الأسس النظرية للأكاديمية المهنية للمعلمين من بعد:

تقوم فلسفة أكاديمية التنمية المهنية للمعلمين من بعد على عدة مبادئ، منها:

1- تحقيق جودة التعليم:

ترتكز فلسفة التنمية المهنية للمعلم على مبدأ أساسي ألا وهو تحقيق جودة التعليم، وتحسين نوعية العملية التربوية في المدرسة، وتطوير القدرات المهنية للمعلمين، حيث تستدعي عملية إصلاح التعليم، واستحداث التكنولوجيا الجديدة أدوارا جديدة للمعلمين، واستحداث أساليب تربوية، ومناهج جديدة لإعداد المعلمين[31]. وقد أصبحت عملية التنمية المهنية المستمرة عنصرا رئيسا في نجاح أي إصلاح تعليمي. وتشمل الجودة النوعية للمعلم تحسين الأداء الأكاديمي للطلاب، والخبرات المدرسية، وبناء قدرات المعلمين في الاحتراف من خلال إعداد المعلم قَبل الخدمة من حيث محتوى التعليم والتنمية المهنية أثناء الخدمة، كما تتضمن وضع مواصفات ومعايير لتقويم التدريس[32].

وقد توصلت دراسة (فيلبس باولينا، 2005) إلى أن التنمية المهنية عنصر أساسي لتحقيق الجودة النوعية المستمرة للمعلم، وفي الإصلاح المدرسي، ومدى تعزيز برامج تكليف المعلمين الجدد للخبرات المختلفة[33].

ولكي تكون التنمية المهنية للمعلمين فعالة وذات جودة عالية لابد أن تتسم بالتنوع، والاستمرارية، والشمول بالنسبة إلى أدوار المعلم، وكذلك شمول العوامل المساهمة في رفع كفاية المعلم، والمحاسبية التعليمية للمعلم، والتجديد، والتركيز على المحتوى أو المضمون، والمرونة، وأن تفي عملية التنمية المهنية باحتياجات المتدربين،

والشمول، والتكامل، والقابلية لقياس النتائج عن طريق قياس أداء الطالب، وعن طريق التقويم الذاتي للمعلم، والتعاون ضمن فريق عمل في حل المشكلات التعليمية من خلال تكوين مجموعات وفريق عمل، والاشتراك في الأبحاث والدراسات التي تسهم في حل مشكلات التعليم[34].

2- التعلم مدى الحياة:

تعتبر التنمية المهنية عملية طويلة المدى (تعلم مدى الحياة) تتضمن خبرات منظمة ومخططة من أجل تعزيز النمو والتطور في المهنة، وهذا التطور الجديد لمفهوم التنمية المهنية يتمركز حول المعلم كمتعلم نشط، ومن ثم فالمعلمون في هذا النموذج لهم مهام مثل التدريس، والتقويم، والملاحظة، وتوصف بأنها عملية تتم من خلال مضمون محدد[35]. حيث تهدف إلى حصول الفرد على الخبرات التي يحتاجها في الوقت الملائم له، والتعليم بعض الوقت، والتعليم الذاتي، ويتميز هذا النوع من التعليم بالآتي:

أ- أنه يجعل المعلمين مسايرين للاتجاهات والمهارات الجديدة في مجال عملهم.

ب- يعد المعلمين للتغيرات التي تحدث في مستقبلهم المهني.

ج- يمكن المعلمين من استيعاب المفاهيم الحديثة.

د- يعمل على تجديد وتحديث مهاراتهم في مختلف النواحي المتعلقة بمجال عملهم، وتدريبهم على استخدام أنماط التقنية الحديثة لإمدادهم بفرص التعليم المستمر، وتشمل مجموعة من الخبرات الرسمية وغير الرسمية والتي يلعب فيها المعلم دور المتعلم النشط[36].

3- تحقيق مبدأي تكافؤ الفرص وديمقراطية التعليم من خلال أسلوب التعلم من بعد:

تحقق أكاديمية التنمية المهنية للمعلمين مبدأ تكافؤ الفرص، حيث تزود الآلاف من المعلمين الذين تحول ظروفهم دون التنمية المهنية نتيجة بعد المكان أو عدم ملاءمة

الزمان، أو لسوء ظروف العمل، أو لظروف بيئية أو صحية، حيث إنه من الممكن لأي شخص أن يتقدم إلى الدراسة -كل حسب قدراته- وتستخدم أكاديميات التنمية المهنية للمعلمين في العالم نظام التعلم من بعد، وهو نظام مفتوح فيما يتعلق بالمكان، فليست لديه أماكن مغلقة إنما هو نظام محمول على الهواء يعمل على توفير الوقت، والتكلفة، ومراعاة الفروق الفردية.

والتنمية المهنية للمعلم باستخدام التعلم من بعد أسلوب تعليمي يعمل على توفير الخدمة التعليمية للراغب فيها في أماكن تواجده، وفى الوقت الذي يرغب فيه الدارس، كما أنه يتيح فرص اللقاء المباشر بين المعلم والمتعلمين؛ بهدف تحقيق نوع من التفاعل الحي المباشر بين طرفي العملية التعليمية عن طريق مجتمعات التنمية المهنية للمعلم عبر الإنترنت "Online Teacher Professional Development"، وتوصيل محتوي المقرر التدريبي بواسطة الإنترنت، الأمر الذي أصبح أكثر شيوعا، وله تأثير متزايد في جميع أنحاء العالم. وهذا النمط يحل محل استخدام التلفزيون والراديو كأكثر أشكال التعلم من بعد شيوعا، وتسمى المجتمعات المهنية المرئية "Virtual Professional Communities" (37).

وقد اتسع استخدام برامج التعلم من بعد، ويقوم هذا النوع من التعليم على استخدام عدة أوساط تعليمية متكاملة معا تكاملا جيدا كالمهارات المطبوعة، وأشرطة التسجيل السمعية، والنظم العصرية، والاتصال عبر الأقمار الصناعية، ويستخدم التليفزيون التعليمي كأحد الأوساط التعليمية في التدريس، وتوفر بعض الجامعات شبكات بث تليفزيوني مغلق، في حين أن بعضها الآخر قد يرتبط بشبكات من خارج الجامعة، ويعتبر التليفزيون التعليمي وسيطا تعليميا فعالا إذا أحسن إعداد برامجه، حيث يمكن أن يقدم التليفزيون التعليمي خبرات ناجحة.

كما أن التعلم من بعد يركز على توفير فرص التنمية المهنية للمعلمين عن طريق التغلب على المعوقات التي تنتج عن بعد الموقع الجغرافي، والالتزامات الشخصية والمهنية التي تشكل عائقا للأفراد في الحصول على المعارف، والتدريب، والتعليم

الكافي. فالتعلم من بعد أسلوب مهم جدا في إتاحة فرص النمو الذاتي والمستمر للمعلمين من أجل تطوير معارفهم ومهاراتهم الأدائية.

ويقوم أسلوب التعلم من بعد على استخدام وسائط تكنولوجية، هي:

المراسلة:

يعتبر أسلوب المراسلة أسلوبا مجديا لتطوير المعلمين ذاتيا، وهو أسلوب تقوم فيه المدارس والجامعات وغيرها من المؤسسات التعليمية بتقديم برامجها التعليمية معتمدة على الكلمة المطبوعة المرسلة بالبريد إلى - الدارسين حيثما وجدوا - المبتدئين أو على مستوى الدراسات العليا أو لمن يريدون تعميق تخصصاتهم العلمية والتقنية.

التعلم المبرمج:

طريقة للتعلم الذاتي، وهو أسلوب يعتمد فيه المتدرب على ذاته في تعلم مهارات أو معلومات أعدت بعناية فائقة لتحقيق الأهداف التدريسية من خلال سلسلة خطوات مرتبة، كما أن للتعليم المبرمج خصائصه التي تميزه عن غيره من أنواع التعليم الأخرى.

الإنترنت:

عبارة عن دائرة معارف عملاقة تمكن مستخدميه من الحصول على المعلومات بأشكال مختلفة الأفكار والمعلومات وتطويرها ومناقشتها بشكل يتخطى بعدي المكان والزمان، ويهدف الإنترنت في مجال التنمية المهنية إلى مساعدة المعلمين في الحصول على المعلومات بأسرع وقت وبأقل جهد وتكلفة، وكذلك توسيع علاقاتهم ومعارفهم مع العالم الخارجي، مما يساعد على صقل معارفهم وأفكارهم ومهاراتهم. كما أنه وسيلة لإجراء الأبحاث العلمية والتربوية التي تسهم في تنميته وتطويره في مختلف مجالات مهنته على الرغم من أن دراسة (ماركس سكلاجر، 2003) أثبتت أن مجتمعات التنمية المهنية عبر الإنترنت قد خلقت نوعا من العزلة بين المعلمين ومجتمعات التنمية المهنية

المحلية، وأن التركيز على تكنولوجيا الإنترنت كآلية أو لتلقى التدريب أو لإنشاء مواقع لشبكات الإنترنت يتجاهل الفوائد الكامنة في الإنترنت لدعم وتقوية المجتمعات المحلية للتنمية المهنية، ومن هنا أصبح من الضروري تصميم بنية تحتية تعليمية تقنية اجتماعية عبر الإنترنت تدعم النمو المهني للعاملين في مجال التعليم[38].

الشبكات:

يتم تدعيم أكاديميات التنمية المهنية من خلال **الشبكات** التي تساعد على توفير كافة المعلومات التي تسهم في تنمية المعلمين أكاديميا ومهنيا[39] في الحصول على المصادر التعليمية على الإنترنت، الإدارة، مساعدة المعلمين على إجراء بحوثهم التربوية، وإحاطتهم بأحدث التطورات في مجال التعليم[40]. كما تتم تنمية المعلمين المبتدئين مهنيا عن طريق الشبكات، وتوفر هذه الشبكات مصادر تعليمية للمعلمين حديثي التعيين. كما توفر للمعلمين فرص الاطلاع بشكل مستمر على القضايا المدرسية أولا بأول وكافة المعلومات عن المجتمع المدرسي. وتسهم في تعديل أساليب التدريس، وخلق نمط جديد من العلاقة بين مؤسسات التدريب والمدارس[41]. ويفرض استخدام الشبكات الإليكترونية في عمليتي التعليم والتعلم على المعلم سلوكيات جديدة، ويغير من أدواره ومسئولياته، خاصة في تفاعله مع الطلاب، وفي تناوله للمادة الدراسية، حيث إنها تغير دور المعلم من ملقن لمادة دراسية في فصل تقليدي إلى موجه وميسر[42].

البريد الإلكتروني:

يستخدم في التنمية المهنية للمعلمين بشكل غير متزامن، حيث يعتمد على مجموعات النقاش كطريقة لجذب المعلمين من أجل دعم إنشاء مجتمعات للمعلمين على الإنترنت. وقد أسهم هذا الأسلوب في دعم المعلمين بطريقة غير رسمية[43]. وقد توصلت دراسة (ريدنج فيل، 2001) والتي أجريت في المملكة المتحدة إلى أن مناقشات البريد الإليكتروني وقوائم ومجتمعات الإنترنت قد زادت من فرص الدعم المهني للمعلمين[44].

تطبيقات الكمبيوتر:

يسهم استخدام الكمبيوتر من جانب كل من المعلم والتلميذ في الوصول إلى المعلومات ذات الصلة بالمقرر الدراسي من مصادرها الإليكترونية، وتحليلها، وتوظيفها، وكتابة تقارير حول نتائج بحثهم، وعمل عروض لها، ويحول المعرفة من صورتها التقريرية إلى معرفة إجرائية ومهارات. ويعمل على مساعدة المعلم في إعداد سيناريوهات الدروس، ووضع آليات لتنفيذ المقررات الدراسية باستخدام إمكانيات الجمع بين المعلومة، والصوت، والصورة، والحركة. ومن ثم يؤهلهم لمواصلة الدراسة، ولحياة أفضل بعد الانتهاء من دراستهم. وتدريب المعلمين على التعلم الإليكتروني، وتقديم مواد تعليمية للتنمية المهنية المستمرة والفعالة.

الراديو:

يعد الراديو التعليمي من أقدم أساليب توصيل مقررات التعليم من بعد، حيث إن محطات الراديو تقدم مساعدات يومية للمعلمين الذين يعيشون على بعد عشرات الآلاف من الكيلومترات، وتعد إنجلترا من أوائل الدول التي استخدمت الراديو في التنمية المهنية للمعلمين من خلال هيئة الإذاعة البريطانية التي قامت بدور مهم في تقديم التعليم من خلال الجامعة المفتوحة، حيث اشتركتا معا في تأسيس نظام يقوم على البث الإذاعي. وفى تقرير لعام 1990م أثبتت الدراسة أنه تم توفير 20 برنامج راديو تدريب أثناء الخدمة لمعلمين غير مؤهلين في تسعة عشر دولة نامية، ويوجد نوعان من التعليم باستخدام الراديو؛ الأول نموذج الراديو التفاعلي، والثاني التعليم بالمحاضرة وأسلوب إلقاء المحاضرات، وفيه يتم عرض شفهي أو كتابي حول موضوع معين من خلال أسلوب إلقاء المحاضرات.

التليفزيون التعليمي:

يهدف التليفزيون التعليمي إلى بث البرامج التعليمية عبر التليفزيون، ويتم ذلك بمساعدة الشبكات[45]. ولقد أثبتت عديد من الدراسات أن التليفزيون التعليمي حتى يتسنى له أن يكون أداة تعليمية ناجحة ينبغي ألا تقتصر وظيفته على العرض فقط،

ويحظى التليفزيون التعليمي بعديد من التطورات التي تزيد فاعليته، حيث لم تعد مهمته قاصرة على عرض المادة العلمية فقط، ولكن بمساعدته صار من الممكن تقديم صورة مقلدة للفصل الدراسي، يشعر الطلاب من خلالها أنهم في فصل دراسي حقيقي، ومن هنا ظهرت فكرة التليفزيون التفاعلي.

تليفزيون المعلمين:

يمثل التليفزيون أحد أهم الوسائط الفعالة في توصيل برامج التعليم من بعد، يهدف إلى توصيل برامج التعليم إلى المناطق البعيدة، ويمكن تصنيف التليفزيون كأسلوب اتصال إلى التليفزيون التعليمي، والتليفزيون التفاعلي.

الفيديو:

يلعب الفيديو دورا كبيرا في مساعدة المعلمين على الاتصال بعضهم بالبعض، وذلك من خلال المؤتمرات التي تعتمد على التفاعل السمعي البصري باستخدام أنظمة البث التليفزيوني.

التليفزيون التفاعلي:

يعد التليفزيون التفاعلي شكلا آخر من أشكال التليفزيون التعليمي، حيث إنه مصمم لمقابلة الاحتياجات المختلفة للمتعلمين، ويسهم التليفزيون التفاعلي في زيادة مستوى المخرجات التعليمية، وفى توفير بيئة تعلم فعالة لتوصيل برامج التعليم من بعد، حيث يقوم المعلم بعرض الدرس، وطرح الأسئلة، وتلقي إجابات واستفسارات الطلاب الذين يشاهدونه عبر شاشات التليفزيون، ويقوم هو بالرد عليها، وكأنهم جميعا في فصل دراسي حقيقي.

الفيديو التفاعلي:

يمتاز الفيديو التفاعلي بعرض المادة التدريبية بطريقة مشوقة، وتحليلها بشكل جيد يساعد على تفاعل المتدرب في الموقف التدريبي، كما أن البرامج التي يقدمها الفيديو أو

الكمبيوتر تقوم باستقبال استجابة المتدرب، وتسجيلها، وبيان صحتها أو حفظها عن طريق التغذية الراجعة، وقد أثبتت الدراسات فعالية تصميم التعليم بالفيديو التفاعلي على تحصيل الطالبات المعلمات[46].

التسجيلات الصوتية:

تفيد التسجيلات الصوتية في عملية التنمية الذاتية من خلال استخدام معلومات البرامج التدريبية على أشرطة يستخدمها الفرد وبمساعدة بعض الإرشادات المكتوبة في أوراق مصاحبة للأشرطة[47].

4- إسهام أكاديمية المعلمين المهنية في تحقيق مبدأ التعلم الذاتي:

تسهم **الأكاديمية المهنية للمعلمين في** تنمية استعدادات المعلم وإمكانياته المستمدة من رغبته الذاتية، واقتناعه الداخلي؛ بهدف تنمية قدراته، وميوله، واهتماماته من خلال أسلوب التعلم الذاتي. والتعليم الذاتي هو النشاط التعليمي الذي يقوم به الفرد بما يحقق تنمية شخصيته وتكاملها، والتفاعل الناجح مع مجتمعه عن طريق الاعتماد على نفسه، والثقة بقدراته في عملية التعليم والتعلم مدى الحياة.

ويعتبر **أسلوب التعلم الذاتي** أحد الأساليب التي توظف الإستراتيجيات التربوية الواعية ذات القدرة العالية على تفريد التعليم، وهو أسلوب يراعي الفروق الفردية بين الأفراد، ويكون أكثر وفاء باحتياجات المعلمين، ومراعاة لخصائصهم.

وللتعلم الذاتي أهمية كبيرة في تحقيق التنمية المهنية للمعلمين، حيث يتميز هذا الأسلوب باستقلالية المعلم، وتوفير جو من الديمقراطية والحرية أثناء نموه المهني، وهذا الأسلوب يساعد المعلم على ابتكار الأساليب التي تحقق له النمو المهني الذاتي، وحيث إن عملية التنمية المهنية للمعلمين عملية مستمرة، فيجب أن تكون في إحدى جوانبها موجهة توجيها ذاتيا، فالمعلمون قادرون على تحديد احتياجاتهم المهنية، كما أنهم يستطيعون مقابلة هذه الحاجات المهنية[48].

ويضيف (صلاح الدين قطب) أن التعليم الذاتي أسلوب تعليمي مهم للمعلمين في عصر المعلوماتية الذي تتضاعف المعلومات فيه، فأسلوب التعلم الذاتي يساعد المعلم على أن يتعلم المهارات اللازمة لتوليد المعلومات الجديدة في مجال عمله عن طريق الملاحظة، والتحصيل، والتركيب، والاستنتاج حتى لا يتوقف نموه المهني، بل لكي يزداد نموه المهني ويتقدم[49].

ويعد التعلم الذاتي - خاصة عند النشء - من أهم الأنماط التي تلجأ إليها فلسفة التربية المستمرة؛ لأنه يضمن تحقيق استمرارية النمو المهني والثقافي.

وحيث إن عملية التنمية المهنية للمعلمين **عملية مستمرة** فيجب أن تكون موجهة توجيها ذاتيا للمعلم لكي يحدد ويطور أساليب عمله، وتقوم بمساعدته على التعلم من خلال العمل. ويتطلب ذلك تدريب المعلمين على مهارات **استخدام** تكنولوجيا المعلومات والاتصال في التنمية المهنية، حيث يحقق استخدام تكنولوجيا المعلومات والاتصال في عملية التعليم تحسين عملية الاتصال بين المعلمين والطلاب، وبين الطلاب بعضهم البعض باستخدام البريد الإليكتروني، ويعمل على تنمية مهارات أساسية لدى كل من المعلمين والطلاب لاستخدام البرمجيات والوسائط المتعددة، وكذلك إكساب كل من المعلمين وطلابهم ثقافة التكنولوجيا من خلال تكنولوجيا المعلومات والاتصال عبر الإنترنت، ويساعد على إلمام كل من المعلمين وطلابهم بالمستحدثات المعرفية ذات العلاقة بالمقررات الدراسية وتأثيراتها المجتمعية. ومن أساليب التعلم الذاتي التي تراعي الفروق الفردية بين الأفراد التعلم بالمراسلة، والتعليم المبرمج[50].

5- استناد أكاديمية التنمية المهنية للمعلمين إلى نظرية تعليم الكبار:

من أهم النظريات في هذا المجال نظرية "مالكوم نولز Malcolm Knowles" التي أشارت إلى أن تعليم الأطفال والصغار يختلف عن تعليم الكبار، وهذا ما يجب أن يؤخذ في الاعتبار بواسطة أولئك الذين يساعدون الكبار على التعلم.

وتستند عملية التعلم مدى الحياة بالنسبة إلى إعداد المعلم إلى نظرية تعليم الكبار،

حيث تتم التنمية المهنية من خلال التعليم العالي المعتمد على برامج إعداد المعلم، والماجستير، والدكتوراه. ومن هنا بدأ التنظير حول كيفية تعليم الكبار والمهنيين الذين يعيشون في سياقات مهنية معقدة، بالإضافة إلى مفهوم كيفية تعلم الفرد من خلال المؤسسات، ومن خلال التفاعل مع الآخرين[51]. وهي عملية تتأثر بعدد من العوامل منها العوامل الشخصية التي تتعلق بمرحلة التطور النفسي ومرحلة التطور المهني للمعلمين، وعوامل سياقية مثل السياق الثقافي، والاجتماعي، وخصائص الطلاب، والنظام المدرسي، وعلاقة ذلك بالمدرس، ومدى توافر الجهد والمال بالنسبة إلى المعلمين[52]. ومن ثم فإن عملية التنمية المهنية لابد أن يكون توجيهها ذاتيا؛ لكي تساعد المعلم على تجديد وتطوير إستراتيجيات التدريس.

وقد أشار (بروك فيليد "Brookfield"، 1986) إلى أن تعليم الكبار متمركز حول الخبرة (وقائم على المشكلات)، ويعتمد على عملية التغذية الراجعة، ولديه أهداف واضحة بالنسبة إلى المتعلم. أما (كيد "Kidd"، 1973) فقد ركز على أهمية الخبرات الحياتية، وتغير الأدوار والعلاقات بين المعلم والطالب، والتوجيه الذاتي للكبار، وقيمة الوقت. بينما رأي "كنوكس Knox" أن الكبار يتعلمون أكثر، وبشكل مستمر، وبطريقة غير رسمية، وأن الأداء يتم تعديله بواسطة سمات الأفراد، وأن التعلم يتأثر بالسمات الطبيعية والاجتماعية، وبواسطة المحتوي.

ويحدد (Mackeracher, 1980) 36 مبدأ للتعلم يشمل تعليم الكبار من خلال الأوقات الحياتية. ويرى (سميث "Smith"، 1982) أن الكبار لديهم صفات أساسية، وأدوار ومسئوليات متعددة، وخبرات حياتية متراكمة، وخبرة بأوجه النمو المختلفة. أما نظرية "Brookfield" فتدرك الضغوط ذات الدلالة الداخلية والخارجية التي تؤثر في قدرة الكبار على التعلم.

وقد أجريت دراسة في كندا عام 1971م بواسطة (Allentough, 1971) كانت مؤثرة في تحديد الطرق التي يختلف فيها الكبار في التخطيط وتنظيم عملية تعلمهم، وكيف يكتسبون المعرفة ويفهمونها، واعتمدت على فروض أهمها أن الكبار يتم توجيههم ذاتيا في عملية تعلمهم[53].

6- تحقيق مبدأ التعلم من خلال العمل:

تتيح أكاديمية التنمية المهنية فرصة النمو المهني للمعلمين داخل المدرسة، وهى من الاتجاهات الحديثة في مجال التنمية المهنية للمعلمين، وتعتمد بالدرجة الأولى على التدريب داخل الموقع، ويعرف التدريب داخل المدرسة بأنه الأنشطة المعدة مسبقا من قبل إدارة للأفراد العاملين داخل المؤسسة. وبذلك فهو يختلف عن التدريب الخارجي الذي يعده وينظمه أفراد من خارج المنظمة مثل المستشارين والجهات المتخصصة، ويتم خارج المؤسسة[54].

وترجع أهمية التنمية المهنية المتمركزة على المدرسة إلى أنها تجعل من المدرسة مجتمع تعلم على كافة المستويات عن طريق التدريب والتنمية لجميع أعضاء المؤسسة من طلاب ومعلمين وإداريين. فالمعلم ينمي نفسه مهنيا وفقا لاحتياجاته المهنية واحتياجات المدرسة، ومن ثم فهو ينتج فرصة للعمل الجماعي التعاوني.

ويوصف نموذج التنمية المهنية للمعلمين في سيريلانكا بأنه "تعلم أثناء التطبيق والممارسة" من خلال التعليم من بعد؛ بهدف الارتقاء بمهارات التدريس للمعلمين والعاملين بالتعليم أثناء الخدمة، حيث يجمع بين الدراسة والعمل.

7- تحقيق العمل التعاوني:

تتيح أكاديمية التنمية المهنية من بعد فرص العمل الجماعي التعاوني والتفاعلي والتشاركي مع الزملاء، وقد أكدت الدراسات أن التعاون والشراكة بين أعضاء الهيئة التدريسية أثناء الخدمة يؤدي بمرور الوقت إلى رفع كفايتهم التدريسية، كما أكدت الدراسات على المشاركة المتبادلة بين المعلمين والقادة في المسؤوليات واتخاذ القرارات في الإدارة والتخطيط[55]. ومن هنا فإن فرص تنمية المعلم لابد أن تكون جماعية تتضمن مشاركة الأفراد في تشخيص احتياجاتهم، واتخاذ القرارات، والتخطيط، والتنفيذ، وتقييم فريق العمل، وتصميم بيئة التعلم[56].

8- الشراكة المؤسسية مع مؤسسات التربية في المجتمع:

تلعب الجامعات والمؤسسات التربوية والمجتمعية الأخرى دورا كبيرا في تحقيق التنمية المهنية للمعلمين بداية من مساعدة المعلمين الجدد لتيسير انضمامهم للمهنة، وتعويض بعض نواحي القصور أثناء إعدادهم، ومساعدتهم على حل مشكلاتهم. ويسهم أسلوب الشراكة مع الجامعات والمؤسسات التربوية في إشباع حاجات النمو المهني خاصة للمعلمين الجدد، كما يعمل على إثراء النمو المهني للمعلمين. وقد عرضت دراسة لليونسكو بعنوان (**التنمية المهنية للمعلم مراجعة للأدبيات العالمية**) نماذج للتنمية المهنية بما فيها **نموذج الشراكة المؤسسية** والعوامل التي تؤخذ في الاعتبار عند التخطيط، وتقويم، وتنفيذ التنمية المهنية للمعلمين[57].

وتوصلت دراسة (ويل مورني، 2005) إلى أن للمؤسسات المهنية دور مهم في زيادة كفاءة المعلمين، وتنمية مهاراتهم ومعارفهم، باعتبار أن هذه المؤسسات تشكل الضلع الثالث في مثلث التنمية المهنية للمعلم. في حين يشكل إعداد المعلم والسلطات التعليمية المحلية الضلعين الآخرين، وتستخدم هذه المؤسسات أساليب في التنمية المهنية مثل الإنترنت، والمؤتمرات الافتراضية، والبريد الإليكتروني، ومشاريع التنمية المهنية[58].

9- استخدام أسلوب بحوث الأداء:

أثبتت الدراسات أن البحث التربوي يعد أحد أهم أساليب التنمية المهنية للمعلمين، حيث يزود البحث التربوي المعلمين برؤية شاملة للقضايا، والمشكلات، والتحديات المطروحة على الساحة التربوية[59]. وأسلوب بحوث الأداء من الأساليب الحديثة المتبعة في تدريب المعلمين من أجل تنمية معارفهم، وكذلك تطوير تحسين أدائهم في إيجاد الحلول المناسبة للمشكلات التي تواجههم في بيئة التعلم.

10- قياس التعلم والتدريس الفعال:

التنمية المهنية الفعالة عملية قابلة للقياس من خلال التعلم، والتدريس الفعال، وإكساب المعلمين القدرة على بناء محتوى أكاديمي وتربوي خاص بهم، ويمكن اختباره

أثناء عملية التدريس. ويمكن قياس عملية التنمية المهنية للمعلم من خلال اختبارات تقيس المهارات الأساسية التي يحتاج المعلمون إلى إنجازها لاتساع دورهم المهني في المدرسة، ويحتاج المعلم للحصول على ترخيص بمزاولة المهنة إلى استيفاء معايير محددة. ويحدد إطار عمل المعايير المهنية للمعلمين السمات الخاصة بالمعلم كمرحلة مهنية. وتكشف مؤشرات أداء الطلاب عن المعلم الضعيف، بحيث يكون موضع مساءلة في حالة فشل المدرسة في تحقيق أهدافها[60]. وتعتبر جداول الأداء المدرسي "National League Table" التي تنشر سنويا وتعرض مستوى إنجاز الطلاب وأدائهم وتحسين الأداء مؤشرا لمدى تقدم المعلم فيما أحرزه من برامج التنمية المهنية.

11- ربط الجوانب النظرية والمعرفية بالتطبيق والأداء والممارسة العملية وإكساب المعلمين مهارة استخدام بعض الأساليب المبتكرة:

يتم ذلك من خلال استخدام الدروس التوضيحية مما يساعد على تطوير وتحسين أداء المعلمين، ويشير مفهوم الدرس التوضيحي إلى ذلك الموقف التدريبي المخطط والمنظم والهادف الذي تتاح فيه الفرص أمام المعلم لمشاهدة عرض أداء عملي لمهارات تعليمية محدده ليتعلم أداءها بما يساعده على تحسين غاياته التدريبية، وأساليب تعليم تلاميذه، والأهداف التي يسعى الدرس التوضيحي إلى تحقيقها.

مما سبق يمكن استخلاص أن فلسفة استخدام أكاديمية التنمية المهنية للمعلم من بعد تركز على المحاور التالية:

أولا: أنها وسيلة لتوفير تكافؤ الفرص للمعلمين الذين لا يستطيعون الانتظام في الدورات التدريبية التقليدية، كرد فعل لبعض الحواجز الزمنية، أو المكانية، أو الظروف الاجتماعية أو الاقتصادية أو المرضية. حيث يصل التعليم إلى جمهور عريض من المعلمين، ويقابل الحاجات المختلفة لهم، ويعمل على زيادة فرص الالتحاق بالتعليم، وتوفير فرص تعليمية متكافئة لجميع الراغبين فيه.

ثانيا: تعتبر أفضل وسيلة لتحقيق ديمقراطية التعليم، حيث إنها تسمح

بتوصيل التعليم إلى كل مواطن حيثما أراد وأينما شاء، كما أنها تجعل التعليم عملية مستمرة تمتد طوال الحياة.

ثالثا: تسهم أكاديمية التنمية المهنية للمعلم من بعد في تحقيق جودة التعليم بما توفره من مساواة وتكافؤ في الفرص التعليمية، حيث أشارت الدراسات إلى أن هناك علاقة طردية بين المساواة في التعليم وجودته، فكلما زادت قدرة النظام التعليمي على تحقيق مبدأ تكافؤ الفرص التعليمية كلما زادت جودته التعليمية[61].

رابعا: تسهم أكاديمية التنمية المهنية للمعلم باستخدام تكنولوجيا الاتصالات والمعلومات في خفض التكلفة بالمقارنة بنمط التدريب التقليدي، حيث لا يتطلب توافر الأبنية المتعددة والمعامل والتجهيزات، بالإضافة إلى الهيئات التدريسية والإدارية، وهى بنية مكلفة، كما أنه لا يتطلب دوام التحاق المعلم بالمؤسسة التدريبية وما يترتب على ذلك من نفقات. حيث تعتمد الأكاديمية على استخدام عديد من وسائط الاتصال التقليدية والحديثة، والتي تتمثل في المواد التعليمية المطبوعة، والراديو، والأشرطة السمعية، والمؤتمرات السمعية، والتليفزيون، والفيديو، وأشرطة الفيديو، ومؤتمرات الفيديو، والفيديو التفاعلي، والتليفون، والكمبيوتر، ومؤتمرات الكمبيوتر، والبريد الإليكتروني، والبريد الصوتي، وشبكات الأقمار الصناعية.

خامسا: يتيح استخدام تكنولوجيا المعلومات والاتصالات إمكانية تقديم برامج تدريبية للمعلمين لتجديد معارفهم، وبذلك يمكن القول بأنه يسهم في توفير العمالة المؤهلة والمدربة التي يتطلبها سوق العمل، والتي تقع على عاتقها مسئولية تنفيذ خطط وبرامج التنمية. وتساعد على تقديم برامج تدريب أثناء الخدمة لأعداد كبيرة من المعلمين، وفى أقصر وقت ممكن، ويعد التعليم والتدريب من بعد أفضل الأساليب لتحقيق ذلك.

سادسا: من أهم ما تقوم به أكاديمية التنمية المهنية للمعلم أنها توفر المرونة في بيئة التعلم، حيث تتيح للدارسين الحرية في اختيار المواد التعليمية الملائمة لرغباتهم، وأسلوب التعلم الذاتي المناسب لهم.

سابعا: تراعي العوامل الجغرافية والاعتبارات المهنية وارتباطها بسلم الأجور، وأطر عمل المؤهلات، ودعم البني التحتية، وتطوير مراكز الدعم المحلي، والدخول إلى عالم الاتصالات الإليكترونية، وتطوير المناهج الدراسية في سياق التعليم المفتوح، واستخدام الوسائط الجديدة[62].

ثالثا: أكاديمية التنمية المهنية للمعلمين في مصر:

أ- دواعي إنشاء أكاديمية التنمية المهنية للمعلم في مصر:

1- الدواعي الاجتماعية: تتسم قضية إعداد المعلم في مصر بخصائص، وظروف، ومشكلات سياسية، واجتماعية، وثقافية تنعكس بوجه عام على علاقة التعليم بالطلب الاجتماعي، ويعد متغير الزيادة السكانية بشكل لا يتوازن مع تزايد استغلال الموارد المتاحة من الدواعي الاجتماعية ذات التأثير القوي على النظم التعليمية خاصة نظام إعداد المعلم، حيث أدى هذا المتغير إلى زيادة الطلب على المعلمين اللازمين، وظهور مشكلة العجز الدائم في بعض التخصصات، وعلى المستوى الكلي للمعلمين، ثم كانت مجانية التعليم والتوسع فيها مطلب سياسي نتيجة للضغط الشعبي للمجتمع، وانعكاس هذه المشكلة الكمية على تلبية الاحتياجات المتزايدة من المعلمين، فتوسعت الدولة في إنشاء كليات التربية الإقليمية التي وصل عددها إلى 26 كلية تعليمية. وقد أدى هذا الاندفاع في إنشاء كليات التربية في الأقاليم - بخطة مسبقة وموافقة المجلس الأعلى للجامعات- إلى ظهور الكثير من المشكلات التي كانت أبرزها مشكلة العجز في أعضاء هيئة التدريس[63].

2- الدواعي الاقتصادية: يتأثر التعليم وجودته بالتقدم الاقتصادي، وقد اتسم الأداء الاقتصادي في التسعينيات بتبني الدولة لسياسات اقتصادية لها آثار سلبية على الاقتصاد القومي، وشهدت مصر مجموعة هائلة من التغيرات الاقتصادية شملت تطبيق سياسات الخصخصة. الأمر الذي ترتبت عليه قلة المخصصات المالية لميزانية التعليم، وانخفاض رواتب وأجور المعلمين. وقد انعكست هذه التغيرات الاقتصادية

على الأحوال المادية للمعلم بالرغم من الجهود التي بذلتها الدولة مثل (زيادة الاعتمادات المالية المخصصة لإصلاح أحوال المعلم، ومعالجة مشكلة الرسوب الوظيفي، وتدعيم الحوافز المالية له). وبالرغم من زيادة الحوافز للمعلمين، ورفع مكافأة الامتحانات، إلا أن الوضع المادي للمعلمين لا يزال منخفضا، الأمر الذي شكل سببا رئيسا في تفشى ظاهرة الدروس الخصوصية.

3- الدواعي السياسية: من أبرز الدواعي السياسية لإنشاء الأكاديمية المهنية للمعلمين في مصر اهتمام القيادة السياسية بضرورة إصلاح أحوال المعلم، ومن ثم قامت الدولة بعديد من الجهود، ومنها عقد المؤتمرات، وصدور وثيقة مبارك، والاهتمام بإعداد ما قبل الالتحاق بمهنة التدريس، وأكد الرئيس مبارك في خطابه أمام مجلسي الشعب والشورى يوم 15 من إبريل "إن مجتمع الغد لن ينهض به سوى إنسان الغد الذي يعتبر التعليم والتدريب ضرورة حياة".

4- الثورة التكنولوجية: تعد الثورة التكنولوجية، والانفجار المعرفي، والتطور التقني من أهم دواعي إنشاء الأكاديمية المهنية لتدريب المعلمين، وقد استجابت سياسة التنمية المهنية للمعلمين في مصر للثورة التكنولوجية، فتم إنشاء مركز التطوير التكنولوجي الذي يضم الشبكة القومية للتعليم والتدريب، وتشمل سبعة وثلاثين مركزا، والتوسع في إنشاء برمجيات التعليم المتطورة، وتوظيف الكمبيوتر التعليمي، وزيادة قدرة القنوات التعليمية، وإنشاء مشروع التعليم الإليكتروني. وأمام هذا التطور أصبح لزاما على المعلم تنمية مهاراته بشكل مستمر.

ب- معوقات ومشكلات التنمية المهنية للمعلمين في مصر:

من تحليل الأدبيات التربوية تتبلور مشكلات التنمية المهنية للمعلمين في مصر في تعدد الجهات التي تقوم بعملية التنمية المهنية للمعلمين، وغياب التنسيق بين هذه الجهات، وقصر مدة الدورات التدريبية وعدم استمراريتها، بالإضافة إلى عدم وجود نظام لاعتماد برامج التنمية المهنية للمعلمين. وبالرغم من إنشاء أكاديمية المعلمين

المهنية إلا أن واقع عملها في مراكز التدريب الرئيسة بالمحافظات لن يضيف جديدا إلى أساليب التنمية المهنية ما لم تُتِح هذه الفروع التدريب لكل معلم في كل مكان وفى أي زمان وفقا لما يتناسب مع احتياجاته ووقته.

وقد أظهرت إحدى الدراسات (محمود السيد عباس، 1998) أن ثمة مشكلات تواجه برامج تدريب المعلمين أثناء الخدمة في مصر، وتتركز بصفة عامة في تحديد الاحتياجات التدريبية بصورة واقعية[64]. وأظهرت دراسة (محمد الأصمعي محروس، 2002) ضعف الاعتمادات المالية المخصصة للإنفاق على هذه البرامج التدريبية، وقصور الإعداد الجيد لهذه الدورات، وعدم ملاءمة بعض برامج التدريب لمهام المعلمين، وعدم إتاحة الفرصة أمام المعلمين للحصول على دورات تدريبية داخل منازلهم[65]. وأثبتت دراسة (أيمن عبد المحسن، 1995) ضرورة أن يتم تخطيط البرامج التدريبية للمعلمين وفق أساليب تحليل النظم، وتحديد الاحتياجات التدريبية اللازمة لإنماء المعلمين مهنيا[66]. وبالرغم من أهمية دور كليات التربية في عمليات النمو المهني للمعلم إلا أنها لا تعمل على متابعة خريجيها وربطهم مرة ثانية بمؤسسات إعدادهم لاستمرارهم في التزود بالمعرفة والمهارات. وقد أظهرت نتائج الدراسات غياب الأنشطة الجادة والهادفة التي تساعد المعلمين من خلال أسلوب التعلم الذاتي على زيادة كفاءتهم المهنية، كما أن المعلم لا يطور في أفكاره التربوية من خلال اطلاعه على الكتب الإضافية بسبب كثرة الأعباء التدريسية والإدارية المفروضة عليه، وعدم تشجيع البيئة المدرسية على انتشار مبادئ التعلم الذاتي بين المعلمين. وبتحليل الإحصاءات الخاصة بتدريب المعلمين عن بعد باستخدام مراكز التطور التكنولوجي بمديريات التربية والتعليم نجد أن إجمالي نسبة إعداد المعلمين الذين استفادوا من هذه المراكز في التنمية المهنية للمعلمين 27.3% من إجمالي أعداد المعلمين هناك.

وبالرغم من دخول شبكات الإنترنت في أغلب الجامعات الإقليمية، فإنها لم تستخدم بعد في عمليات التنمية المهنية لمعلمي التعليم الجامعي، ولا تسعى الإدارات المدرسية إلى إيجاد شراكة علمية بينها وبين هذه الجامعات. كما أظهرت نتائج الدراسات

أن أساليب التنمية المهنية للمعلمين تركزت حول الاجتماعات المدرسية بين المعلمين والموجهين والفنيين، والنشرات التوجيهية التي تصل إلى المدارس من إدارات التدريب، وزيارات الموجهين الفنيين للمعلمين في فصولهم الدراسية، وتبادل المعلومات بين المعلمين، وتعاون المعلمين فيما بينهم ومع الإدارة المدرسية، والبرامج التدريبية تحت إشراف إدارات التدريب، وإيفاد بعض المعلمين في بعثات تدريبية لبعض الدول المتقدمة، والبرامج التدريبية التي تقدم من خلال مراكز التطوير التكنولوجي، والدورات التدريبية التي يتم تنظيمها من خلال مراكز التدريب من بعد.

كما توجد معوقات كثيرة للتنمية المهنية المستمرة للمعلمين مثل المعوقات المادية، وارتفاع رسوم الدراسات العليا، وكذلك ارتفاع أسعار الكتب والمراجع، ومشكلة توفير الوقت المتاح للتنمية المهنية نتيجة عدم تمكن المعلمين من التوفيق بين مواعيد العمل ومواعيد الدراسة، كما أن إدارة المدرسة لا ترحب بالتحاق المعلم بالدراسات العليا نتيجة انشغال المعلم وغيابه عن عمله بشكل يعرقل الانتهاء من المادة الدراسية في الوقت المحدد، وتدني الجهد المبذول من المعلمين، ويرجع ذلك إلى انشغال المعلمين بالدروس الخصوصية، ومعوقات خاصة بنظم التقويم ومنها عدم وجود معايير واضحة لتقويم أداء الدارسين، وعدم وجود نظام للترخيص بمزاولة مهنة التدريس يرتبط تجديده بشكل مباشر بالتنمية المهنية المستمرة للمعلم(67)، وعدم مشاركة المعلم في أنشطة التنمية المهنية. كل هذه المعوقات تواجهها التنمية المهنية المستمرة للمعلمين في الوقت الذي يواجه فيه المعلمون مبررات ضرورية للتنمية المهنية المستمرة(68).

أكدت الأدبيات التربوية ومنها دراسة (كامل جاد، 1999) على ضرورة وضع إطار مرجعي لسياسة التنمية المهنية وما تقوم عليه من أسس ومبادئ، وما يجب أن تحققه من أهداف، وضرورة إعادة النظر في سياسات تدريب المعلمين أثناء الخدمة في ضوء ما أقرته توصيات مؤتمر إعداد المعلم وتدريبه ورعايته في القاهرة، نوفمبر 1996م، ووضع تصور مقترح لسياسة التنمية المهنية(69).

بينما اهتمت دراسة (أمل عثمان، 2003) بالتركيز على دور المدير القائد في تحقيق

التنمية المهنية داخل المدرسة، وعلى العلاقة بين الأسلوب القيادي الممارس من قبل مديري التعليم، وعلاقته بالتنمية المهنية لمعلميهم، وأن الأساليب القيادية الفعالة تساعد في تحسين وتطور مستوى الأداء المهني للمعلمين في مجالاتهم لرفع الجودة العلمية التعليمية بكافة جوانبها، ومنها العمل على إيجاد الجو الآمن والمناسب لتشجيع المبادرات الفردية، وتجديد المستحدثات من الأساليب التدريسية، وإقامة دورات تدريبية للمديرين تتضمن مواضيع من أحدث الأساليب التي تسهم في تنمية المعلمين مهنيا، والاتصال بالمؤسسات الأخرى من أجل تنمية المعلمين مهنيا، وتنشيط الاطلاع الذاتي، وتطور المكتبات المدرسية، وتفعيل دور الاجتماعات الدورية[70].

وبحثت دراسة أخرى (رشيدة السيد طاهر، 2003) في كيفية تحقيق التنمية المهنية للمعلمين من خلال التخطيط السليم لنظام البعثات التدريسية بالخارج، وتوصلت نتائج الدراسة إلى أن برنامج البعثة يحقق بعض جوانب التنمية المهنية للمعلمين المبعوثين مثل إكسابهم مهارة الحصول على المعرفة من خلال الإنترنت، وتدريبهم على أسلوب حل المشكلات، ومهارة إدارة الوقت وحسن تنظيمه، وتنمية خصائص القيادة الفعالة، وتنمية مهارات العمل الجماعي والتعامل بروح الفريق مع الزملاء الطلاب، والإلمام بالعلاقات الإنسانية والتعامل مع الآخرين، وسعت الدراسة إلى وضع تصور لما ينبغي أن يكون عليه نظام البعثات التدريبية بحيث يحقق تنميتهم المهنية بجوانبها المتعددة[71].

وأشارت دراسة (عوض توفيق، 2003) إلى عدم وضوح فلسفة وأهداف التنمية المهنية التي تقوم بها جهات عديدة، سواء كانت تابعة لوزارة التربية والتعليم أو لكليات التربية أو لجهات وهيئات أخرى، وعدم اعتماد برامج التنمية المهنية، وضعف العلاقة والتنسيق بين مؤسسات التنمية المهنية، وعدم استمرارية الدورات التدريبية، وعدم وفائها باحتياجات المعلمين[72].

وكشفت دراسة (شعبان هلل، 2006) عن قصور في دور البحث التربوي في تنمية المعلمين مهنيا، بالرغم من أهمية دور البحث التربوي في تنمية المعلمين مهنيا في ضوء

التحديات والمبررات التي تدعو إلى الاهتمام بإطلاع المعلمين على الأبحاث التربوية، وبمشاركتهم في بعضها إلا أنه توجد بعض المؤشرات التي تشكك في أهمية دور البحث التربوي في التنمية المهنية للمعلمين، الأمر الذي يدعو إلى التعرف على جوانب الخلل التي يعانيها البحث التربوي واقتراح بعض السبل التي تسهم في تفعيل دوره في تنمية المعلمين مهنيا(73)، وضرورة إزالة الفجوة بين البحث التربوي والتنمية المهنية.

على الجانب الآخر، أشارت عديد من الدراسات إلى أهمية استخدام أسلوب التعليم من بعد في برامج تأهيل المعلمين ومنها دراسة (طارق عبد المنعم أبو النجا، 1990)(74)، ودراسة (عبد العزيز الطويل، 1993) التي بحثت في واقع التعليم من بعد في مجال تعليم الكبار في مصر، وإبراز أهم الاتجاهات العالمية المعاصرة لاستخدام ذلك التعليم في بعض الدول المتقدمة والنامية، والاستفادة من هذه الاتجاهات في وضع تصور مقترح للتعليم من بعد في مجال تعليم الكبار، خاصة فيما يتعلق بالتنظيم والتمويل والبرامج وطرائق التدريس(75). وأكدت دراسة (المركز القومي للبحوث التربوية والتنمية، 1995) على ضرورة وضع إستراتيجية للتعليم من بعد في مصر لتحقيق التربية للجميع في ضوء الاتجاهات العالمية المعاصرة، والتعرف على إمكانية استخدام تكنولوجيا التعليم من بعد في إطار التربية للجميع بجمهورية مصر العربية على ضوء خبرات بعض الدول الأجنبية في هذا المجال، والمتمثلة في استراليا، وباكستان، والصين، والمكسيك، والهند(76).

وقد أشارت أيضا دراسة (لمياء المسلماني، 2004) إلى ضرورة البحث عن أنماط تعليمية جديدة تساعد في التغلب على مشكلات التعليم، وتسهم في تحقيق أهدافه، وكذلك أهداف المجتمع، ويعد التعليم من بعد بكل إمكاناته العلمية، والاتصالية، والتقنية الحديثة من أفضل السبل التي تساعد في تحقيق ذلك، خاصة أنه قد أثبت نجاحه في أكثر من دولة من دول العالم(77).

ج- الأساليب التقليدية في التنمية المهنية للمعلمين في مصر:

1- أسلوب الإشراف والتوجيه التربوي:

يعد الإشراف والتوجيه التربوي من أهم أساليب التنمية المهنية للمعلمين أثناء الخدمة، كما أن له مردودا إيجابيا على المعلمين من خلال تحسين البيئة المدرسية، ويهتم الإشراف التربوي بالموقف التعليمي بجميع عناصره من مناهج، ومعلم، وطالب، وتنظيمها من أجل تحقيق أهداف العملية التعليمية، ويتم الإشراف التربوي من خلال زيارة المعلمين في فصولهم وملاحظتهم. وتهدف الزيارات الصفية إلى تحسين عمليات التدريس من خلال الارتقاء بأداء المعلم، حيث تؤدى ملاحظة المعلمين في الفصول أثناء عملهم، وتحليل البيانات الخاصة بهذه الملاحظات ومناقشتهم إلى تطويرهم مهنيا، وتعتبر الزيارات الصفية أسلوبا من أساليب التنمية المهنية التي تقيم أداء المعلمين، وتساعد على اكتشاف حاجاتهم، وتزويدهم بالمعلومات من أجل تطوير أدائهم بأفضل السبل. كما يعتبر تبادل الزيارات أحد الأساليب التي يقوم فيها المدرسون بالمساعدة في تعليم بعضهم البعض كيفيه ممارسة مهنة التدريس على الوجه الأمثل، وطرح بعض الخطط العملية والاقتراحات من خلال اجتماعاتهم، ومناقشتهم بشكل إيجابي، والتعليق على أساليبهم في التدريس. كما تعد المناقشات والتخطيط المشترك بين المعلمين سواء داخل المدرسة أو فيما بين المدارس المجاورة مهمة للغاية[78].

2- أسلوب التدريب أثناء الخدمة:

تهدف برامج التدريب أثناء الخدمة إلى إحداث التنمية المهنية للمعلمين. وتعمل برامج التدريب أثناء الخدمة على تحسين المعارف، والمهارات، والاتجاهات، وتطويرها، وإنمائها أثناء الخدمة حتى يتسنى للمعلمين مواكبة التطورات التربوية من خلال استخدام الأساليب التقليدية التالية:

- المحاضرات: تعتبر المحاضرة من أكثر الأساليب التدريبية شيوعا في البرامج التدريبية باعتبارها أسهل الأساليب الجماعية تنفيذا أو إدارة، فضلا عن تنظيمها في أعداد

كبيرة بصورة اقتصادية، وهي عملية اتصال بين محاضر ومجموعة من الأفراد، يقوم فيها المحاضر بتقديم بعض الأفكار والمعلومات التي تدور حول موضوع معين سبق إعداده وتنظيمه، وهي عرض شفهي أو كتابي حول موضوع معين يقدمه بعناية فرد ذو كفاءة واطلاع.

- اجتماعات مع المعلمين: تعتبر اجتماعات المعلمين من أساليب التنمية المهنية المجدية التي تؤدى إلى تحسين الأداء والتطوير المهني، وتشكل أحد الأساليب الإشرافية الفاعلة التي تبرز العمل التعاوني إذا أحسن تنظيمها، والتخطيط لها، والإشراف على تنفيذها، وتقويمها، ومتابعة نتائجها(79).
- عقد المؤتمرات: تعمل التنمية المهنية للمعلمين باستخدام أسلوب عقد المؤتمرات على دعم وتأكيد المعلومات والمهارات العملية التي تساعد على النمو المهني، فالمؤتمر عبارة عن اجتماع منظم وهادف لبحث موضوع معين أو الوصول إلى قرار معين إزاء مشكلة معينة من مشكلات العمل الجديرة بالنظر.
- الدروس التوضيحية: تمثل الدروس التوضيحية مواقف تدريبية حقيقية للمعلمين، وتعمل الدروس التوضيحية على ربط الجوانب النظرية والمعرفية بالتطبيق، والأداء، والممارسة العملية.
- ورش العمل: نموذج من المناقشات الهادفة، ويتميز العمل فيها بشكل تعاوني وجاد لإنجاز مشروع معين وفق جدول عمل منظم، ويتم العمل فيه بأسلوب ديمقراطي، ويسفر هذا العمل عن إنتاج تعليمي معين، فهي مجموعة عمل إنتاجي مما أدى إلى تسميتها "الورش"، وتؤدي ورش العمل إلى نتائج تعليمية يستفيد منها المعلمون في العملية التعليمية التي تؤدي إلى تطورهم.
- أسلوب التعلم الذاتي: النشاط التعليمي الذي يقوم به الفرد مستمدا وجهته من رغبته الذاتية، واقتناعه الداخلي؛ بهدف تنمية استعداداته، وإمكانياته، وقدراته مستجيبا لميوله واهتماماته، بما يحقق تنمية شخصيته وتكاملها، والتفاعل الناجح مع

مجتمعه عن طريق الاعتماد على نفسه، والثقة بقدراته في عملية التعليم والتعلم مدى الحياة. والتعلم الذاتي له أهميه كبيرة في تحقيق التنمية المهنية للمعلمين، حيث يتميز هذا الأسلوب باستقلالية المعلم، وتوفير جو من الديمقراطية والحرية أثناء نموه المهني، ويساعد هذا الأسلوب المعلم على ابتكار الأساليب التي تحقق له النمو المهني الذاتي. وأسلوب التعلم الذاتي يساعد على أن يتعلم المعلم المهارات اللازمة لتوليد المعلومات الجديدة في مجال عمله عن طريق الملاحظة، والتحصيل، والتركيب، والاستنتاج حتى لا يتوقف نموه المهني ويتخلف، بل لكي يزداد نموه المهني ويتقدم[80]. ويتم التعلم الذاتي من خلال الاطلاع والقراءة الحرة، والمقصود بها التثقيف الذاتي، ويتفق معظم المؤلفين على ضرورة الاستمرار في النمو المهني في المجال التربوي من خلال كثرة القراءة والاطلاع على المجالات المهنية، والكتب، والدوريات المتخصصة خلال ممارسة مهنة التدريس، والتي تطرح خبرات مئات المعلمين، والمعلومات التربوية التي تساعد على حل المشكلات المهنية، فيساعد على تنمية ذاته مهنيا، ويساعد كذلك في الإلمام بالاتجاهات التربوية الحديثة.

- أسلوب بحوث الأداء: بحوث الأداء منهجية متكاملة من البحث تربط المعلم بالتدريس ومشكلات الطلاب، وكذلك بمشكلات بيئة التعلم بشكل عام، حيث يقوم المعلم في بحوث الأداء ببحث وتشخيص وعلاج مشكلات واقعية تعترضه من خلال أسلوبين هما البحوث الفردية، والبحوث الجماعية.

- البعثات التدريبية: تسهم البعثات التدريبية في النمو المهني للمعلمين، حيث يوفد بها بعض الممتازين من المعلمين سواء أكانت تدريبية قصيرة المدى للوقوف على بعض الممارسات التعليمية المتقدمة، أو طويلة المدى للحصول على مؤهلات تخصصية في مجالات التعليم والعمل التربوي، فلا شك أن مثل هذه البعثات والزيارات إذا أحسن تخطيطها واختيار المرشحين لها سوف تكون رافدا لتجديد فكر المعلمين، وحثهم على تحديد ممارساتهم في بيئاتهم الخاصة، مما سوف ينعكس أثره على تطوير وتنمية المعلم.

د- واقع مؤسسات التنمية المهنية للمعلمين في مصر:

تتعدد هيئات ومؤسسات التنمية المهنية للمعلمين في مصر، وتتنوع، وتختلف في أساليب، ومحتويات، وبرامج التنمية المهنية، ومواعيدها، ومدة استمراريتها.

ويمكن تحديد هذه الجهات فيما يلي:

1- وزارة التربية والتعليم:

تضع وزارة التربية والتعليم مبادئ التخطيط لبرامج التنمية المهنية منها الواقعية، والاستمرارية، والشمول، بمعني أن تخاطب عمليات التنمية المهنية جميع الممارسين التربويين على كافة المستويات، وفي جميع المراحل والتخصصات، وتنوع أساليب، وإجراءات، وأنشطة التدريب من ناحية، وتنوع البرامج لتلائم احتياجات الفئات المستهدفة، ومراعاة التكامل في بناء البرامج الموجهة لكل فئة من المستهدفين على حدة.

وتبلورت أهداف خطة الوزارة في التنمية المهنية حول عناصر أساسية منها إدارة عمليات التغيير، والتعامل مع ثقافة المقاومة، والتبصير بالرؤية المستقبلية للتعليم في مصر. والإشراف التنموي كمفهوم بديل للتوجيه التربوي، وتكديس الجهود التربوية التي يتطلبها تحقيق هدف التعليم للتميز والتميز للجميع، التخطيط الإستراتيجي، بناء الخطة الإجرائية وتحديد متطلبات تنفيذها وتقويمها، وبناء معايير تقويم الأداء الشامل في جميع جوانب العملية التعليمية، إجراء البحوث بجانبيها الكمي والكيفي، وتفعيل وحدات التدريب والتقويم المدرسي بهدف الوصول إلى التنمية المهنية القائمة على المدرسة، والتعامل مع مصادر المعرفة المتعددة والمتنوعة من خلال الاعتماد على التكنولوجيا الحديثة في العملية التعليمية، وتحقيق شراكة فاعلة بين المدرسة ومجتمعها المحلي، والتعامل مع الشبكة الدولية للمعلومات في التعرف على الجديد في مجال التخصص، وتحويل المدارس إلى وحدات إنتاجية من خلال مشروع المدرسة المنتجة. وفي سبيل تحقيق هذه الأهداف وضعت الوزارة إستراتيجيات لخطة الوزارة في التنمية المهنية تمثلت في بناء العمود الفقري وتأسيس الكتلة الحرجة. وتدريب أعضاء المكتب الفني

للوزير، وتدريب المعلمين على الخبرات الأساسية والمهارات، والتدريب عن بعد، والبعثات الخارجية والداخلية[81]. وتعتبر التنمية المهنية للمعلمين أحد الأهداف الإستراتيجية للتعليم؛ لذا تولي وزارة التربية والتعليم اهتماما بالغا لتحقيقها من خلال:

1- الفيديو كونفرانس (مركز التطوير التكنولوجي):

تشرف وزارة التربية والتعليم على استخدام شبكة الألياف الضوئية التي يتم بواسطتها استخدام الفيديو كونفرانس في المجالات التربوية المتعددة من خلال 27 مركزا فرعيا للتطوير التكنولوجي في المحافظات، وتضم الشبكة القومية للتدريب من بعد عددا من مراكز التدريب الثابتة والمتحركة التي تعمل باستخدام قنوات الاتصال عالية السرعة، بحيث توفر تدريبا تفاعليا وتشاركيا رغم بعد المسافة، وذلك باستخدام تكنولوجيا المعلومات والاتصالات.

2- الإدارة العامة المركزية للتدريب ومراكز التدريب التابعة لها:

تقوم الإدارة العامة للتدريب ومراكز التدريب التابعة لها وهي القاهرة - الإسكندرية - الزقازيق - أسيوط - بورسعيد - طنطا - الفيوم - دمياط - أسوان، حيث تقوم هذه الإدارات بدور كبير في التنمية المهنية للمعلمين عن طريق قيامها بتدريب المعلمين في البرامج التجديدية، والتحويلية، والتأهيلية. وتقوم هذه المراكز بتنفيذ برامج وخطط التدريب المركزية وخاصة تلك البرامج ذات الصبغة القطاعية التي تعد لخدمة المديريات والإدارات التعليمية التي تقع في نطاق عمل المركز.

3- كليات **التربية:**

تقوم كليات التربية بدور مؤثر في النمو العلمي والمهني للمعلمين أثناء الخدمة بما تمتلكه من إمكانيات مادية وبشرية من خلال الدبلومات التي يلتحق بها الطلاب بعد حصولهم على المؤهل الجامعي الأول، وتضم الدبلوم العامة في التربية، والدبلوم المهنية في التربية، والدبلوم العامة لإعداد المعلم في الآداب أو العلوم، والدبلوم الخاصة في

التربية، والدبلوم الخاصة لإعداد المعلم في الآداب أو العلوم، ودرجة الماجستير في التربية أو في إعداد المعلم في الآداب أو العلوم، ودرجة الدكتوراه في التربية أو في إعداد المعلم في الآداب أو العلوم.

4- المراكز البحثية:

تقوم المراكز البحثية ببرامج وأنشطة تدريبية متنوعة في مجال تخصص كل مركز بالتعاقد مع وزارة التربية والتعليم والمؤسسات المعنية بما يساير احتياجات المعلمين والعاملين في الحقل التربوي.

يقوم المركز القومي للبحوث التربوية بتنظيم عديد من برامج التدريب من بعد للمعلمين في جميع المحافظات من خلال محاضرات الفيديو كونفرانس. ويسهم المركز القومي للبحوث في ترجمة عديد من الكتب الأجنبية والتعليق عليها. كما يقوم المركز القومي للبحوث التربوية بجهود بحثية في مجال تنمية المعلمين مهنيا. بينما يتولى مركز تطوير المناهج تدريب المعلمين على المناهج المطورة وأدلة المعلم من خلال دورات تدريبية يشرف عليها أساتذة كليات التربية ومستشارو المواد. أما المركز القومي للامتحانات فله دور كبير في تدريب الموجهين والمدرسين على الجوانب التعليمية المختلفة خاصة في مجال تقويم الأداء والامتحانات. كما يشارك المركز في إعداد برامج تهيئة المعلمين المبعوثين للخارج قبل سفرهم والتي كانت تقدم في المركز الإقليمي في سرس الليان.

5- الجمعيات الأهلية:

نشطت الجمعيات الأهلية بمختلف توجهاتها في تقديم تدريبات مهنية على أعلى مستوى في الجانب التخصصي للمعلمين، كل تخصص على حدة، واستعانت في ذلك بأساتذة الجامعة المتخصصين كل في مجاله، وكان يتم تحديد البرامج التدريسية من حاجات المتدربين، وآراء الموجهين، والمناهج المطورة. ومن أبرز الجمعيات التي قامت بمشاريع تدريبية للمعملين جمعية المرأة والمجتمع، جمعية الصعيد للتربية والتنمية، جمعية

التنمية والتعليم، الجزويت والفرير، منظمة آكت، مؤسسة كير، هيئة التعليم العالي، الهيئة الإنجيلية، هيئة إنقاذ الطفولة، جمعية حواء المستقبل، ونقابة المهن التعليمية.

6- نقابة المهن التعليمية:

تقوم النقابة بدور محدود جدا في تحقيق التنمية المهنية للمعلمين، وحددت هذا الدور في إصدار مجلة الرائد التي تعرض أحدث النظريات في التربية بالتعاون مع الوزارة في شئون تدريب المعلمين من خلال تنظيم الندوات والمؤتمرات العلمية، والجدير بالذكر أن النقابة يمكن أن تقوم بعدة أدوار في التنمية المهنية للمعلمين، إلا أنها لا تقوم إلا بدور بسيط عما هو متوقع منها.

7- الإدارات التعليمية:

تقوم الإدارات التعليمية بدور مهم في عملية التنمية المهنية للمعلمين بها، وذلك من خلال توفير العوامل التي تساعد على نجاح البرامج التدريبية.

تهدف التنمية المهنية للمعلم "التدريب" إلى إتاحة فرص التنمية المهنية المستديمة والمتكافئة لجميع المعلمين، وتوسيع مجالاتها، وتنويع مصادرها، ومساراتها، وأساليبها، وتطوير مراكز التدريب، وزيادة طاقتها الاستيعابية، حيث سعت الوزارة إلى تطوير مراكز التدريب المختلفة التابعة لها، وزيادة طاقتها الاستيعابية لتصل إلى 18500 متدربا في وقت واحد.

8- المجمع التعليمي بالإسماعيلية:

يقوم المجمع التعليمي بالإسماعيلية بدور كبير في تدريب المعلمين به، والذي يشمل قاعة مؤتمرات تتسع لخمسمائة واثنين من الأفراد، وإحدى عشرة قاعة حاسب إلى، ومكتبة مركزية، ومركز للتطوير التكنولوجي ويقع على مساحة 140 فدانا.

9- البعثات التدريبية:

في إطار حرص الوزارة علي الإفادة من معطيات الخبرة العالمية في تطوير التعليم اهتمت بالبعثات الخارجية لما لها من مردود كبير يتمثل في إتاحة فرص كفاءة الأداء؛ لذا حرصت الوزارة على زيادة فرص البعثات لبلدان متعددة شملت فرنسا، وأيرلندا، واليابان عام 2002م، وتنوع التخصصات التي يبعث فيها المعلمون حتى وصل عدد البعثات من عام 1994/1993 إلى عام 2002م إلى 8819 مدرسا (ثمانية آلاف وثمانمائة وتسعة عشر معلما).

10- الأكاديمية المهنية للمعلمين في مصر:

تضع وزارة التربية والتعليم قضية تدريب المعلمين على رأس أولوياتها؛ لذا أنشأت الأكاديمية المهنية للمعلمين في مصر في يوليو عام 2007م وفقا للمادة (75) من القانون رقم 155 لسنة 2007 بتعديل بعض أحكام قانون التعليم الصادر بالقانون رقم 139 لسنة 1981. وهي هيئة تتمتع بالشخصية الاعتبارية العامة، وتتبع وزير التربية والتعليم، ومقرها مدينة مبارك للتعليم بمدينة السادس من أكتوبر، ولها فروع بالمحافظات.

تهدف الأكاديمية المهنية للمعلمين المنشأة بمقتضى قانون التعليم إلى التنمية المهنية لأعضاء هيئة التعليم الخاضعين لأحكام قانون التعليم وقانون إعادة تنظيم الأزهر والهيئات التي يشملها، والارتقاء بقدراتهم ومهاراتهم بصورة مستمرة، بما يؤدى إلى رفع مستوى العملية التعليمية، وللأكاديمية في سبيل تحقيق ذلك الحق في القيام بما يلزم من أعمال، واتخاذ ما تراه من قرارات، وعلى الأخص:

أ- وضع الخطط والسياسات ومعايير الجودة الخاصة بالبرامج التدريبية بما يكفل تحقيق التنمية المهنية لأعضاء هيئة التعليم، وتحديد متطلبات هذه التنمية.

ب- إعداد البرامج التدريبية اللازمة لتحقيق التنمية المهنية لأعضاء هيئة التعليم وفقا للخطط والسياسات ومتطلبات التنمية المشار إليها في البند السابق.

ج- اقتراح سياسات ونظم تقويم الأداء المهني لأعضاء هيئة التعليم وتطويرها.

د- المشاركة في وضع المعايير اللازمة لجودة أداء أعضاء هيئة التعليم، وتطويرها.

هـ- دعم البحوث والدراسات في المجالات التربوية والتعليمية، وتشجيع الاستفادة بنتائجها.

و- متابعة التقدم العلمي، والمهني، والتربوي على المستوى الدولي في مجال التنمية المهنية لأعضاء هيئة التعليم للاستفادة منه.

ز- توفير الاستشارات الفنية لوزارة التربية والتعليم، والمديريات، والإدارات التعليمية، والأزهر الشريف، وإدارة المعاهد الأزهرية، والمناطق الأزهرية، والمؤسسات المعنية، وذلك في مجال التعليم والتدريب.

ح- دعم وحدات التدريب والتقويم في المدارس والمعاهد الأزهرية للارتقاء بالأداء المهني لأعضاء هيئة التعليم.

ط- التعاون مع كليات التربية، والمراكز البحثية والتدريبية، وهيئات التنمية المهنية في كل ما يحقق أهداف الأكاديمية.

ى- إدارة برامج تدريبية متقدمة من خلال شراكة فاعلة مع الجامعات والمراكز البحثية والتدريبية، وهيئات التنمية المهنية، والجمعيات الأهلية ذات الصلة.

تباشر الأكاديمية المهنية للمعلمين الاختصاصات الآتية:

أ- منح شهادات الصلاحية المنصوص عليها في قانون التعليم، وقانون إعادة تنظيم الأزهر والهيئات التي يشملها القرار المشار إليه.

ب- اعتماد مقدمي برامج التنمية المهنية، وكافة خدمات التدريب، وإجراء الاختبارات اللازمة في هذا الشأن، وذلك بالمقابل الذي يحدده مجلس إدارة الأكاديمية.

ج- توفير نظم وقواعد معلومات عن أعضاء هيئة التعليم، تتضمن بيان مؤهلاتهم، ومهاراتهم، وخبراتهم، وبرامج التدريب التي حصلوا عليها، والدورات التدريبية التي يتعين عليهم اجتيازها، وموافاة المديريات، والإدارات التعليمية، والمدارس، وإدارة المعاهد الأزهرية، والمناطق والمعاهد الأزهرية كل فيما يخصه بهذه البيانات للمساعدة في اتخاذ القرار.

د- إبداء الرأي بشأن أسس إعداد بطاقات وصف وظائف هيئة التعليم، وإعادة تقييمها، وترتيبها.

هـ- اقتراح اشتراطات التأهيل التربوي لكل وظيفة من وظائف هيئة التعليم، ووضع الاختبارات المتطلبة لشغلها.

و- تحديد أنواع التدريب اللازم لرفع مستوى أعضاء هيئة التعليم الذين يحصلون على تقارير تقويم أداء بمرتبة دون متوسط أو ضعيف.

ز- تقديم الدعم الفني، والاستشارات، والدراسات الفنية في مجال اختصاصها لمن يطلبها من الهيئات، والمؤسسات، والشركات، والجمعيات المحلية والعربية والأجنبية، وذلك بالمقابل الذي يحدده مجلس إدارة الأكاديمية.

يتولى إدارة الأكاديمية مجلس إدارة برئاسة وزير التربية والتعليم يصدر بتشكيله قرار من رئيس مجلس الوزراء بناء على اقتراح وزير التربية والتعليم، يضم ممثلا للأزهر الشريف، على أن يتضمن هذا القرار تحديد المكافآت والبدلات التي يستحقها أعضاء المجلس، وتكون مدة عضوية مجلس الإدارة ثلاث سنوات قابلة للتجديد.

مجلس إدارة الأكاديمية هو السلطة المهيمنة على شئونها وتصريف أمورها، وله أن يتخذ ما يراه مناسبا لتحقيق أهدافها، وعلى الأخص ما يأتي:

أ- رسم الخطة العامة للأكاديمية في إطار السياسة العامة للدولة.

ب- اعتماد الخطة السنوية للأكاديمية.

ج- اعتماد الهيكل التنظيمي للأكاديمية.

د- وضع لائحة نظام العاملين واللوائح المالية والإدارية والفنية للأكاديمية.

هـ - وضع البرامج الكفيلة بتوفير الإمكانات اللازمة لتحقيق أهداف الأكاديمية.

و- الموافقة على مشروع الموازنة السنوية واعتماد الحساب الختامي للأكاديمية.

ز- قبول المنح والتبرعات والهبات والوصايا والإعانات التي تقدم للأكاديمية بما لا يتعارض مع أهدافها.

ح- اعتماد التقارير السنوية عن نتائج أعمال الأكاديمية.

ط- النظر في كل ما يرى رئيس مجلس الإدارة أو مدير الأكاديمية عرضه من مواضيع لتحقيق أهداف الأكاديمية.

يجتمع مجلس إدارة الأكاديمية ست مرات سنويا بدعوة من رئيسه، ويجوز له - إذا دعت الضرورة إلى ذلك - أن يعقد اجتماعا آخر أو أكثر، ولا يكون انعقاد المجلس صحيحا إلا بحضور أغلبية الأعضاء، على أن يكون من بينهم الرئيس، وتصدر قراراته بأغلبية أصوات الحاضرين. ويجوز لمجلس الإدارة أن يشكل من أعضائه لجنة أو أكثر يعهد إليها بصفة مؤقتة ببعض اختصاصاته أو بأداء مهمة محددة. وللمجلس أن يدعو إلى حضور اجتماعاته من يرى الاستعانة بهم من ذوى الخبرة في مجال عمل الأكاديمية دون أن يكون لهم صوت محدود.

يعين مدير للأكاديمية من بين الأساتذة المتخصصين ذوى الخبرة في تنمية الموارد البشرية والتدريب، ويصدر بتعيينه قرار من رئيس مجلس الوزراء بناء على ترشيح من وزير التربية والتعليم، ويعامل ذات المعاملة المالية المقررة لنائب رئيس الجامعة، ويكون التعيين لمدة ثلاث سنوات قابلة للتجديد.

يتولى مدير الأكاديمية إدارة الأكاديمية وتصريف شئونها والإشراف على سير العمل بها بما يكفل تحقيق أهدافها، وعلى الأخص ما يأتي:

أ- تنفيذ قرارات مجلس الإدارة.

ب- اقتراح السياسة العامة للأكاديمية وخطط عملها.

ج- تنسيق العمل مع الجهات المتعاملة مع الأكاديمية وفروعها بالمحافظات.

د- إعداد تقارير دورية عن نشاط الأكاديمية ونتائج أعمالها، وعرضها على مجلس الإدارة.

هـ- الإشراف على إعداد مشروع الموازنة السنوية للأكاديمية وحسابها الختامي، وعرضهما على مجلس الإدارة.

يكون للأكاديمية نائب للمدير يعين بقرار من رئيس مجلس الوزراء من بين الأساتذة المتخصصين بناء على ترشيح وزير التربية والتعليم بعد أخذ رأي مدير الأكاديمية، يعاون مدير الأكاديمية في إدارة الأكاديمية، وتصريف شئونها، والإشراف على سير العمل بها، ويحل محل مدير الأكاديمية في حالة غيابه أو وجود مانع لديه، ويعامل نائب مدير الأكاديمية المعاملة المالية المقررة لأساتذة الجامعات ذاتها.

يكون للأكاديمية أمين عام بالدرجة العالية، يصدر بتعيينه قرار من وزير التربية والتعليم، يعمل تحت إشراف مدير الأكاديمية، ويعاونه في إدارة الأعمال المالية والإدارية بالأكاديمية، ويكون مقررا لمجلس الإدارة.

للأكاديمية موازنة مستقلة تعد على نمط موازنات الهيئات العامة الخدمية، وتبدأ السنة المالية للأكاديمية مع بداية السنة المالية وتنتهي بانتهائها، وتودع أموال الأكاديمية في حساب خاص بالبنك المركزي المصري، ويرحل فائض هذا الحساب من سنة إلى أخرى.

تتكون موارد الأكاديمية مما تخصصه الدولة لها من الاعتمادات، والمنح، والتبرعات، والهبات، والوصايا، والإعانات التي يوافق مجلس الإدارة على قبولها بما لا يتعارض مع أهداف الأكاديمية، ومقابل الخدمات التي تؤديها الأكاديمية، وعائد استثمار أموال الأكاديمية، وأموال الأكاديمية أموال عامة.

إنـجازات الأكاديمية المهنية للمعلمين في مصر:

إنجازات الأكاديمية المهنية للمعلمين:

- إنشاء بنوك للأسئلة تشمل اختبارات مقننة لعدد 64 تخصصا، وقد مرت بكل الخطوات العلمية، وبما لا يقل عن المستوى العالمي.
- اتخاذ الإجراءات العلمية لتطبيق اختبارات الكادر على المعلمين.
- تطبيق الاختبار على حوالي 830000 معلما، وكانت نسبة اجتياز الاختبارات حوالي 93%.

- إعداد اختبارات تسكين معلمي الأزهر الشريف المسجلين على قاعدة الأكاديمية من معلمي الأزهر حوالي 117657 معلما.

- إدارة الاختبار لعدد 112860 بنسبة (95.9%)، والذي تم يوم الثلاثاء 2009/10/2م، ووضع توصيف وظيفي مبني على المعايير للمعلمين، ومديري المدارس، والأخصائيين، والموجهين، وهيكل تنظيمي، وميزانية للأكاديمية، وبرامج تدريب داعمة لمساعدة المعلمين على اجتياز الاختبار شملت مواد التخصص، والكفاءة التربوية، ومهارات الاتصال باللغة العربية بإجمالي أربعة وستون برنامجا تدريبيا، تقدم هذه البرامج التدريبية من خلال القنوات التالية: موقع الأكاديمية المهنية للمعلمين **http://pat.moe.gov.eg**، قاعات الفيديو كونفرانس في جميع أنحاء مصر، القنوات التعليمية، برنامج تأهيل وإرشاد المعلم المساعد.

البرامج التدريبية التي تقدمها الأكاديمية:

برامج التدريب الداعم لمرحلة رياض الأطفال، والتواصل اللغوي والتعليم، والمراجع، والمواقع، ومواد للتخصصات التالية:

المرحلة الابتدائية:

معلم فصل ابتدائي - معلم لغة عربية ابتدائي - معلم لغة إنجليزية ابتدائي - معلم لغة فرنسية ابتدائي - معلم تربية فنية ابتدائي - معلم رياضيات ابتدائي - معلم حاسب إلى ابتدائي - أخصائي تكنولوجيا ابتدائي - معلم علوم ابتدائي - معلم تربية رياضية ابتدائي - معلم اقتصاد منزلي ابتدائي - معلم مجال زراعي ابتدائي - معلم صيانة وترميمات مجال صناعي - معلم خط عربي ابتدائي وإعدادي.

وغيرها من البرامج التدريبية لمختلف المراحل الدراسية، كما تبث الأكاديمية حلقات البرنامج الداعم للمعلمين للكفاءة التربوية إعدادي وثانوي ومهارات التواصل باللغة العربية لجميع المعلمين على قناة التعليم الفني **Edu4**.

التعليق على دور الأكاديمية:

بالرغم من الجهود التي تبذلها أكاديمية المعلمين بمصر في تسكين المعلمين، وفي اختبارات الكادر، وفي وضع المحتوى التدريبي على موقع الأكاديمية على الإنترنت، إلا أن الأكاديمية تعتمد فقط على مهارة التعلم الذاتي في قراءة المحتوى التدريبي، ولا تستخدم الوسائط المتعددة الأخرى مثل الفيديو والراديو التفاعلي، والتليفزيون التفاعلي، والشبكات، والبريد الإليكتروني، والمراكز الافتراضية المتخصصة. كما أن عملية تسكين المعلمين بها عديد من السلبيات والأخطاء، وكذلك امتحانات الكادر كثرت الشكوى من صعوبتها وعدم ملاءمتها. وبذلك لم توفر الأكاديمية التنمية المهنية اللازمة للمعلم، واقتصر دورها على تسكين المعلمين، وتطبيق سياسة الكادر.

مما سبق نلاحظ أنه بالرغم مما تبذله وزارة التربية والتعليم من جهود في سبيل الارتقاء بالجودة النوعية للمعلم، إلا أن التنمية المهنية للمعلمين في مصر مازال يشوبها كثير من المعوقات منها تعدد مؤسسات التنمية المهنية في مصر، وعدم وجود تنسيق بين هذه المؤسسات، بالإضافة إلى المعوقات المادية مثل ارتفاع التكلفة، وعدم قدرة المعلمين على توفير الوقت اللازم لاستمرار التنمية المهنية، واختلاف المحتوى التدريبي، مع عدم ملاءمته لاحتياجات المعلمين. كما أن مراكز التدريب بالمحافظات والتابعة للإدارة المركزية للتدريب، والتي تحولت إلى فروع للأكاديمية المهنية للمعلمين إذا ما استمرت في استخدام الأساليب التقليدية في التنمية المهنية فلن تحمل في مضمونها أي جديد ما لم تسهم في تحقيق التنمية المهنية المستمرة لكل المعلمين مهما اختلفت ظروفهم الزمانية والمكانية، وباستخدام كافة الوسائط التكنولوجية المتعددة.

رابعا: أكاديمية تعلم المعلم في إنـجلترا Teacher Learning Academy (TlA):

توجد في إنجلترا أكاديمية التنمية المهنية للمعلم من بعد"Teacher Learning Academy (TlA)"، كما توجد هيئة للتنمية المهنية والتدريب"Training and Development Agency (TDA) for Schools"، وقد أصدرت المملكة المتحدة قرارات سياسية جعلت من برامج التنمية المهنية سياسة

قومية، وكان تنظيمها في المملكة المتحدة يتم من خلال هيئات التعليم المحلية عن طريق تقديم منح خاصة للمدارس. والتنمية المهنية للمعلم في إنجلترا مستمرة وفعالة، وتتم على المستوى المدرسي، وهي جزء لا يتجزأ من العمل المدرسي، وتعاونية تسمح للمعلمين بالتفاعل مع الأقران، ومتأصلة، ولها جذور في أصول التدريس، ومتاحة ومكثفة. فالتنمية المهنية في إنجلترا لم يعد ينظر إليها على أنها زيارة مدرسية[82]، ولكنها تعكس أنشطة مصممة لتحسين اتجاهات الأفراد، ومعارفهم، ومفاهيمهم، ومهاراتهم، وتدعم احتياجات الأفراد، وتحسن الممارسة المهنية[83].

أولا: دواعي إنشاء أكاديمية للتنمية المهنية من بعد للمعلم في إنـجلترا:

1- الدواعي الجغرافية:

تضم المملكة المتحدة إنجلترا وويلز واسكتلندا وشمال أيرلندا، وهؤلاء جميعا يكونون دولة واحدة هي ما يعرف باسم الجزر البريطانية التي يفصلها عن أوروبا بحر الشمال الذي أوجد عزله كبيرة بين إنجلترا وأوروبا حتى إن أهل المملكة المتحدة يشعرون بأنهم يختلفون بشكل ما عن مجتمعات القارة الأوروبية، وقد ساعدت عزلة بريطانيا على ظهور التعليم المفتوح، ونمط الجامعة المفتوحة، واعتمادها على هيئة الإذاعة البريطانية في معظم برامجها الدراسية، وأصبحت الجامعات البريطانية محمولة على الهواء، وانتشر التعليم من خلالها في كل أرجاء المملكة، وأصبح التعليم يصل إلى كل فرد في مكان تواجده، متحديا الظروف الجغرافية للجزر البريطانية.

2- الدواعي الاقتصادية:

تلعب العوامل الاقتصادية دورا مهما في الارتقاء بجودة التعليم، فكلما زاد الإنفاق على التعليم زادت جودته، وقد ساعد النظام الاقتصادي الذي تتمتع به المملكة المتحدة على توفير القوى البشرية العالية والمدربة، وتوفير الهيئات التدريسية المدربة والمؤهلة للعمل في الجامعات، وتوفير سلم وظيفي يتناسب وطبيعة العمل فيها. كما ساعد العامل الاقتصادي على تقديم حوافز تشجيعية لاجتذاب العناصر ذات الكفاءة العالية من الكوادر البشرية في

المملكة المتحدة، وساعد التطور الاقتصادي على دعم ميزانية الجامعة المفتوحة إلى جانب التبرعات المادية. وقد شهدت التسعينيات تحسنا ملحوظا في الظروف الاقتصادية في إنجلترا، واستحداث تخصصات جديدة تتناسب مع سوق العمل انطلاقا من أن التقدم في التعليم أساس للنمو الاقتصادي. وقد ساعد النمو الاقتصادي في سد الفجوة الرقمية من خلال توظيف إستراتيجيات ملائمة لتكنولوجيا المعلومات والاتصالات بحيث استطاعت معظم المدارس في إنجلترا الاستفادة من استخدامات الإنترنت الذي يسهم في تدريس المواد الدراسية، واستخدام اختبارات متمركزة على الكمبيوتر، كما استفاد كل الأفراد من الطبقات الاقتصادية المختلفة من إبداعات صناعة تكنولوجيا المعلومات والاتصالات[(84)].

3- الدواعي الاجتماعية:

ارتبط التعليم في إنجلترا بالطبقة الاجتماعية. وإنجلترا مجتمع ديمقراطي يقوم على أن الفرد غاية في ذاته له قيمته وشخصيته، وقد ظل المجتمع الإنجليزي حتى السبعينيات وأثناء حكم حزب المحافظين مجتمعا أرستقراطيا، وبوصول حزب العمال إلى الحكم حدثت تغيرات كبيرة في البنية الاجتماعية، وقلت سيطرة التمايز الطبقي، ونادى حزب العمال بإعادة تنظيم التعليم بهدف تحقيق تكافؤ الفرص بين كل الطبقات المختلفة للحصول على تعليم متساوٍ وموحد من أجل تحقيق العدالة الاجتماعية بين كل الطبقات الفقيرة والمتوسطة، والمحرومين، والمعوقين، وأثر هذا التغير في فلسفة استخدام تكنولوجيا المعلومات والاتصالات، ونمو قيم العدالة والديمقراطية[(85)]. وإتاحة فرص جديدة للطبقات المحرومة للتعلم.

4- الدواعي السياسية:

تعد بريطانيا من أوائل دول العالم التي أخذت بنظام الحزبين؛ نظرا إلى وجود حزبين كبيرين يتناوبان السلطة هما حزب العمال وحزب المحافظين، ولكل من الحزبين كتلة برلمانية مكونة من أعضائه في البرلمان، ويتبنى كل حزب اتجاها خاصا به نحو القضايا التعليمية. فبينما كانت سياسة التعليم لحزب المحافظين تتمثل في تقديم التعليم

الأكاديمي لفئة مختارة من الشعب، وتحرم منه الطبقات الفقيرة نجد أن البرنامج التعليمي لحزب العمال استهدف دائما إعطاء كل فرد فرصة الحصول على تعليم متكافئ، ومن ثم وفرت إنجلترا تعليما ديمقراطيا مجانيا يحقق تكافؤ الفرص التعليمية للجميع، ويحقق توازنا بين المركزية واللامركزية، ومرن، ومتنوع، وشامل، ويراعى الفروق الفردية بين أبناء الطبقة المتوسطة والفقيرة، ومن لم تساعده ظروفه على استكمال دراسته[86].

5- الثورة التكنولوجية:

تعد الثورة التكنولوجية وثورة المعلومات نتاج تضافر بين العلم والتكنولوجيا، وكانت من أهم نتائج هذه الموجة ثورة تكنولوجيا المعلومات، وتعد المملكة المتحدة من أوائل الدول التي استفادت من تكنولوجيا المعلومات في المدارس البريطانية والاتصالات، وأصبحت جزءا من المنهج، وزادت نسبة أجهزة الكمبيوتر في المدارس، وأعلنت الحكومة عن إنشاء شبكة قومية للتعليم للاستفادة من تكنولوجيات الطريق السريع للمعلومات، وفرص التعليم مدى الحياة، وتقوم هذه الشبكة على عناصر رئيسة هي:

بناء محتوى تعليمي جيد على شبكة الإنترنت، وإيجاد برنامج متطور للاتصال بين المدارس، والمكتبات، والكليات، والجامعات، وأماكن العمل، والمنازل، وأية أماكن أخرى، وتدريب المعلمين، وأمناء المكتبات على تكنولوجيا المعلومات والاتصالات، وتهدف الشبكة إلى ربط مجتمع التعلم بعصر المعلومات، وتقديم الخدمة التعليمية لكافة فئات المجتمع، وطريقة استخدام المواد التعليمية والتعلم المباشر.

ويستفيد من الشبكة كل فرد يرغب في التعلم بغض النظر عن عمره، وتم الانتهاء منها عام 2002م، ورصد لها ما يقرب من 700 مليون جنيه إسترليني[87].

كما تم إنشاء المجلس القومي لتكنولوجيا التعليم " British Educational Communications and Technology Agency" الذي يهتم باستخدام التكنولوجيا في التعليم، وغيرها من الهيئات التي أخذت على عاتقها نشر الأجهزة في المدارس، وتدريب المعلمين أثناء الخدمة.

تتبع أكاديمية التنمية المهنية للمعلم في إنجلترا المجلس العام للتدريس، وتعمل على توفير فرص حقيقة لتنمية قدرات المعلم المهنية، وتوفير المعلومات لجميع العاملين بمهنة التدريس، وتشجيع الإنجازات الأكاديمية للمعلمين، وتشجيع المعلمين على أن يشتركوا في المعرفة والابتكار، وتعليم أفضل الممارسات، وقد طورت بنجاح 75 منطقة محلية ومؤسسة للتعليم العالي.

وتعمل أكاديمية التنمية المهنية للمعلمين في إنجلترا في شراكة مع عدة مؤسسات منها الجامعات، الاتحاد القومي للمعلمين، الكلية الوطنية للقيادات، المركز القومي لتعليم العلوم، هيئة التدريب والتنمية بالمدارس، تليفزيون المعلمين، الجمعية الملكية لتشجيع الفنون والصناعات والتجارة، هيئة التدريب والتنمية للمدارس في إنجلترا، القيادة الوسطى، المؤسسة الجغرافية، وغيرها. وتوفر أكاديمية المعلم نظاما قوميا للتنمية المهنية للمعلم من بعد في إنجلترا، وتعزز ثقافة التعلم مدى الحياة[88].

وتعتبر إنجلترا من أقدم الدول التي قدمت لمعلميها تنمية مهنية من بعد من خلال الجامعة المفتوحة منذ عام 1963م، وكانت هيئة مستقلة لها الحق في منح الدرجات العلمية الخاصة بها. وهدفت الجامعة المفتوحة آنذاك إلى إتاحة فرص التعليم والتنمية المهنية لكل فرد حسب قدراته، وتحقيق مبدأ ديمقراطية التعليم، وتوفير فرص التعليم لآلاف الناس الذين تحول ظروفهم دون ذلك نتيجة ظروف بيئية أو اجتماعية أو صحية. كما تهدف أيضا إلى تكامل نظام التعليم القائم، ولكنها مكملة له، كما أنها مفتوحة فيما يتعلق بالمكان وليس لها حرم جامعي. وتقدم أكثر من نصف الجامعات في المملكة المتحدة برامج تنمية مهنية للمعلم من بعد عن طريق تقديم برامج ومقررات لما بعد التخرج. وتؤكد الدراسات أن إتاحة المكتبات كانت العامل الأساسي في نجاح هذه البرامج، وقد أدى إعداد المعلم بأسلوب التعليم من بعد إلى تحسين وتطوير الممارسات داخل الفصل الدراسي. حيث تقوم وزارة التعليم والمهارات "Department of Education and Skill" بالتعاون مع الجامعة البريطانية المفتوحة بتوفير تدريب لمعلمي المدارس الثانوية. وتدير إنجلترا وغيرها من الدول برامج تعليم من بعد لتنمية

المعلم مهنيا باستخدام وسائل تكنولوجية متعددة مثل الراديو، والتليفزيون، التليفون والشرائط المسجلة، والمواد المكتوبة، والاتصالات الإليكترونية. ومع تطور التكنولوجيا الحديثة تحول التعليم من بعد فأصبحت الكمبيوترات والإنترنت لها تأثير على بنية وهيكل التنمية المهنية للمعلم، فأصبح المقرر يصل إلى المعلم عبر الإنترنت، أو يستخدم على CD (قرص مدمج) أصبح أمرا أكثر شيوعا، كما سنحت الفرصة لإتمام المناقشات عبر الإنترنت Online، وإتاحة التقويم، ومجتمعات (افتراضية) للتنمية المهنية... الخ[(89)].

وتستخدم أكاديمية المعلم في إنجلترا الوسائط التكنولوجية المتعددة للتنمية المهنية للمعلم مثل:

1- **الراديو Radio:**

في يونيو عام 2007م قامت هيئة الإذاعة البريطانية بإعداد برامج للتنمية المهنية للمعلم أدت إلى استجابة هائلة، وأصبحت هذه التجربة التفاعلية في الإذاعة أحدث اتجاه في ثورة الاتصالات في التعليم المفتوح[(90)]. ويستخدم الراديو كمصدر تعليمي لكل البرامج التعليمية أكثر من تدريس مقررات معينة. ويخدم الراديو الأغراض التعليمية والتوثيقية، ويتميز بمرونة الاستخدام كوسيلة تعليمية متطورة تلائم نمط حياة كثير من الناس بما فيهم المعلمين.

2- الراديو التفاعلي Interactive Radio:

تم تطويره في عدد من الدول، وقد قدمت هيئة التنمية الدولية مشاريع دعم لآسيا وأمريكا اللاتينية على الرغم من النجاحات المتعددة.

3- تليفزيون المعلمين .Teachers TV:

بدأ تليفزيون المعلمين في إنجلترا .Teachers TV في 8 من فبراير عام 2005م بتقديم مجموعة كبيرة من البرامج والمصادر التعليمية المساعدة للمعلمين والمديرين، وتسجيل هذه البرامج، وأيضا البرامج الوثائقية، ومناقشة قضايا أساسية في التعليم منها على

سبيل المثال خطة المعاشات للمعلمين المتقاعدين، والتعليم من سن 14-19 سنة، وتمويل المدرسة والتوظيف والترقي... الخ.

4- الإنترنت:

يقوم الإنترنت في إنجلترا بدور ملموس في عملية التنمية المهنية للمعلمين من خلال توفيره مواقع معينة على شبكة الإنترنت توفر للمعلمين المعلومات عن إستراتيجيات التدريس والتعلم، ومعلومات عن علم النفس، وتخطيط الدروس، وتوصيل معلم كل مادة دراسية إلى مجموعة من المتاحف والمؤسسات تدعم تدريس المواضيع الدراسية، بالإضافة إلى مجموعة من دراسات الحالة التي تعزز القضايا التعليمية، وتربط شبكة الإنترنت المدارس بالمتاحف، والكنائس، ومصادر المجتمع المحلي.

5- البريد الإليكتروني:

يستخدم البريد الإليكتروني في التنمية المهنية بشكل غير متزامن، حيث يعتمد على مجموعات النقاش كطريقة لجذب المعلمين من أجل دعم إنشاء مجتمعات المعلمين على الإنترنت. وقد أسهم هذا الأسلوب في دعم المعلمين بطريقة غير رسمية[91]. وتسهم مناقشات البريد الإليكتروني للمعلمين في تقديم الدعم، وتسهيل الاتصالات، واشتراك مجموعة غير متزامنة، بمعنى أنها لا تحتاج من المشتركين إلى الدخول على الإنترنت في الوقت ذاته، ويمكنهم قراءة وسائل اجتماعاتهم في أوقات الفراغ، وهذا يسهل الاتصال عبر المسافات الطويلة والمناطق الزمنية المختلفة، ويتيح إنشاء المجتمعات الدولية.

6- شبكات المعلمين:

استجابت إنجلترا للتغير التكنولوجي السريع من خلال إنشاء مجموعة من الشبكات المحلية التي تدعم كثيرا من المجتمعات، وتهيئ ظروف التدريس الفعال، وتسمح بتبادل الخبرات، والممارسات الجيدة، والمعلومات، وترسخ قيم العمل التعاوني، وتساعد أعضاءها على حل المشكلات، وتوفر الخبرة والمعرفة[92].

يقوم هذا النمط من التنمية المهنية المعتمدة على الشبكات بتدعيم التنمية المهنية والإصلاح التعليمي، حيث تقوم الشبكات بتوفير كافة المعلومات التي تسهم في تنمية المعلمين أكاديميا، ومهنيا، وشخصيا. كما تقوم بعرض المؤتمرات، ونشر المجلات العلمية، وتوجد في إنجلترا شبكة قومية للتنمية المهنية للمعلمين (NGFL) "National Grid for Learning Teacher Development" وهي جزء من الشبكة القومية للتعليم، وتعمل على توفير كافة المعلومات، والمصادر التعليمية، وأساليب التنمية المهنية، وورش التدريب التي تتطلبها التنمية المهنية المستمرة للمعلمين في الوقت والمكان الملائمين للمعلم.

وترتبط هذه الشبكة بهيئة خاصة بالتنمية المهنية للمعلمين في إنجلترا هي هيئة التنمية المهنية والتدريب "Training and Development Agency (TDA) for Schools"[93]. ومن أشهر شبكات التنمية المهنية للمعلمين[94] (Teacher Net)، وهي جزء من الشبكة القومية للتعليم "National Grid for Learning".

كما يتم تدريب المعلمين عن طريق شبكة (Network Support)، وتوفر هذه الشبكة مصادر تعليمية للمعلمين حديثي التعيين. كما توفر هذه الشبكات فرص الاطلاع بشكل مستمر للمعلمين على القضايا المدرسية أولا بأول، وكافة المعلومات عن المجتمع المدرسي.

ومن أهم المبادرات في مجال إنشاء الشبكات، إنشاء الشبكة القومية لمراكز تعلم العلوم "National Network for Science Learning Centers" والتي تهدف إلى تعلم العلوم، ومساعدة الطلاب على اكتساب وفهم احتياجاتهم، وكذلك دعم المعلمين لتوصيل وتعليم العلوم.

وتقوم شبكة تعليم ودعم المعلمين باستخدام "Learning and Teaching" باستخدام تكنولوجيا المعلومات في التخطيط للدروس، ودراسة الحالة عبر الفيديو، كما يستخدم الإنترنت في تعليم المعلم والتنمية المهنية للمعلم من خلال موقع(Bcta)، ويتم تدريب المعلمين المبتدئين عن طريق "It Network". ويوجد أيضا دليل لاستخدام المعلمين

لتكنولوجيا الاتصال والمعلومات في كل المراحل التعليمية، ودمجها مع المواد الدراسية داخل الفصل الدراسي.

7- مراكز المعلمين الافتراضية Virtual Teachers Centers:

أولت الحكومة البريطانية اهتماما بتطوير مراكز المعلمين الافتراضية داخل الشبكة القومية للتعليم، وتم الاتفاق مع شركات الاتصالات على توصيل جميع المدارس والاتصالات الهاتفية. وتقوم المراكز الافتراضية للمعلمين بدور مهم في التنمية المهنية للمعلمين من خلال المنتديات المفتوحة للمناقشة، والتخطيط للدروس، وتدريب الكوادر البشرية، والبحوث وغيرها[95].

كيفية الالتحاق بالأكاديمية:

جميع المعلمين المدربين والحاصلين على شهادة المعلم المؤهل (QTS) "Qualified Teacher Status" ، والمسجلين لدى المجلس العام للتدريس هم مؤهلون للالتحاق بالأكاديمية من خلال القنوات الآتية[96]:

1- المدرسة أو المدارس محور الشراكة مع السلطات التعليمية المختلفة.

2- الفرص التي يتيحها المجلس العام للتدريس والتي تقدم معرفة مهنية.

3- برامج الشراكة الوطنية التي تقدمها الأكاديمية.

ويستطيع المعلم أن يسجل نفسه عن طريق استمارة التسجيل عبر الإنترنت وبرقمه المرجعي.

4- تلتزم الأكاديمية بقواعد المعرفة وبالأساس المعرفي، وما تؤكده الأدبيات والدراسات ونتائج الأبحاث التي لها قيمة عالية، وتعزيز التوجيه الفعال والإرشاد من خلال المعايير المهنية والوطنية، والتخطيط الفردي للتعلم بمعنى أن يقوم كل فرد بالتخطيط لفرص التعلم، وهذا من شأنه تدعيم النمو المهني، وتنفيذ الخطط الفردية المشاركة في التعلم وتأثيرها على الممارسة والتقييم الذاتي للمعلم من خلال الملاحظة المهنية،

والتأمل، والتحليل الذي يؤدى إلى تغيير في الممارسة المهنية، مما يؤثر إيجابيا على مستقبل التعليم[97].

المبادئ التي ترتكز عليها أكاديمية التنمية المهنية للمعلمين في إنجلترا:

أولا: التنمية المهنية للمعلمين عملية مستمرة مدى الحياة:

تعزز أكاديمية التنمية المهنية في إنجلترا ثقافة التعلم مدى الحياة، ويلتزم جميع الموظفين بتعزيزها[98]. وتكون مستمرة قبل وأثناء الخدمة من أجل متابعة كل جديد. وعملية التنمية المهنية عملية طويلة المدى مستمرة مدى الحياة[99]، وتهدف إلى حصول الفرد على الخبرات التي يحتاجها في الوقت الملائم له، ويشمل هذا النوع من التعليم أنماطا مختلفة منها التعليم طوال الوقت، والتعليم بعض الوقت، والتعليم الذاتي، وتجعل المعلمين مسايرين للاتجاهات والمهارات الجديدة في مجال عملهم، وتعدهم للتغيرات التي تحدث في مستقبلهم المهني، وتمكنهم من استيعاب المفاهيم الحديثة، وتجديد وتحديث مهاراتهم في مختلف النواحي المتعلقة بمجال عملهم، وتدريبهم على استخدام أنماط التقنية الحديثة لإمدادهم بغرض التعليم المستمر.

وفي هذا السياق، قامت إنجلترا بإنشاء نظام من مجلس المهارات للتعلم مدى الحياة عام 2005م، وهو مسئول عن التنمية المهنية لجميع العاملين في مجتمع التعليم والتنمية المهنية على أساس التعلم في مكان العمل، ويقوم بالمشاركة ونشر المعلومات المتعلقة بإطار مؤهلات المعلمين، ودعم التنمية المهنية للمعلمين[100].

كما يتم حاليا وضع إطار عمل للتنمية المهنية من أجل التعلم الإليكتروني بالتعاون مع هيئة التعلم وتنمية المهارات "Learning and Skills Development Agency" (LSDA) ومركز التميز في القيادة (CEL) "Center for Excellence in Leadership" وشبكة التعلم والمهارات (LSN)، وقد وضعت هذه الهيئة نموذجا للتنمية المهنية في إطار التعلم الإليكتروني يتكون من 6 مراحل تبدأ بمقاييس المعايير، يليها تحليل احتياجات المتعلم، ثم التقويم الذاتي، يليه التخطيط، ثم التنفيذ، والتقويم، والتغذية الراجعة[101].

ثانيا: التدريب المتمركز على المدرسة:

توفير برامج تدريب متمركز على المدرسة للمعلمين المبتدئين يقوم بتقديمها المعلمون ذوو الخبرة من المدارس المجاورة والكليات، وهذه البرامج تكون موجهة لتلبية احتياجات المعلمين، وتستمر مقررات التدريب المتمركز حول المدرسة لمدة عام أكاديمي كامل. ويشترط للالتحاق ببرنامج التدريب في المدرسة للمعلم المبتدئ في إنجلترا الحصول على الدرجة C كحد أدنى في امتحان GCSE في مادة اللغة الإنجليزية. ويشترط للتدريس في الصفين الثاني والثالث من (7-14) سنة الحصول على الدرجة C في شهادة GCSE في مادة العلوم. وتؤدي دراسة مقررات التدريب المتمركز على المدرسة إلى حصول المعلم على رخصة المعلم المؤهل (QTS)، والتي تؤهله فيما بعد للحصول على شهادة في التربية لما بعد التخرج.

ثالثا: ربط التنمية المهنية للمعلمين بالحصول على شهادة الاعتماد والحصول على ترخيص بمزاولة المهنة وشهادة المعلم المؤهل (QTS) لممارسة مهنة التدريس في إنجلترا:

يشترط حصول المعلم على شهادة المعلم المؤهل (QTS) ومروره بفترة التدريب المبدئي لمدة عام كامل، وأن يستوفي المعايير الضرورية من خلال برامج تدريب المعلمين المبتدئين، وتشمل هذه الاختبارات الرياضيات، والقراءة، والمعلومات، وتكنولوجيا المعلومات والاتصالات. ويوجد في إنجلترا مجلس لاعتماد إعداد المعلم "Council Accreditation of Teacher Education" (CATE) يقوم هذا المجلس بتحديد متطلبات مقررات إعداد المعلم المؤهل ومعايير منح شهادة المعلم المؤهل، ويتم التفتيش على مقررات تدريب المعلمين المبتدئين بواسطة هيئة التفتيش على المعايير التي تقدم تقاريرها إلى هيئة تدريب المعلم "Teacher Training Agency"[102].

رابعا: المعايير المهنية للمعلمين Professional Standards for Teachers:

يحدد إطار عمل المعايير المهنية للمعلمين السمات الخاصة بمعلم كل مرحلة مهنية،

ويتدرج السلم الوطني في إنجلترا في ستة مراحل رئيسة، ولكي ينتقل المعلم من مرحلة وظيفية لأخرى لابد أن يستوفي المعايير المهنية المرتبطة بالمرحلة الأولى.

أولا: المعلم المؤهل Qualified teacher status (QTS).

ثانيا: المعلمون في الشريحة الأساسية الذين أكملوا برامج تدريبهم (COR).

ثالثا: المعلمون على عتبة جدول الأجور On the Per School.

رابعا: المعلمون في شريحة الأجور العليا There hold teacher (p).

خامسا: المعلمون الممتازون Excellent Teacher (E).

سادسا: المعلمون ذوو المهارات المتقدمة Advanced skill teacher (asts).

وتعتبر المعايير المهنية تقييما لاتجاهات المعلمين، ومعارفهم المهنية، كما تساعد المعلمين على معرفة احتياجاتهم من التنمية المهنية، ومن ثم يظلوا على صلة وثيقة بعملية التنمية المهنية. ويمكن تصنيف إطار العمل في ثلاث مجالات هي: الإسهامات والمعرفة المهنية، والفهم، والمهارات المهنية. بينما يقوم المجلس العام لمهنة التدريس(GTC) "General Teaching Council" بتطوير معايير مهنة التدريس ونوعية التعلم. ويقوم المجلس بتسجيل المعلمين الذين يقومون بالعمل في المدارس، ويتبع في ذلك شروط التسجيل المتبعة في قانوني التدريس والتعليم العالي الصادر عام 1998م، ومنحهم رقما مرجعيا يستطيعون به الالتحاق بأكاديمية تعليم المعلم (TLA) "Teacher learning Academy". هذه الاختبارات تغطي المهارات الأساسية التي يحتاج المعلمون إلى إنجازها لاتساع دورهم المهني في المدرسة، وتتركز أسئلة الاختبارات في ثلاث مجالات أساسية. وتوجد الاختبارات على الكمبيوتر، ويوجد في إنجلترا حوالي خمسون مركزا للاختبارات في أنحاء المملكة المتحدة، ويحتاج الفرد إلى 60% فأكثر في كل اختبار مهاري. ويشترط للحصول على (QTS) (شهادة المعلم المؤهل) استيفاء معايير محددة، ويستطيع المعلم أن يسجل نفسه لامتحان (QTS) عبر الإنترنت، ويختار أقرب مركز ليؤدي فيه الامتحان.

خامسا: مبدأ التقويم الذاتي للمدرسة:

تدعم الأكاديمية المهنية للمعلمين في إنجلترا مبدأ التقويم الذاتي للمدرسة كعملية ضرورية لكي تصبح المدرسة منظمة للتعلم والتقويم الذاتي وهو ليس بجديد، ولكن تختلف المدارس في الظروف التي يجرى فيها التقويم، ويعتمد التقويم الذاتي للمدرسة على بيانات أداء الطلاب المسجلة على قواعد بيانات الكمبيوتر، بالإضافة إلى البيانات النوعية لمتابعة ملاحظات الفصل الدراسي. أما الملامح الخارجية للتقويم المدرسي فتعتمد على التقويمات التي يجريها جهاز التفتيش على المعايير(103).

ثانيا: هيئة التدريب والتنمية المهنية للمدارس

(TDA) "Training and Development Agency for Schools"

هيئة عامة تنفيذية غير وزارية، لديها علاقة وثيقة مع جهازين رئيسين؛ الأول وزارة التعليم، والثاني وزارة التجديد، والجامعات، والمهارات.

إدارة الهيئة:

يعين مجلس إدارة الهيئة من قبل وزير التعليم ويرأسها رئيس تنفيذي(104). ويتكون مجلس إدارة الهيئة من ستة عشر عضوا هم رئيسها التنفيذي، ومدير تنفيذ خاص بشئون المعلمين، ومدير تنفيذي للتطوير ومدير للتسويق والاتصالات، ومدير لخدمات الشركات ومدير للنقل، ومدير إدارة تكنولوجيا المعلومات والاتصالات، ومدير تكنولوجيا المعلومات والاتصالات لمجال التنمية، ومدير برنامج المعلمين، ومدير توظيف تكنولوجيا المعلومات والاتصالات، ومدير برنامج القوى العاملة، ومدير إعادة النمذجة، ومدير العمليات، ومدير الإستراتيجيات، والمدير المالي.

وظائف الهيئة:

1- تقوم الهيئة بوضع الإستراتيجية القومية للتنمية المهنية، وتقوم بتطوير دليل التنمية المهنية المستمرة للمدارس. وفي هذا السياق تلزم جميع الإدارات والأجهزة الحكومية

بوضع خطة عمل للتنمية المستدامة للعاملين بها بحيث تكون هذه الخطط جزءا أساسيا من عملية تشكيل وصياغة ووضع آليات لسياسات التنمية المهنية في سياسات الحكومة.

وتركز إستراتيجية التنمية المهنية للمعلمين في المملكة المتحدة على التنمية المهنية المستدامة للمعلمين، وربطها بأجندة أكبر للتنمية المهنية للعمل المدرسي كجزء من خدمات الطلاب المتكاملة، وتوفر هذه الإستراتيجية ترتيبات لإدارة الأداء، وبرنامج وثيق الصلة بالتنمية المهنية للمعلمين، وإطار جديد للمعايير المهنية للمعلمين، وتهدف إستراتيجية التنمية المهنية للمعلمين في إنجلترا إلى:

- تقوية الهيكل الوظيفي للمعلمين.
- تحقيق التنمية المهنية المستندة للمعلمين من خلال مراقبة الأداء.
- التنسيق بين مختلف الجهات المهنية لتحقيق الاتساق في التنمية المهنية المستمرة لتوفير القيادة للسلطات التعليمية المحلية، وتوفير التوجيه والإرشاد في المدارس، وتلبية احتياجات المعلمين والمدارس، وتوفير الجودة النوعية للتنمية المهنية للمعلمين[105].

ومن أجل تحقيق أهداف هذه الإستراتيجية، قامت الحكومة بعقد اتفاق وطني عام 2003 م "The National Agreement" بعنوان: "رفع المعايير ومعالجة أعباء العمل". وقد أدى هذا الاتفاق إلى إعادة تشكيل المدارس لتعزيز دورها، وأصبحت المدارس مسئولة عن تمويل التنمية المهنية للمعلمين بها من خلال "تفويض السلطة"، وأصبحت المدارس القوى الرئيسة المحركة للتنمية المهنية المستمرة للمعلمين بها. ويعد تطوير دليل التنمية المهنية للمدارس "Continuing Professional development" جزءا من الإستراتيجية القومية للمعلمين في إنجلترا، والذي يهدف إلى زيادة مهارات المعلمين، ومعارفهم، وفهمهم للمعايير المهنية لمهنة التدريس.

2- تقوم هذه الهيئة بدور تشريعي من خلال اعتماد تمويل الجهات التي توفر برامج تدريب للمعلمين المبتدئين.

3- تقوم الهيئة بمراجعة ومراقبة المعايير القومية لمهنة التدريس بالتشاور مع أصحاب المصلحة، وشركاء المجتمع، وكذلك مراجعة معايير القيادات المهنية التي يتم وضعها وإقرارها في ضوء الأدوار والمسئوليات الموكلة للمعلمين والنظار.

4- تعمل الهيئة مع مقدمي خدمات التعليم من أجل تحسين الجودة النوعية للمعلمين، وللهيئة مستشارون إقليميون يعملون مع مختلف جهات تدريب المعلمين المبتدئين في مجالات التوظيف، والتمويل، والتنمية.

5- تعمل الهيئة بالتعاون مع المستشارين الإقليميين على توفير العدد الكافي من المعلمين للمواد الدراسية المختلفة، ودعم المدارس التي تعاني صعوبة في توفير أماكن التدريب بالمدارس، والعمل مع أصحاب المصالح المحليين لتطوير إستراتيجيات تضمن توفير المدارس لفرص تدريب المعلمين المبتدئين، وجمع البيانات الإقليمية والمحلية، والإبلاغ بها للاستفادة منها في تشكيل سياسات التنمية.

6- تضع هذه الهيئة إطارا عاما للأهداف وخطط التنفيذ لتتمكن المدرسة من توصيل الدعم الضروري للمعلمين بناء على احتياجاتهم، كما تقدم مواد تعليمية مبسطة للمواد الدراسية للمنهج القومي، وتعد وثائق حول المعايير المطلوبة للتوظيف[106]. وتضع هيئة التنمية والتدريب للمدارس في إنجلترا إستراتيجية قومية للتنمية المهنية في إنجلترا والتي ترتكز على المحاور التالية:

أولا: تطوير دليل التنمية المهنية المستمرة الخاص بالمدارس، وفي هذا السياق تلتزم جميع الإدارات والأجهزة الحكومية بوضع خطة عمل للتنمية المستدامة بحيث تشكل هذه الخطط جزءا أساسيا من عملية رصد ووضع آليات لضمان وضع سياسات للتنمية المهنية عبر سياسات الحكومة. وفي مارس عام 2005م تم نشر خطة مؤقتة لدعم التدريب والتنمية المهنية عن طريق إنشاء مجلس لتطوير هيئة العمل المدرسي، وقد ارتكزت هذه الخطة على ثلاث أولويات لدعم هيئة التدريس بالمدرسة هي:

1- مساعدة المدارس على توفير التمويل اللازم لخلق أفضل الفرص للحصول على التدريب.

2- توفير الأعداد الكافية من المعلمين عن طريق دعم التنمية المهنية، وتوفير التدريب الذي يحتاجون إليه وفي الوقت المناسب.

3- تطوير إطار عمل للمهارات والكفاءات لكل وظيفة مدرسية من أجل تحقيق الجودة النوعية[107].

تمويل هيئة التدريب والتنمية للمدارس Training and Development Agency for School(TDA)

تقوم السلطات التعليمية المحلية بتمويل التدريب قبل وأثناء الخدمة عن طريق تقديم منح مالية ودعم مالي للطلاب، كما يحق للطلاب الإعفاء من الضرائب الخاصة بالتدريب، بعد أن تقيّم السلطات التعليمية المحلية مدى استحقاق الطالب للتمويل[108].

يضع الحزب الوطني الديمقراطي برنامجا لتطوير البرامج الأكاديمية للتنمية المهنية للمعلمين، وهي البرامج الأكاديمية لما بعد التخرج، حيث يقوم الحزب الوطني الديمقراطي بتقديم منح مالية للحاصلين على (QTS) (شهادة المعلم المؤهل "Qualified Teacher Statue")، كما يقوم بتقييم برامج التنمية المهنية وتأثيرها، ويعرضها في تقرير. وقد كان عام 2005-2006م عام تحدٍ بالنسبة إلى الهيئة نظرا إلى عمل الهيئة على إيجاد تمويل لتنفيذ الورقة البيضاء للحكومة "Higher Standards Better School for All"، ومقاييس أكثر ارتفاعا، ومدارس أفضل للجميع.

مما سبق نلاحظ أن التنمية المهنية للمعلمين في إنجلترا سياسة قومية تتم على مستوى المدرسة، وهي جزء من العمل المدرسي، وأنه توجد بعض الدواعي التي ساعدت على إنشاء أكاديمية المعلمين المهنية، منها العوامل الجغرافية، حيث ساعدت عزلة بريطانيا على ظهور نمط التعليم من بعد، كما ساعد النمو الاقتصادي في إنجلترا على سد الفجوة الرقمية عن طريق توظيف إستراتيجيات ملائمة لاستخدام تكنولوجيا المعلومات والاتصال في التنمية المهنية. أيضا أسهمت العوامل السياسية من خلال وجود حزب

العمال على رأس السلطة في تحقيق تكافؤ الفرص التعليمية، ومراعاة الفروق الفردية، وتحقيق ديمقراطية التعليم، والتوازن بين المركزية واللامركزية من خلال توفير برامج التنمية المهنية للمعلمين من بعد في كل مكان، وفي أي وقت. من ناحية أخرى، استجابت إنجلترا لمتغير الثورة التكنولوجية استجابة عظيمة من خلال إنشاء الشبكة القومية للتعليم، والتي تمثل شبكة المعلمين القومية جزءا منها، وإنشاء المجلس القومي لتكنولوجيا التعليم الذي يقوم باستخدام التكنولوجيا في التعليم، وركزت إستراتيجية التنمية المهنية للمعلمين في إنجلترا على التنمية المهنية المستدامة. وتسهم في التنمية المهنية، المدارس، أجهزة الإعلام، نقابات واتحادات المعلمين، الجمعيات الأهلية، وغيرها.

وتعتمد التنمية المهنية للمعلمين في إنجلترا على استخدام الوسائط التكنولوجية المتعددة مثل الراديو، الراديو التفاعلي، التليفزيون، المعلمين، الإنترنت، البريد الإليكتروني، شبكات المعلمين، مراكز المعلمين الافتراضية، هيئة التدريب والتنمية المهنية، وأكاديمية المعلمين التي تقوم بوضع الإستراتيجية القومية للتنمية المهنية وتطوير دليل التنمية المهنية المستمر الخاص بالمدارس، وتوفر نظاما قوميا للتنمية المهنية في إنجلترا. ويشترط للالتحاق بالأكاديمية الحصول على شهادة المعلم المؤهل "Qualified Teacher Statue"، وترتبط التنمية المهنية للمعلمين في إنجلترا بالحصول على شهادة الاعتماد أو الترخيص بمزاولة المهنة.

وتوجد في إنجلترا هيئة التدريب والتنمية المهنية، والتي تقوم بدور تشريعي من خلال اعتماد تمويل الجهات التي توفر برامج تدريب للمعلمين المبتدئين. أما أكاديمية تعليم المعلم فهي تتبع المجلس العام للتدريس، وتعمل في شراكة مع منظمات أخرى مثل الاتحاد القومي للمعلمين، والكلية الوطنية للقيادات، وهيئة التدريب والتنمية بالمدارس، وغيرها من المؤسسات، وتوفر برامج تدريب متمركزة على المدرسة لمدة عام أكاديمي كامل، وتعزز ثقافة التنمية المهنية مدى الحياة.

خامسا: الأكاديميات الافتراضية للتنمية المهنية للمعلمين من بعد في الولايات المتحدة الأمريكية:

يعد الارتقاء بالجودة النوعية للمعلم عاملا رئيسا في تحسين عملية التعلم حتى إن الولايات المتحدة الأمريكية قد وضعت الحصول على معلمين مؤهلين تأهيلا عاليا كأحد أهداف قانون "No child left behind"[109].

دواعي إنشاء أكاديميات التنمية المهنية للمعلمين من بعد في الولايات المتحدة الأمريكية:

1- **الدواعي الجغرافية:** تبلغ مساحة الولايات المتحدة الأمريكية حوالي 9.629.091 كيلومتر مربع (مساحة اليابس 9.158.960 كيلومتر مربع، ومساحة المياه 470.131 كيلومتر مربع)، وتنقسم الولايات المتحدة الأمريكية إلى خمسين ولاية، بالإضافة إلى بعض المقاطعات[110].

2- **الدواعي الاجتماعية:** وصل عدد السكان في يوليو عام 2000م إلى 275.562.673 نسمة[111]. وجدير بالذكر أن الولايات المتحدة الأمريكية تعد ثالث أكبر دولة على مستوى العالم من حيث عدد السكان، ورابع أكبر دولة من حيث المساحة. ويسكن أكثر من 75% من السكان بالمناطق الحضرية[112]. وهو مجتمع متنوع الخلفيات الإثنية والعرقية للمواطنين، حيث يسكن بها البيض والسود، والآسيويون، هذا بالإضافة إلى الأمريكيين الأصليين. وتتعدد الديانات نتيجة وجود الحرية الدينية، ولذلك يتواجد بها العديد من الديانات، كالديانة المسيحية، والديانة اليهودية، والديانة الإسلامية. وفيما يتعلق باللغات التي يتحدث بها السكان، نجد أن اللغة الإنجليزية هي اللغة الرسمية.

3- **إدارة التعليم:** تقع مسئولية التعليم بالدرجة الأولى على عاتق الولايات، ولكل ولاية نظام تعليمي مستقل، كما أن بها سلطة تشريعية ينتخبها أفراد الشعب تكون مسئولة عن شئون التعليم والإنفاق عليه.

4- **الثورة التكنولوجية:** استجابت الولايات المتحدة للثورة التكنولوجية وأثرها في عملية التنمية المهنية للمعلم، فلجأت بعض الولايات مثل ولاية فيرجينيا إلى إنشاء

مؤسسة للتكنولوجيا التعليمية "Virginia Educational Technology Alliance" هدفها الأساسي تنظيم وتنفيذ النماذج التكنولوجية التي تساعد المعلمين على إدراج التكنولوجيا ضمن المحتوى الذي يقومون بتدريسه، كما تسعى بعض الولايات إلى إنشاء مؤسسات تقدم برامج لتدريب المعلم على كيفية استخدام التكنولوجيا في التدريس[113]، هذا بالإضافة إلى اتجاه بعض الجمعيات مثل جمعية تعزيز استخدام الكمبيوتر في التعليم " The Association for the Advancement of Computing in Education" إلى إصدار مجلة عن التكنولوجيا وإعداد المعلم، مؤلفو هذه المجلة معلمون ينصب اهتمامهم حول تعليم أنفسهم وطلابهم مهارات استخدام التكنولوجيا.

الأكاديميات الافتراضية للتنمية المهنية للمعلمين من بعد:

توجد في الولايات المتحدة الأمريكية أكاديميات افتراضية للتنمية المهنية للمعلمين مثل أكاديمية المعلمين المبتدئين "Early Career Teacher Academy" التي قامت على أساس الشراكة المؤسسية بين كلية جامعة كولومبيا للمعلمين"Teachers College Columbia University" ومركز البحث والتجديد التربوي "The Center for Educational and Research" ومركز (UFT) للمعلمين[114].

وتقدم هذه الأكاديمية تعليما إليكترونيا من بعد للمعلمين، وتمثل مقررات تنمية مهنية مهمة لدعم المعلمين معلمي الصفوف K.12 والمعلمين الملتحقين بها، كما تقدم الأكاديمية دورات للتعلم الإليكتروني مدى الحياة في أكثر من ثلاثمائة مقرر، وتمنح شهادات في التعليم العالي والتخطيط عبر الإنترنت، ومنها علي سبيل المثال[115]:

1- شهادة عبر الإنترنت في التعليم والتعلم والتكنولوجيا.

2- شهادة عبر الإنترنت في تصميم الوسائط المتعددة التفاعلية.

3- شهادة عبر الإنترنت في المفاهيم والتكنولوجيا.

كما تقدم الأكاديمية دورات تدريبية لمعلمي المرحلة الثانوية لإدارة الفصول عبر الإنترنت.

وتقدم الأكاديمية للمعلمين الملتحقين بدورات (NTA) الجزء الأول عددا من المواضيع مثل بناء الفصول الدراسية للمجتمع، والتخطيط للدروس، ومشاركة أولياء الأمور في حوالي سبع دورات وجها لوجه لمدة 18 ساعة، و12 ساعة إضافية على الإنترنت، وغيرها.

كما توجد أكاديميات مهنية افتراضية تتبع المدارس العليا"Virtual High Schools"، وهي عبارة عن مدارس عليا تعتمد في توصيل مناهجها على أسلوب التعليم من بعد، وتهدف هذه المدارس إلى توفير التعليم من بعد لطلاب المناطق البعيدة والنائية[116].

وتستخدم الأكاديميات المهنية للمعلمين من بعد وسائط تكنولوجية مثل:

تعتمد مؤسسات التنمية من بعد بالولايات المتحدة الأمريكية في توصيل برامجها على عديد من وسائط التعلم التقليدية والتكنولوجية، والتي يمكن حصرها فيما يلي:

(أ) المواد المطبوعة: لكل مقرر دراسي مجموعة من المواد المطبوعة يتسلمها المعلم بعد أن يتم قبوله بالمؤسسة، وتمثل المواد المطبوعة أهم وسائط التعلم في الأكاديميات الافتراضية[117].

(ب) البريد الإليكتروني E.-Mail: يلعب البريد الإليكتروني E.-Mail دورا كبيرا في عملية الاتصال، حتى إنه أصبح يمثل جزءا أساسيا من أعمال المنهج كأداة تعليمية؛ لسرعته وفعاليته في التغلب على حواجز الزمان والمكان[118].

(ج) التليفون: يعد التليفون من أشكال الاتصال المزدوج الذي يلعب دورا كبيرا في مساعدة المعلمين على الاتصال.

(د) التليفزيون: يعد التليفزيون من أهم أساليب الاتصال في مجال التنمية المهنية

ssللمعلمين، ولقد شهد البث التليفزيوني للبرامج التعليمية تطورا كبيرا في السنوات الأخيرة، حتى إنه أصبح يمثل خطوة مهمة في تطور ونمو تكنولوجيا التعليم من بعد، خاصة مع دمج التكنولوجيا الحديثة مثل: التليفزيون، شبكات المعلومات فائقة السرعة، والمناقشات الفورية من خلال شبكات الكمبيوتر، واسطوانات تسجيل الأفلام ... الخ(119).

(هـ) **الفيديو:** يمثل أحد الوسائط التي تسمح باتصال المعلمين بعضهم ببعض، ويتم ذلك بما يوفره من مؤتمرات يطلق عليها مؤتمرات الفيديو "Video Conferences"، والتي تسمح لشخصين أو أكثر في مواقع مختلفة أن يروا أو يسمعوا بعضهم البعض في الوقت نفسه.

(و) **الراديو التعليمي:** بدأ استخدام الراديو في مجال التعليم في الثلاثينيات، وكان الغرض منه نشر التعليم في المناطق الريفية والمنعزلة جغرافيا، ولقد طرأت على الراديو التعليمي عدة تطورات من أبرزها الراديو التفاعلي "Interactive Radio" الذي يتيح فرص التفاعل المتبادل بين معلم الإذاعة والمعلمين في المواقف التعليمية المختلفة.

(ز) **الكمبيوتر والإنترنت:** الإنترنت عبارة عن تكنولوجيا قائمة على استخدام الكمبيوتر، أو نظام من الأنظمة التي تسمح بتدفق المعلومات من خلال الكمبيوتر وأنظمة الاتصالات من بعد(120). ويلعب الإنترنت دورا كبيرا في توصيل مقررات التنمية المهنية من بعد، حيث إنه من خلال الإنترنت يمكن توفير بعض البرامج الإرشادية للمعلمين، وذلك لمساعدتهم في مواصلة الدراسة من بعد، ومن خلال الإنترنت أيضا يمكن عقد المؤتمرات التي تسمح للمعلمين بالاتصال بعضهم بالبعض، وكذلك الاتصال بمعلميهم، والتحاور في الأمور المتعلقة بمواضيع الدراسة، هذا بالإضافة إلى إمكانية استخدامه في إعطاء مجموعة من التدريبات والاختبارات(121).

(ح) **الشبكات:** تم إدخال تكنولوجيا الاتصالات من بعد في التعليم باستخدام الشبكات الفضائية في التعليم، حيث تم إطلاق القمر الصناعي "ATS" وتم تجريبه عامي 1974-1975م، كما أقيمت 68 محطة أرضية، منها 56 محطة بمدارس المناطق

الريفية، ووزع الباقي على محطات التليفزيون العام، واحدة في كل منها، بحيث يمكن تسجيل البرامج التي يبثها القمر الصناعي، ثم إذاعتها من خلال الشبكة التقليدية ليستقبلها الطلاب في كل مكان، خاصة الطلاب الذين لا تصلهم خدمات القمر الصناعي[122]. ومنذ ذلك الوقت والاتجاه نحو تأسيس الشبكات يتزايد يوما بعد يوم.

نماذج أخرى لأكاديميات التنمية المهنية في الولايات المتحدة الأمريكية:

تتنوع الأكاديميات التي تقدم برامج التنمية المهنية في الولايات المتحدة الأمريكية نظرا إلى اللامركزية الشديدة، وتتمثل أنماط هذه الأكاديميات فيما يلي:

(أ) أكاديميات مهنية قائمة على الشراكة المؤسسية:

تؤسسها بعض الجامعات الكبرى مثل أكاديمية (CNUY) للمعلمين City University & New York" "City"، وقد أنشئت هذه الأكاديمية على أساس الشراكة بين جامعة سيتي في مدينة نيويورك ووزارة التعليم بولاية نيويورك، وتهدف هذه الشراكة إلى ضمان وصول خبرة طلاب ولاية نيويورك إلى أعلى مستوى من الجودة[123].

وتهدف أكاديمية (CUNY) إلى إعداد جيل جديد من المعلمين الذين يقدمون مستويات مرتفعة من أداء الطلاب. أكاديمية المعلم في جامعة سيتي بنيويورك لها برنامج تجديدي ابتكاري في تسع كليات جامعية بالأقاليم.

كيفية الالتحاق: **يتم اختيار المرشحين لهذا البرنامج انتقائيا ويشترط أن يستوفي طلاب الأكاديمية المعايير التالية:**

1- ارتفاع متوسط الدرجات في المدرسة الثانوية الشاملة.

2- ارتفاع درجات العلوم والرياضيات.

3- ارتفاع درجات اختبارات ACT, SAT.

4- توصية من معلم واحد على الأقل للرياضيات والعلوم.

5- إبداء الاهتمام بالتدريس.

الإدارة:

هذه الأكاديمية نموذج مبتكر لإعداد المعلم قبل التخرج، وتتم إدارة هذه الأكاديمية بواسطة مجلس الأمناء.

ب- أكاديميات قائمة على الشراكة المحلية:

مثل أكاديمية نورث كارولينا للمعلمين (NCTA) في الولايات المتحدة الأمريكية[124]:

إنشاؤها: تم تأسيس الأكاديمية بشراكة محلية، كما توجد أكاديميات "Residential Academies"، وأكاديميات مؤسسة بشراكة محلية "Local Partnership Academies"، وتهدف الأكاديمية إلى توفير الدعم اللازم للتعليم المستمر، والنمو المهني للمعلمين من خلال توفير الجودة النوعية للمعلم في مجالات القيادة المدرسية، وطرق التدريس، والمحتوي، واستخدام تكنولوجيا المعلومات والاتصالات الحديثة من أجل إثراء عملية التدريس، وتعزيز أداء الطلاب، وتقدم هذه الأكاديمية خدماتها لمعلمي ولاية نورث كارولينا فقط. وتقوم بعقد السيمينارات للمعلمين، وتدريبهم ليصبحوا بعد ذلك هم أنفسهم مدربين، وتختار مواضيع المعلمين بالاعتماد على خبرات المعلمين واحتياجاتهم[125].

التمويل: يتم تمويل الأكاديمية بواسطة المجلس البلدي العام بشمال كارولينا.

البرامج التي تقدمها الأكاديمية:

1- تقوم أكاديمية شمال كارولينا بتطوير برامجها في ضوء الاحتياجات المتغيرة للمعلمين، وتقدم برامج التنمية المهنية على أساس البحث التربوي "Research Based Professional Development" لدعم واستبقاء المعلمين المؤهلين في كل فصل دراسي.

2- تقدم أكاديمية نورث كارولينا التنمية المهنية للمدارس ولنظم التعليم من خلال

دورات تعليمية تشمل مجالات تكنولوجيا التعليم، محو الأمية، والتطوير المستمر للمدارس، وتخصص الأكاديمية حلقات عمل في هذه المجالات لتلبية احتياجات المدارس، ومن الجدير بالذكر أن جميع مستشاري الأكاديمية من المعلمين الخبراء، وجميع مدرسي الأكاديمية تتوافر لديهم الخبرة.

3- تقدم الأكاديمية كافة المعلومات، والمصادر التعليمة، والموارد العامة على شبكة الإنترنت.

إدارة أكاديمية شمال كارولينا بالولايات المتحدة:

تتم إدارة الأكاديمية عن طريق مجلس الأمناء الذي يواصل التزامه بالحفاظ على أكاديمية التدريب القائم على البحث والتعلم، والمؤسسة مسئولة عن توفير المعلمين المؤهلين تأهيلا عاليا لشمال كارولينا، وتتماشى سياسة الأكاديمية مع المعايير القومية لتنمية قدرات المعلمين، ومعايير المجلس لتنمية وتطوير المعلمين لمساعدة المدارس على تحقيق أهداف تطوير المدرسة.

أكاديمية PAGE للمعلمين بولاية جورجيا:

تقوم أكاديمية (PAGE) للمعلمين أو التي تم تطويرها مؤخرا بتوفير المعلمين الجدد ذوي القدرات العالمية بالمعلومات والتكنولوجيا، وتقنيات التدريس والمهارات، ومساعدتهم على أن يصبحوا أكثر فاعلية في مواجهة متطلبات التدريس في فصولهم، ولها موقع على الإنترنت يهدف إلى تعزيز الدعم للمعلمين من خلال التجارب الإيجابية التي تظهر أن مهنة التدريس عملية طويلة المدى.

(ج) أكاديميات قائمة على الشراكة مع شركات القطاع الخاص:

مثل أكاديمية أوراكل للتنمية المهنية للمعلمين والتدريب التكنولوجي، وقد هدفت أكاديمية أوراكل إلى توفير التنمية المهنية للمعلمين، وإعدادهم لتدريس مناهج أوراكل الأكاديمية. كما تهدف إلى تحقيق الجودة النوعية لتدريب المعلمين، ومساعدتهم

على دمج التكنولوجيا الحديثة في مجال المناهج. وتقوم أكاديمية أوراكل على أساس الشراكة بين شركة أوراكل والمدارس الثانوية. وتهدف إلى تزويد الطلبة بقواعد البيانات والبرمجة، والمهارات التجارية العامة. وتعد أوراكل من أكبر شركات البرمجيات في العالم، كما تعد جامعة كاليفورنيا في لوس أنجلوس جزءا من برنامج أكاديمية أوراكل لإعداد الطلاب للأعمال التجارية والتكنولوجيا والمعلومات[126].

مصادر تمويل التنمية المهنية:

تتنوع مصادر تمويل برامج التنمية المهنية حسب نوع المؤسسة التي تقدمها، كما يلي:

يتم تمويلها من خلال الرسوم التي يدفعها الطلاب، والمنح التي تقدمها أقسام التعليم بالولايات لتمويل التدريب، والمنح التي تقدمها بعض الجمعيات.

ويختلف نظام وبرامج التنمية المهنية للمعلمين في الولايات المتحدة الأمريكية بسبب اللامركزية في إدارة التعليم والإشراف عليه[127]، فالبرامج متعددة، وأهدافها متنوعة بحيث يصعب تحديد سياسة فيدرالية واضحة للتنمية المهنية.

ويسير نظام إعداد المعلم في الولايات المتحدة وفقا للنظامين التكاملي والتتابعي بسبب اللامركزية في إدارة التعليم وتنظيمه، واستقلالية مؤسسات التعليم العالي، ولا يعني انتهاء الطالب من دراسته بأحد معاهد إعداد المعلمين أنه يستطيع التدريس مباشرة، بل ينبغي عليه أن يحصل على ترخيص بالتدريس في ولاية معينة، وفي مرحلة تعليمية معينة، وكل ولاية تطلب من معلميها أن يستوفوا الوصول إلى مستويات معينة في الإعداد العلمي والمهني. فالتنمية المهنية إجبارية في الولايات المتحدة الأمريكية، وترتبط بالحصول على ترخيص مزاولة المهنة، وتجديده أثناء العمل للحصول على درجة الماجستير في التربية. ويدعم المجلس التعليمي بالولاية سياسة التنمية المهنية للمعلمين، وتوفر للمعلمين والإداريين وأعضاء المجالس التعليمية أنشطة التطوير المهني. ويمنح ترخيص مؤقت للأفراد الذين حصلوا على درجة البكالوريوس لمدة عام واحد. ويطلب من الأفراد الذين أكملوا ست ساعات في برنامج لإعداد المعلم تجديد الترخيص.

وتختلف الهيئة التي تصدر تراخيص المعلمين بالعمل من ولاية لأخرى، ولكنها في الغالب إما أن تكون مجلس التعليم في الولايات أو إدارة التعليم في الولاية، وتقوم الهيئة التشريعية بحكومة كل ولاية بوضع مقاييس الترخيص بالولاية. فالولايات الأمريكية الخمسون تضع مستويات لمن يرغبون في العمل في مهنة التعليم، كما وسعت كثير من الولايات حديثا متطلبات الترخيص للعمل بالتعليم، وفى ولاية أوكلاهوما يتطلب الحصول على هذا الترخيص نجاح المعلم في اختبارات لقياس كفاءاته التدريسية، وقيام المعلم بالتدريس لمدة عام -تحت الاختبار- تحت إشراف لجنة تضم ثلاثة أعضاء؛ أحدهم مدرس له خبرة طويلة، والثاني من العاملين بالإدارة التعليمية، والثالث أستاذ بكلية التربية، وحتى يُمنح الترخيص لابد أن تقرر اللجنة أن المعلم قد أظهر خلال فترة عمله تحت الاختبار معرفة، ومهارات، وقدرات تدريسية.

وتطلب كل ولاية من المعلم أن يتقدم لامتحان يتوقف على نجاحه فيه منحه الترخيص للعمل في مدارسها، وعادة يبدأ المعلمون بترخيص تجريبي أو مؤقت، وهو صالح للفترة من ثلاث إلى ست سنوات. وخلال تلك المدة يجب أن يُكمل المعلمون تعليمهم، وفى نهاية الفترة التجريبية تطلب معظم الولايات من المعلم دراسة من 30-36 ساعة تخرج معتمدة، أو الحصول على درجة الماجستير، أو شهادة خبرة في مجال التدريس لمدة ثلاث سنوات. وعند اكتمال هذه المتطلبات يمنح المعلم ترخيصا مدى الحياة. وإن كانت بعض الولايات اشترطت تجديد الترخيص كل خمس سنوات على أساس ما يدرسه المعلم من مقررات في كلية أو جامعة مصدق عليها، أو ممارسة أنشطة تعليمية أثناء الخدمة، ويجب التأكيد على أن عملية التدريب مستمرة، حيث يتلقى المعلمون دورات تدريبية أثناء عملهم، وذلك من خلال ورش العمل التي يلتقون خلالها مع المدربين، بعدها يقوم المعلم بتطبيق ما تم التدريب عليه، ويقوم المدرب بمتابعته من خلال عمل زيارات معلنة له للوقوف على مدى استفادته من البرنامج التدريبي، ثم يلتقي المعلم بالمدرب، ويتناقشان في نواحي الضعف والقوة في عمله، وفى النهاية يكتب المدرب تقريرا عن المعلم ويضعه في ملفه الخاص[128].

ويضع الأمريكيون عملية تدريب المعلم قبل وأثناء الخدمة في مقدمة الأولويات؛ وذلك رغبة منهم في إكساب المعلم مجموعة من السمات التي تمكنه من إعداد الطلاب للنجاح في مجتمع يتزايد فيه الاعتماد على التكنولوجيا يوما بعد يوم، وتتمثل هذه السمات في أن يكون المعلم ذا معرفة عميقة بمجال تخصصه، وأن يكون متفهما لطرائق التدريس المختلفة، والإلمام بمراحل نمو الطلاب، والحرص على التعلم المستمر، والتمكن من استخدام التكنولوجيا الحديثة في مجال التدريس. ويتم إعداد المعلم بكليات التربية، واستنادا إلى ما سبقت الإشارة إليه من ضرورة إلمام المعلم بتكنولوجيا الاتصال واستخداماتها - والتي تعد أساس التعليم من بعد - لجأت الولايات المتحدة الأمريكية إلى إدراج هذه التكنولوجيا ضمن برامج إعداد المعلم، وذلك بتحديد مستويات معينة من التكنولوجيا يتعلمها الطلاب المعلمون، هذا بالإضافة إلى بث بعض المقررات التي يدرسها هؤلاء الطلاب ليتعلموها من خلال الإنترنت.

الهيئات المسئولة عن اعتماد وجودة مؤسسات التنمية المهنية للمعلم:

من أجل ضمان الجودة النوعية للمعلم أنشأت الولايات المتحدة الأمريكية أجهزة رئيسة منها **المجلس القومي لمقاييس التدريس المهنية** "National Board for Professional Teaching Standards" (NBPTS)، أسست هذه المنظمة المستقلة سنة 1987م لكي تطور تقويم المعلمين المعتمد على الأداء، وللملاحظة كفاءة المعلمين، ولوضع وإقرار المقاييس القومية للمعلمين. وقد تم وضع نموذج لمستويات الترخيص القومية لمستويات الإجازة، والتي طُورت بواسطة الاتحاد المالي لأكثر من ولاية.

والمجلس القومي لاعتماد مؤسسات إعداد المعلم " National Council of Teacher Education Accreditation"، وقد أنشئ المجلس القومي لاعتماد معاهد إعداد المعلمين عام 1954م، ويقوم هذا المجلس بتقويم أعمال كليات، وجامعات، وبرامج إعداد المعلم، ثم تعتمد الدرجة التي تمنحها الكلية إذا ما كانت تستوفي المقاييس المطلوبة التي يتم على أساسها منح الاعتماد أو عدم ضمانه، ووضع الوسائل التي تضمن تقويم برامج إعداد المعلمين في ضوء هذه المستويات، ولكي يحصل خريجو معاهد إعداد المعلمين في

الولايات المتحدة على تصريح بالتدريس في المدارس العامة، ينبغي على هذه المعاهد أن تحصل على موافقة الولايات التي تتبعها على تقديم برامج في إعداد المعلمين، فإذا ما حصلت على هذه الموافقة أصبحت معروفة بأنها معاهد معتمدة لإعداد المعلمين.

التعليق:

مما سبق نلاحظ أنه يوجد تنوع كبير واختلاف في نظم وبرامج التنمية المهنية في الولايات المتحدة الأمريكية، ويرجع ذلك إلى اللامركزية في إدارة التعليم والإشراف عليه، بحيث يصعب تحديد سياسة فيدرالية واضحة للتنمية المهنية. والتنمية المهنية إجبارية في الولايات المتحدة، وترتبط بالحصول على ترخيص مزاولة المهنة وتجديده، وقد أسهمت العوامل الجغرافية للولايات المتحدة الأمريكية وانقسامها إلى خمسين ولاية بالإضافة إلى المقاطعات في التنوع الهائل في أنواع، وأنماط، ونماذج التنمية المهنية من حيث برامجها، وتبعيتها، ونظمها. وقد استجابت الولايات المتحدة الأمريكية للثورة التكنولوجية وتأثيرها في عملية التنمية المهنية، فأنشأت بعض الولايات مؤسسات للتكنولوجيا التعليمية هدفها تنظيم وتنفيذ النماذج التكنولوجية التي تساعد المعلمين على إدراج التكنولوجيا ضمن المحتوى الذي يقومون بتدريسه، كما ساعدت اللامركزية في إدارة التعليم على تنوع نماذج وأنماط أكاديمية التنمية المهنية. فظهرت أكاديميات مهنية تتبع المدارس العليا الافتراضية، وأكاديميات مهنية تابعة للجامعات تقوم على أساس الشراكة بين الجامعة ووزارة التعليم، كما توجد أكاديميات تقوم على أساس الشراكة المحلية، ويتم تمويلها بواسطة مجلس الولاية التعليمي، وتقدم برامجها في ضوء الاحتياجات المتغيرة للمعلمين. كما توجد أكاديميات افتراضية تقدم تنمية مهنية من بعد، وتتم إدارة هذه الأكاديميات عن طريق مجلس الأمناء، وتقدم كافة المعلومات المتاحة على شبكة الإنترنت، وتستخدم في ذلك وسائط متعددة للتعليم من بعد مثل المواد المطبوعة، والبريد الإليكتروني، والتليفون، والتليفزيون، والكمبيوتر، والإنترنت، والشبكات .

سادسا: التحليل المقارن:

أولا: بالنسبة إلى دواعي إنشاء أكاديميات التنمية المهنية للمعلمين:

تشابهت كل من مصر وإنجلترا والولايات المتحدة الأمريكية في الاستجابة لمتغيرات الثورة التكنولوجية، وذلك من خلال دمج تكنولوجيا التعليم والاتصالات في العملية التعليمية، وتدريب المعلمين على مهارات استخدامها، والاهتمام بالبنية التحتية.

1- اختلفت هذه الدول في إنشائها لأكاديميات التنمية المهنية، فنجد في إنجلترا واحدة للتنمية المهنية للمعلمين لها ما يماثلها من فروع في المحليات، ويرجع ذلك إلى أن نظام التعليم في إنجلترا قومي يدار محليا، وهو نظام يحدث نوعا من التوازن بين المركزية واللامركزية، ونجد في الولايات المتحدة الأمريكية تنوعا شديدا في نماذج وأنماط أكاديميات التنمية المهنية، ويرجع ذلك إلى اللامركزية في إدارة التعليم.

2- تشابهت كل من إنجلترا والولايات المتحدة الأمريكية في وجود هيئة مسئولة عن اعتماد معايير برامج إعداد المعلم والتنمية المهنية له، وكذلك تشابهت في وجود هيئة مستقلة مسئولة عن وضع وإقرار المعايير القومية لمهنة التدريس، والعمل بتراخيص مزاولة المهنة.

3- اختلفت مصادر تمويل الأكاديميات في إنجلترا والولايات المتحدة الأمريكية، فبينما نجد تمويل الأكاديمية في إنجلترا يتم من خلال وزارة التربية والتعليم والمنح التي يقدمها حزب العمال والجمعيات الأهلية نجد أن عملية التنمية المهنية نفسها تم تفويض السلطة بالمدارس في إنجلترا لإيجاد التمويل اللازم لها. وفي الولايات المتحدة الأمريكية اختلفت مصادر تمويل الأكاديميات كل بحسب تبعيته، ويشترك في تمويلها المجلس المحلي للولاية، والجامعات، والشركات الخاصة، وجزء من التمويل من الرسوم التي يدفعها الطلاب.

4- تشابهت الأكاديميات في تلك الدول في استخدامها أسلوب التعليم من بعد في

التنمية المهنية للمعلم، والاعتماد على الوسائط التكنولوجية المتعددة ليشمل ذلك وضع المحتوي التدريبي على شبكة الإنترنت، واستخدام تليفزيون المعلمين، والشبكات، والراديو، والبريد الإليكتروني، وغيرها.

ثانيا: تبعية الأكاديمية:

تتبع الأكاديمية المهنية للمعلم في مصر وزير التربية والتعليم، بينما أكاديمية التنمية المهنية للمعلم في إنجلترا تتبع المجلس العام للتدريس، ولكنها تعمل في شراكة مع نقابات المعلمين والكلية الوطنية للقيادات وهيئة التدريب والتنمية المهنية للمدارس، وفي الولايات المتحدة الأمريكية تختلف تبعية الأكاديمية، فبعضها يتبع المدارس العليا الافتراضية، والبعض الآخر يتبع الجامعات، وتوجد أيضا أكاديميات تقوم على الشراكة المحلية بين المدارس والجامعات، وتوجد أكاديميات تقوم على الشراكة بين الجامعات ومراكز البحث التربوي.

ثالثا: الإدارة:

تتم إدارة الأكاديميات في الولايات المتحدة الأمريكية عن طريق مجلس الأمناء، بينما تتم إدارة هيئة التدريب والتنمية المهنية في إنجلترا من قبل مجلس إدارة الهيئة المعين من قبل وزير التعليم، ويرأسها رئيس تنفيذي، ويتكون مجلس إدارة الهيئة من ستة عشر عضوا.

رابعا: دور الأكاديمية:

توفر الأكاديمية المهنية للمعلم في إنجلترا نظاما قوميا لتعليم المعلم وتنميته مهنيا، وتعزيز ثقافة التعلم مدى الحياة من منطلق أن التنمية المهنية عملية مستمرة مدى الحياة تبدأ من التحاق المعلم بالمهنة، وتعزز التوجيه والإرشاد من خلال المعايير المهنية القومية، والخطط الفردية، والتقييم الذاتي، وتوفر برامج تدريب متمركزة على المدرسة للمعلمين المبتدئين يقوم بتقديمها المعلمون ذوو الخبرة بمنح شهادة (QTS) بعد مروره

بفترة التدريب المبدئي لمدة عام. وتقوم باختبارات المعلمين التي تغطى المهارات الأساسية التي يحتاج المعلمون إلى إنجازها لاتساع دورهم المهني.

أما بالنسبة إلى دور أكاديميات التنمية المهنية للمعلم في الولايات المتحدة الأمريكية فهو توفير الدعم اللازم للمعلم، والنمو المهني المستمر للمعلم من خلال توفير البرامج وتكنولوجيا المعلومات والاتصال الحديث من أجل إثراء عملية التدريس، وتعزيز أداء الطلاب.

تقديم دورات علمية تشمل مجالات تكنولوجيا التعليم، ومحو الأمية، والتنمية المستمرة للمدارس، وتقديم تعليم إليكتروني للمعلمين من بعد، وبرامج ومقررات تنمية مهنية مهمة لدعم معلمي الصفوف من رياض الأطفال إلى الصف الثاني عشر. كما تقدم الأكاديمية دورات للتعلم الإليكتروني مدى الحياة باستخدام وسائط التنمية المهنية للمعلم من بعد، وتعتمد مؤسسات توفير المعلمين الجدد ذوي القدرات العالية.

دور أكاديمية التنمية المهنية للمعلمين في مصر:

وضع الإستراتيجيات والسياسات الخاصة بالبرامج التدريبية، ومدى قدرتها على تحقيق التنمية المهنية المستمرة، والتأكيد عليها، وتطبيق نظام المنح وتراخيص مزاولة المهنة للمعلمين.

ويلاحظ أن دور أكاديمية التنمية المهنية للمعلمين في مصر يجب أن يشمل اعتماد معايير الترقي للعاملين في مجال التعليم، وكذلك وضع معايير التدريس، والإشراف التربوي، واعتماد البرامج بالمعايير المعتمدة. في حين أنه في إنجلترا يقوم المجلس العام للتدريس "General Teaching Council" (GTC) بوضع وتطوير معايير مهنة التدريس، بينما تقوم هيئة أخرى منفصلة باعتماد البرامج وفق المعايير المعتمدة وهي مجلس اعتماد المعلم "Council of Teacher Education Accreditation" (CATE). وفي الولايات المتحدة الأمريكية يقوم المجلس القومي لمقاييس التدريس المهنية "National Board for Professional Teaching Standards" (NBPTS) بتطوير، وتقويم، وإقرار المعايير

القومية للمعلمين، بينما تقوم هيئة أخرى هي المجلس القومي لاعتماد معاهد إعداد المعلمين "National Council of Teacher Education Accreditation" باعتماد برامج إعداد المعلم في الكليات.

التطوير المقترح للأكاديمية المهنية للمعلمين في مصر:

أولا: بالنسبة إلى الهيكل المؤسسي:

أ- يقترح أن تكون أكاديمية افتراضية تقدم تنمية مهنية للمعلمين من بعد، وتقدم تعليما إليكترونيا، وتستخدم في ذلك وسائط للتنمية المهنية من بعد مثل المواد المطبوعة، البريد الإليكتروني، التليفون، التليفزيون، الفيديو، الراديو، الكمبيوتر، الإنترنت والشبكات.

ب- يقترح أن تقوم هذه الأكاديمية على أساس الشراكة مع هيئات أخرى مثل هيئة الاعتماد، وجودة التعليم، ونقابات المعلمين المهنية وفروعها في المحافظات، والجامعات، وشركات القطاع الخاص التي يمكن أن تسهم في توفير وسائط تكنولوجيا التعليم والاتصال، ويسهم تعزيز أسلوب الشراكة مع بعض مؤسسات التنمية المهنية في المجتمع خاصة مع الجامعات والمؤسسات التربوية في إشباع حاجات النمو المهني للمعلمين، كما يعمل على إثراء النمو المهني لهم.

ج- بالنسبة إلى إدارتها يقترح أن تتم إدارتها بواسطة مجلس إدارة يرأسه وزير التعليم ويتكون أعضاء مجلس الإدارة من ممثلين عن هيئة الاعتماد، وجودة التعليم، ونقابات المعلمين المهنية، والجامعات، ومديريات التعليم، ومراكز البحوث التربوية.

ثانيا: التوسع في إنشاء مراكز التنمية المهنية الافتراضية للمعلمين"Virtual Teachers Centers"، والتي تركز على تعزيز التدريس والتعلم "Teaching and Learning" باستخدام تكنولوجيا المعلومات والاتصالات داخل كل جامعة.

ثالثا: يقترح إنشاء شبكة قومية للتنمية المهنية للمعلمين تربط مؤسسات التنمية

المهنية المختلفة ومنها نقابة المعلمين، ووزارة التربية والتعليم، وكذلك تعزيز شبكات التنمية المهنية المحلية المدرسية.

رابعا: يقترح استخدام تكنولوجيا المعلومات والاتصالات في توفير المؤتمرات والمناقشات للمعلمين.

خامسا: تدريب المعلمين على استخدام تكنولوجيا المعلومات والاتصالات في تصميم مصادر تعليمية تفاعلية "Inter Active Resources" للمواد الدراسية.

سادسا: يقترح إنشاء مجلس قومي لتكنولوجيا التعليم يهدف إلى تولي مهام دمج تكنولوجيا التعليم في العملية التعليمية.

سابعا: تحديد معايير كفاءة المعلمين في مجال تكنولوجيا المعلومات والاتصالات.

ثامنا: إعداد دليل للتنمية المهنية المستمرة خاص بالمدارس والمعلمين.

تاسعا: إنشاء مجلس عام لمهنة التدريس يتولى وضع وإقرار معايير التدريس المهنية على غرار المجلس العام للتدريس "General Teaching Council" (GTC) في إنجلترا، وكذلك "National Board for Professional Teaching Standards" (NBPTS) المجلس القومي لمعايير التدريس المهنية في الولايات المتحدة الأمريكية.

المراجــع:

(1) محمد الأصمعي محروس: **"أبعاد التنمية المهنية لمعلمي التعليم قبل الجامعي بين النظرية والممارسة"**. القاهرة، مجلة البحث التربوي، مج(1)، ع(1)، يناير 2002، ص69.

(2) Riding Phil: "On line Teacher Communities and Continuing profession Development". **Journal of Teacher Development**, Vol. 5 Number 3, 2001, P. 2, available on line at: http://www.cambridgeassessment.org.uk/ca.

(3) مورين روبنسون، ترجمة محمد كمال لطفي: **"إصلاح أحوال المعلمين في جنوب أفريقيا، تحديات وإستراتيجيات وحوارات"**، مستقبليات، مجلة فصلية للتربية المقارنة، العدد 123، مج3، يونسكو 2002، ص373.

(4) Felix Kayode OLakulehin: "Information and Communication Technologies In Teacher Training and Professional Development In Nigeria: "**Turkish Online Journal of Distance Education**-TOJDE January 2007, ISSN 1302-6488, Volume 8, Number 1, Article 11.

(5) Learning and Skills Network: **A professional Development framework for E- Learning**, www.learningtechnologies/ac.uk/files/0627. 2007, P. 161.

(6) UNICCO: **Teacher Professional Development, an International review of the literature**, international institute for educational planning, 2003, P. 75.

(7) North Carolina Teacher Academy Professional Development for Teachers available at: teacheracademy.org/17k.

(8) http://www.ncert.nic.in/sites/valueeducation/valueeducation.htm.

(9) Academy for Educational Development: http://www.letkidslead.org/projects/ptepdp.cfm.

(10) عفاف على محمود المصري: **"دراسة مقارنة لأنماط الجامعة المفتوحة في كل من إنجلترا وألمانيا الغربية والصين الشعبية ومدى إمكانية الإفادة منها في جمهورية مصر العربية"**، رسالة ماجستير، كلية التربية، جامعة عين شمس، 1995، ص ص118-131.

(11) Xie Yun Jin: **Recent Development of Satellite TV Normal Education in China**, Paper presented to National Conference on Teacher Education, Preparation, Training, Welfare" Cairo, Ministry of Education,

6-8 November, 1996, P. 97.

(12) State Education Commission: **"Developing The Distance Education Network To Promote Education in Poverty Stricken Counties"** In: "**Hard Climbing**. selected cases in promotion of basic education in china western Disadvantaged counties, Sino Unicef Project, State Education Commission, 1998, P. 122.

(13) Sillis. David L.: "International Encyclopedia of the social sciences". New York, Macmillan Company, Vol. 1, 1968, P. 5.

(14) Field Enterprises Educational Corporation: "The world book encyclopedia" Vol. 1, USA. Field enterprises educational corporation, 1963, P. 16.

(15) نجوى جمال الدين: "التعليم من بعد - التجربة المصرية"، مجلة التربية والتعليم، العدد الخامس عشر، مارس 1999، ص51.

(16) محمد عزت عبد الموجود: "الاتجاهات الحديثة **في تدريب المعلم"**. القاهرة. المركز القومي للبحوث التربوية، 2004، ص

(17) فيليب إسكاروس، مصطفى عبد السميع: **"الجديد في التربية في الأدبيات الأجنبية"**، القاهرة، مركز الكتاب للنشر، 2007، ص299.

(18) عوض توفيق، ناجي شنودة: "**التنمية المهنية لمعلمي التعليم الثانوي العام**". القاهرة، المركز القومي للبحوث التربوية والتنمية، 2003، ص

(19) محمد عزت عبد الموجود: **"الاتجاهات الحديثة في تدريب المعلم"**. مرجع سابق، ص.

(20) Goljia Tanja & Schaverien Lynetele: **"Theorizing Institute for media, learning and faculty of Education** respectively, university of Technology Sadney, 2007.

(21) محمود أحمد شوق، محمد مالك محمد سعيد محمود: **تربية المعلم للقرن الواحد والعشرين**، القاهرة، الطبعة الأول، 1995، ص227.

(22) شعبان حامد علي إبراهيم: **"برنامج تدريبي مقترح للتنمية المهنية للمعلمين على**

استخدام تكنولوجيات المعلومات والاتصال في العملية التعليمية"، القاهرة. المركز القومي للبحوث التربوية، 2006، ص5.

(23) Holmes, Elizabeth: "**The newly qualified Teachers handbook a life saver in your first year, The Times Educational supplement**". Kogan page, London, AV, 2003, pp. 294-300.

(24) Unesco: "**ICT competency standards for teachers policy framework**". United by the United Nations Educational, Scientific and Cultural Organization, 2008. I

(25) **Information Technology in Teacher Education** *2007 No 55* http://www.itte.org.uk

(26) unesco: "**teacher professional development an international review of the literature**, United Nations Educational, Scientific and Cultural Organization, 2003, P.86

(27) Altun Taner: "Information And Communications Technology (ICT) In Initial Teacher Education: What Can Turkey Learn From Range Of International Perspective". **Journal of Turkish Scince Education, Vol. 4, Issue 2, Sep. 2007**

(28) Latham Gloria: "Collaborative Theory-Building Pre-service Teacher Education", Australian Journal of Teacher Education, Vol. 21, No. 2, 1996.

(29) Huddleston Prue & Lorna Unmin: "**Teaching and learning in further education diversity and change**", Routledge, London, 1997, P. 88

(30) 21st Century Skills Professional Development A Partnership for 21st Century Skills e-paper available at: www.21stcenturyskills.org/route21/images/stories/ epapers/r21pdepap, 2007.

(31) Makrakis, V.: "**Training teachers for new roles in the new era: Experiences from the United Arab Emirates ICT program**. Proceedings of the 3rd Pan- Hellenic Conference on Didactics of Informatics", Korinthos, Greece (2005).

(32) Ingvarson Lawrence & Rowe Ken: "**Conceptualizing and Evaluating Teacher quality substantive and methodological issues**". Paper presented at teacher quality conference, Australia, National University, 5 Feb. 2007, P.

(33) Phillips Paulina: "Professional development as a critical component of continuing

teacher quality", **Australian journal of teacher education** available at: http://www

(34) Continuing professional development for teachers in schools. A report from the office of her Majesty chief inspector schools inspected. Sep. 2000 to April 2001. http;//www.ofested.gov.uk

(35) محمد عزت عبد الموجود: **"الاتجاهات الحديثة في تدريب المعلم"**. القاهرة. المركز القومي للبحوث التربوية، 2004، ص10.

(36) Unesco: Villegas Eleonora, Reimers: Op.cit, P. 12.

(37) Villegas Eleonora. Reimers: Op.cit, P. 11.

(38) Schlager Mark S.: **"Teacher professional development teaching and communities of practice: Are we putting the caret before the horse"** in S. Barab, R. Kling and J. Grary (eds) Designing for virtual communities in the service of learning. Cambridge University Press, also the information society 203-220, 2003.

(39) Villegas Eleonora, Reimers: **Teacher Professional development an international review of the literature development**, Unesco, 2003.

(40) Holmes, Elizabth: **"The newly qualified teachers hand book"**, London, Kogan page limited, 2003, P. 295, Op.cit, pp. 229-303.

(41) ماريا بيلاراوندا: **"معلمو القرن الواحد والعشرين تجربة بعثات التدريس وشبكات المعلمين وأنماط جديدة في التدريب"**. ترجمة: أحمد عطية أحمد، مجلة مستقبليات، 2003، ص426.

(42) عايدة عباس أبو غريب: **"تطوير عمليات التعليم والتعلم باستخدام الشبكات الالكترونية في التعليم العام"**. القاهرة، المركز القومي للبحوث التربوية، 2004، ص31.

(43) Matthew Parrot & Riding Phil: **"Building an international and online Teacher Community to Support Continuing profession Development.** http://www.cambridgeassessment.org.

(44) Phil Riding: "Online Teacher Communities and Continuing Professional Development". **Journal of teacher development, Vol. 5, No., 2001.**

(45) اللجنة الوطنية المصرية لليونسكو: "**التعليم من بعد**"، مرجع سابق، ص265.

(46) سوسن محمود أحمد: "**فعالية تصميم التعليم بالفيديو التفاعلي على تحصيل الطالبات المعلمات في مقرر تكنولوجيا التعليم وميولهن نحوه**". رسالة ماجستير، كلية البنات، جامعة عين شمس، 2001.

(47) محمد أمين حسن علي: تقويم برنامج تدريب معلمي العلوم بالمرحلة الإعدادية باستخدام تكنولوجيا التعليم عن بعد، مؤتمر الفيديو، المركز القومي للبحوث التربوية، القاهرة: 1997، ص15.

(48) محمد الأصمعي، محروس سليم: **أبعاد التنمية المهنية لمعلمي التعليم قبل الجامعي بين النظرية والممارسة**، مرجع سابق، ص102.

(49) يوسف صلاح الدين قطب: أهمية التعليم الذاتي والتعلم المستمر في إعداد المعلم وأثناء مزاولته مهنة التعليم، صحيفة التربية، السنة الخمسون، العدد الثاني، يناير 1999.

(50) أحمد إسماعيل حجى: **التربية المقارنة**، دار الفكر العربي، القاهرة، 1998، ص273.

(51) Smith Christine, Gillespie Marilyn: **Research on Professional Development and Teacher change implications for adult basic education.** Available at: http://www.ncsall.net/fileadmin/resources/ann_rev/smith-gillespie-07.pdf

(52) **The professional Developmental Teachers as life long Models. Parches and factors that influence it**", Paper prepared for the Board on international compare studies/ Research council available at: http://www.nationalacademies.org.

(53) Huddleston Prue and unwin Lorna: "**teaching and learning in further education diversity and change**". London, Routledge, 1997.

(54) أبراهام يوجيف: **تدريب المعلمين داخل المدارس**، مجلة مستقبليات، العدد 103، المجلد 27، القاهرة، مركز مطبوعات اليونسكو، 1997، ص159.

(55) رشيدة السيد أحمد الطاهر: تدريب المعلمين بالخارج دراسة في التخطيط للتنمية

المهنية. رسالة ماجستير، معهد الدراسات والبحوث التربوية، جامعة القاهرة، 2003، ص133.

(56) Joan Dean: "**Improving the primary schools". Op.cit, P.** 113.

(57) Unesco: "Teacher professional development. an **international review of the literature**", Unesco international institute for education planning, Unesco, 2003.

(58) Morny Will: "**Teacher Professional association as a key contributor to the effectiveness of teachers work**". Paper presented to the fifth learning. Unesco ACEID international conference reforming learning curriculum and pedagogy innovative vision for the new century, 2005.

(59) شعبان محمد هلل: "**البحث التربوي بوصفه أحد أساليب التنمية المهنية للمعلمين دراسة تحليلية**"، كلية التربية، جامعة الإسكندرية، 2006، ص.

(60) فيليب إسكاروس، مصطفى عبد السميع: "**الجديد في التربية في الأدبيات الأجنبية**"، القاهرة، مركز الكتاب للنشر، 2007، ص299.

(61) Cooper, David E.: "Quality and Equality in Education", In: Hirst, Paul H. & White Patricia (eds.), **Philosophy of Education-Major Themes in the Analytic Tradition**, Vol. 111, Society and Education, London and New York, Routledge, 2000, pp. 179-181.

(62) Moon Bob: "**Open and Distance learning and the Development of Teacher Education New Global perspective**". Paper presented at the first National conference on Teacher Education, Prepantatiar Training.

(63) مى محمود شهاب: "نظم إعداد معلم التعليم العام في مصر دراسة مقارنة مع بعض الدول (فرنسا - سويسرا)"، رسالة دكتوراه، معهد الدراسات والبحوث التربوية، جامعة القاهرة، 1997، ص6.

(64) محمود السيد عباس: "الاحتياجات التدريبية لمعلمي الكمبيوتر - دراسة ميدانية بمحافظة سوهاج"، المجلة التربوية بكلية التربية بسوهاج، جامعة جنوب الوادي، العدد الثالث عشر، يناير 1998، ص89.

(65) محمد الأصمعي محروس سليم: "أبعاد التنمية المهنية لمعلمي التعليم قبل الجامعي بين النظرية والممارسة"، القاهرة، مجلة البحث التربوي، المركز القومي للبحوث التربوية والتنمية، مج(1)، ع(1)، يناير 2002، ص161.

(66) أيمن عبد المحسن عبد الرحمن: "أساليب تدريب معلمي الحلقة الثانية من التعليم الأساسي - دراسة ميدانية على محافظات وسط الدلتا"، رسالة ماجستير غير منشورة، كلية التربية، جامعة الزقازيق، 1995.

(67) منار محمد إسماعيل بغدادي: **"سياسات اختيار وتوظيف معلمي التعليم قبل الجامعي دراسة مقارنة بين مصر والولايات المتحدة الأمريكية".** رسالة ماجستير، معهد الدراسات التربوية، جامعة القاهرة، 1999، ص199.

(68) صلاح الدين عبد العزيز: **"متطلبات ونظم مزاولة مهنة التدريس في مرحلة التعليم الأساسي في مصر".** القاهرة، المركز القومي للبحوث التربوية والتنمية، 2002، ص152.

(69) كامل جاد: **"التنمية المهنية لمعلمي المرحلة الثانوية في مصر (معالم سياسة مقترحة).** القاهرة، المركز القومي للبحوث التربوية، 1999.

(70) أمل عثمان الكحيل: **"القيادة المدرسية وعلاقتها بالتنمية المهنية للمعلمين دراسة ميدانية"**، رسالة ماجستير، جامعة القاهرة، معهد البحوث والدراسات التربوية، 2003.

(71) رشيدة السيد أحمد الطاهر: **تدريب المعلمين بالخارج: دراسة في التخطيط للتنمية المهنية**، رسالة ماجستير، معهد الدراسات والبحوث التربوية، جامعة القاهرة، 2003.

(72) عوض توفيق عوض: التنمية المهنية لمعلمي التعليم الثانوي العام، القاهرة، المركز القومي للبحوث والتنمية، 2003.

(73) دراسة شعبان أحمد محمد هلل: **"البحث التربوي بوصفه أحد أساليب التنمية المهنية للمعلمين دراسة تحليلية"**، رسالة ماجستير، كلية التربية، جامعة الإسكندرية، 2006.

(74) طارق عبد المنعم أبو النجا: **التعليم من بعد في جمهورية مصر العربية - دراسة حالة**

لبرنامج تأهيل معلمي الحلقة الأولى من مرحلة التعليم الأساسي للمستوى الجامعي، رسالة ماجستير غير منشورة، كلية التربية، جامعة المنصورة، 1990.

(75) عبد العزيز عبد الهادي الطويل: التعليم من بعد في مجال محو الأمية وتعليم الكبار في جمهورية مصر العربية - دراسة تقويمية، رسالة دكتوراه غير منشورة، كلية التربية، جامعة المنصورة، 1993.

(76) المركز القومي للبحوث التربوية والتنمية: إمكانية استخدام تكنولوجيا التعليم من بعد في إطار التربية للجميع بجمهورية مصر العربية، المرحلة الثانية من الدراسة، القاهرة، يونيو 1995.

(77) لمياء إبراهيم الدسوقي المسلماني: "التعليم الثانوي من بعد على ضوء خبرات بعض الدول الأجنبية". رسالة ماجستير غير منشورة، معهد الدراسات والبحوث التربوية، جامعة القاهرة، 2004.

(78) وزارة التربية والتعليم: البنك الدولي، وحدة التخطيط والمتابعة، مشروع تحسين التعليم الثانوي، القاهرة، 2001، ص31.

(79) Derek Bell & Ron Ritchie (1999): Towards Effective subject Leadership in the Primary School - Open University press, Buckingham. pp. 110-111.

(80) يوسف صلاح الدين قطب: أهمية التعليم الذاتي والتعلم المستمر في إعداد المعلم وأثناء مزاولته لمهنة التعليم، صحيفة التربية، السنة الخمسون، العدد الثاني، يناير 1999.

(81) وزارة التربية والتعليم: **مبارك والتعليم النقلة النوعية في المشروع القومي للتعليم، تطبيق مبادئ الجودة الشاملة**، 2002.

(82) Moon Bob: "**Open and Distance learning and the development of teacher Education NEW global perspective.**" Paper presented at the first national conference on teacher education, preparation, training welfare, Cairo, Egypt. Nov. 1996. P. 241.

(83) Training and development agency fir schools.

(84) **White paper Intel information technology Wireless Technologies and bridging the digital divide**", available at http://intelworld.com/whitepaper/resources/wireless-and-elearning. 2006.

(85) منار محمد إسماعيل بغدادي: **"صنع السياسة التعليمية، دراسة مقارنة بين كل من مصر وإنجلترا والصين"**. رسالة دكتوراه، معهد الدراسات والبحوث التربوية، جامعة القاهرة، 2005.

(86) عفاف المصري: مرجع سابق.

(87) British Educational Communications and Technology Agency: **The National Gride for Learning**, Op.cit, pp. 1-2.

(88) Hugh Busher & Rone Saran: **"Managing teacher as professionals in schools"**, Kogan page, London, 1995, P. 200.

(89) Unesco: Teacher professional development. On international review of the literature international institute far educational planning, 2003, P. 4.

(90) Moon Bob: "**The Global Teacher Crisis- meeting the challenge through New Technologies and New Models of Teaching and learning**". Paper presented to The 12th Cambridge International Conference on open Distance learning". New Hall Cambridge Friday 28th Sep. 2007, P. 7.

(91) Matthew Parralt, Riding Phil: "**Building an internet and on line Teacher Community to Support Continuing professional Development**. http://www.cambridgeassessment.org.

(92) Riding Phil: Online Teacher Communities and Continuing profession Development". **Journal of Teacher Development, Vol. 5, No. 3, 2001,** P. 2. available online at: http://www.cambridgeassessment.org.uk/ca.

(93) Training and Development Agency (TDA) for schools: available at: http://www.Tda.gov.uk

(94) http://www.teacher.net.uk.

(95) Preston Christina: "A virtual teachers centers for virtual teacher". www.worldcitizens.net/ftp/grid.pdf.

(96) Teacher learning Academy

(97) Ralph Tabberer: Training and development agency for schools: funding for the training and development agency funding for training in England. available at: www.tda.gov.uk.recriuf

(98) Training and development agency for schools: Continuing Processional development: a strategy for continuing professional development.

(99) Continuing professional Development for teachers in schools". Report from the office of her majesty's chief inspector schools, inspected Sep. 2000 to April 2001, available at: www.ofested.gov.uk.

(100) Life long learning uk. http:www.

(101) Learning and skills network: "**A professional development framework for e. learning** published by learning" www.leariningtechnologies.ac.uk/files/2007. P. 17. 0627/16.

(102) Abdul Ghany, Nisreen: "Contemporary Initial Teacher Training Reforms in Egypt: A comparative and Historical perspective Thesis in Egypt. Submitted to universities. 2003, pp. 102-109.

(103) Pollard Andrew & Others: "**Reflective Teaching**". London, continuum, 2002, pp. 398-400

(104) Training and development agency far schools:

(105) Training and Development Agency for Schools: "**Continuing Professional development: Strategy for Teachers**" available at: http://www.tda-gov.uk/ upload/resources/odf/c/cpd-lettertoministersapdf. 2007.

(106) Holmes, Elizabeth: Op.cit, P. 39.

(107) Training and Development Agency for schools (Tda): Building the school team in term plan, 2005. 6.

(108) Training and Development Agency: "**Funding for training in England**" available at: www.tda.gov.uk.uk/recriucl.

(109) Douglas N. H. Aarris: "**Teacher Quality and student achievement**". National center for Analysis of longitudinal data in Education Research Tracking Every student learning every year, March 2007, available at: http://

(110) Valverde, G.A.: "United States", In: Postlethwaite, T. Neville (ed.), International Encyclopedia of National Systems of Education, Second Edition, New York, Pergamon, 1995, P. 1033.

(111) Washington D.C., Central Intelligence Agency: Yahoo! Reference Fact book: United States Population, Online, Available at: http://education.yahoo.com/ reference/factbook/us/popula.html, 2003, P. 1.

(112) United States, In: The Columbia Electronic Encyclopedia Copyright © 1994, 2000, Columbia University Press, Online, Available at: http://infoplease.com/ ce6/us/A0861708.html, 26 Jan. 2003, P. 1.

(113) Smith, Sean: "Teacher Education", Op.cit., P. 61.

(114) http://www.continuingeeducatiam.tc.columbia.edu/defaultaspx?pageid=143.

(115) New Teacher Academy (Pdf) www.ufttc.org/ftp/pub.

(116) Fulton, Kathleen & Kober, Nancy: Preserving Principles of Public Education in an Online World, Washington, Center on Education Policy, Nov. 2002, pp. 9-10.

(117) Fulton, Kathleen & Kober, Nancy: Preserving Principles of Public Education in an Online World, Op. Cit., P. 10.

(118) Shelton, Sue: "Breathing New Life into a Dead Language: Teaching Latin Online", Op.cit., P. 65.

(119) Carnevale, Dan & Young, Jeffrey R.: "Telecourses Change Channels", Chronicle of Higher Education, Vol. 47, Issue 44, July 2001, P. 29.

(120) Collins, John: "Using the Internet as a Distance Learning Tool in Selected Secondary School Areas", Journal of Research on Computing in Education, Vol. 33, Issue 4, 2001, pp. 432-435.

(121) Keystone National High School: Programs of Study-e School Internet-Based Delivery, Op.cit. P. 1.

(122) سعاد بسيوني عبد النبي: بحوث ودراسات في نظم التعليم، مرجع سابق، ص183.

(123) http://www.cunyedu/academics/academic/programsofnote/theteacheracademy. html.

(124) North Carolina Teacher Academy. http://www. teacheracademy.org/ trustees.htm.

(125) Unesco: "Teacher Professional development, an International review of the literature, Op.cit., P. 94.

(126) Oracle academy available at: www.academy.oracle.com.

(127) منار محمد إسماعيل بغدادي: **"سياسات اختيار وتوظيف معلمي التعليم قبل الجامعي دراسة مقارنة بين كل من مصر والولايات المتحدة الأمريكية"**. رسالة ماجستير، معهد الدراسات والبحوث التربوية، جامعة القاهرة، 2000.

(128) Brandl Klaus. K: "Forign Language TAS, Perceptions of Training Components: Do We Know How They Like to be Trained?", The Modern Language Journal, Vol. 84, No. 3, Fall 2000, pp. 355-356.

الفصل الخامس

تجارب بعض الدول في مشروع تطوير المائة مدرسة

تعد عملية الإصلاح المدرسي من أهم الأولويات الحكومية من أجل تطوير التعليم في مصر، وهو مدخل يعتمد علي التحول من النمو الكمي للمدخلات التعليمية من مدارس ومعلمين وأبنية مدرسية وأجهزة وأدوات الخ، إلى إحداث تغيير كيفي في فكرة إصلاح التعليم والانتقال من التوسع الكمي إلى تعميق التحسن الكيفي، ومن الإتاحة إلى الجودة ومن التركيز علي المدخلات إلى التركيز علي جودة المنتج التعليمي أو التلميذ، ويهدف إلى دعم القدرة الذاتية والأكاديمية والمهنية للمدرسة بحيث تتحمل المسئولية كاملة في ظل المساءلة والمحاسبية التعليمية[1].

تجارب بعض الدول في مشروع المائة مدرسة

بدأ مشروع اليابان المعروف باسم "مشروع المائة مدرسة" في عام 1994 حيث تم تجهيز المدارس بالانترنت بغرض تجريب وتطوير الأنشطة الدراسية والبرمجيات التعليمية من خلال تلك الشبكة، واستخدام شبكة تلفازية تبث المواد الدراسية التعليمية بواسطة أشرطة فيديو للمدارس حسب الطلب من خلال (الكيبل) كخطوة أولى للتعليم عن بعد[2]. وفي عام 1995 أعدت لجنة العمل الخاص بالسياسة التربوية في اليابان تقريرا لوزارة التربية والتعليم تقترح فيه أن تقوم الوزارة بتوفير نظام معلومات إقليمي لخدمة التعليم مدى الحياة في كل مقاطعة يابانية، وكذلك توفير مركز للبرمجيات التعليمية إضافة إلى إنشاء مركز وطني للمعلومات، ووضعت اللجنة الخطط الخاصة بتدريب المعلمين وأعضاء هيئات التعليم على هذه التقنية الجديدة وهذا ما دعمته ميزانية الحكومة اليابانية للسنة المالية 1996/1997 حيث أقر إعداد مركز برمجيات

لمكتبات تعليمية في كل مقاطعة ودعم البحث والتطوير في مجال البرمجيات التعليمية ودعم البحث العلمي الخاص بتقنيات التعليم الجديدة وكذلك دعم كافة الأنشطة المتعلقة بالتعليم عن بعد، وكذلك دعم توظيف شبكات الانترنت في المعاهد والكليات التربوية، لتبدأ بعد ذلك مرحلة جديدة من التعليم الحديث، وتعد اليابان الآن من الدول التي تطبق أساليب التعليم الالكتروني الحديث بشكل رسمي في معظم المدارس اليابانية(3).

وفي الولايات المتحدة الأمريكية 98% من مدارس التعليم الابتدائي والثانوي في الولايات المتحدة لديها جهاز حاسب إلى لكل 9 طلاب، وفي الوقت الحاضر فإن الحاسب متوفر في جميع المدارس الأمريكية بنسبة (100%) بدون استثناء، وفي عام 1995 أكملت جميع الولايات الأمريكية خططها لتطبيقات الحاسب في مجال التعليم. وبدأت الولايات في تطبيق منهجية التعليم عن بعد وتوظيفها في مدارسها خلال فترة الثمانينيات، واهتمت بعملية تدريب المعلمين لمساعدة زملائهم ومساعدة الطلاب أيضا، وتوفير البنية التحتية الخاصة بالعملية من أجهزة حاسب إلى وشبكات تربط المدارس مع بعضها إضافة إلى برمجيات تعليمية فعالة كي تصبح جزء من المنهج الدراسي، ويمكننا القول أن إدخال الحاسب في التعليم وتطبيقاته لم تعد خطة وطنية بل هي أساس في المناهج التعليمية كافة(4).

وفى ماليزيا وضعت لجنة التطوير الشامل الماليزية للدولة خطة تقنية شاملة في عام 1996م تجعل البلاد في مصاف الدول المتقدمة وقد رمز لهذه الخطة (Vision 2020)، بينما رمز للتعليم في هذه الخطة. (The Education Act 1996) ومن أهم أهداف هذه الخطة إدخال الحاسب الآلي والارتباط بشبكة الإنترنت في كل فصل دراسي من فصول المدارس. وكان يتوقع أن تكتمل هذه الخطة (المتعلقة بالتعليم) قبل حلول عام 2000م لو لا الهزة الاقتصادية التي حلت بالبلاد في عام 1997م. ومع ذلك فقد بلغت نسبة المدارس المربوطة بشبكة الإنترنت في ديسمبر 1999م أكثر من 90%، وفي الفصول الدراسية 45%. وتسمى المدارس الماليزية التي تطبق التقنية في الفصول الدراسية "المدارس الذكية

(Smart Schools)"، وتهدف ماليزيا إلى تعميم هذا النوع من المدارس في جميع أرجاء البلاد .أما فيما يتعلق بالبنية التحتية فقد تم ربط جميع مدارس وجامعات ماليزيا بعمود فقري من شبكة الألياف البصرية السريعة والتي تسمح بنقل حزم المعلومات الكبيرة لخدمة نقل الوسائط المتعددة والفيديو[5].

و في استراليا حيث يوجد عدد من وزارات التربية والتعليم، ففي كل ولاية وزارة مستقلة، ولذا فالانخراط في مجال التقنية متفاوت من ولاية لأخرى. والتجربة الفريدة في استراليا هي في ولاية فيكتوريا، حيث وضعت وزارة التربية والتعليم الفيكتورية خطة لتطوير التعليم وإدخال التقنية في عام 1996م على أن تنتهي هذه الخطة في نهاية عام 1999م بعد أن يتم ربط جميع مدارس الولاية بشبكة الإنترنت عن طريق الأقمار الصناعية، وقد تم ذلك بالفعل. اتخذت ولاية فلتوريا إجراء فريدا لم يسبقها أحد فيه حيث عمدت إلى إجبار المعلمين الذين لا يرغبون في التعامل مع الحاسب الآلي على التقاعد المبكر وترك العمل. وبهذا تم فعليا تقاعد 24 % من تعداد المعلمين واستبدالهم بآخرين. تعد تجربة ولاية فلتوريا من التجارب الفريدة على المستوى العالمي من حيث السرعة والشمولية. وأصبحت التقنية متوفرة في كل فصل دراسي، وقد أشاد بتجربتها الكثيرون ومنهم رئيس شركة مايكروسوفت (بل جيتس) عندما قام بزيارة خاصة لها. وهدفت وزارة التربية الأسترالية بحلول عام 2001م إلى تطبيق خطة تقنيات التعليم في جميع المدارس بحيث يصبح المديرون والموظفون والطلاب قادرين على استخدام أجهزة الحاسب الآلي والاستفادة من العديد من التطبيقات وعناصر المناهج المختلفة والاستخدام الدائم والمؤهل في تقنيات التعليم وذلك في أنشطة الحياة العادية، وفي البرامج المدرسية كذلك تطوير مهاراتهم في مجال استعمال العديد من تقنيات التعليم. وبينما يمكن (91%) من المدارس الدخول إلى شبكة الإنترنت فإن (80%) من المدارس تستخدم في الوقت الحالي شبكة محلية داخلية[6].

كما وضعت دول الخليج العربي ممثلة بوزارات التربية والتعليم خططا لدمج التقنية بالتعليم، ففي دولة الإمارات العربية المتحدة تبنت وزارة التربية والتعليم والشباب

مشروع تطوير مناهج لتعليم مادة الحاسب الآلي بالمرحلة الثانوية وقد بدأ تطبيق هذا المشروع عام 1990/1989 وقد شمل في البداية الصف الأول والثاني الثانوي، وكان المشروع قد بدأ بإعداد منهج للصف الأول الثانوي وتجريبه باختيار مدرستين بكل منطقة تعليمية أحداهما للبنين والأخرى للبنات، وفي العام التالي تم تعميم التجربة لتشمل كافة المدارس الثانوية في الدولة .

ولقيت هذه التجربة قبولا من قبل الطلاب وأولياء الأمور فضلا عن الأهداف التي حددتها الوزارة فقد أسفرت التجربة عن النتائج التالية :ولَدت التجربة وعيا لدى أولياء الأمور نحو أهمية الحاسب في الحياة المعاصرة .شجعت التجربة معلمي المواد الأخرى على تعلم الحاسب الآلي- ولدت لدى الإدارة المدرسية الرغبة في استخدام الحاسب في مجالات الإدارة المدرسية مما جعل الوزارة تتجه نحو إدخال الحاسب في مجالات الإدارة المدرسية. جعلت التجربة معلمي المواد الأخرى ينظرون إلى استخدام الحاسب كوسيط تعليمي لهذه المواد وبعد ذلك وفي ضوء هذه التجارب تم اعتماد تدريس الحاسب في المرحلة الإعدادية وتم طرح كتاب مهارات استخدام الحاسب ضمن مادة المهارات الحياتية للصفين الأول والثاني الثانوي.

وقد حُددت أهداف ومجالات استخدام التقنيات التربوية في التعليم في الدولة في ضوء أحدث المفاهيم التربوية المطروحة لتوظيف التحديات التربوية في عملية التعليم، ويتضح ذلك في السياسة التعليمية للوزارة والخطط المستقبلية المنبثقة عن رؤية التعليم حتى عام 2020 وفي وثائق المناهج المطورة، وتتمثل هذه الأهداف في:

1- تحسين وتطوير عمليتي التعليم والتعلم في مناهج التعليم العام.

2- إعداد الطلاب للتعامل بكفاءة مع عصر المعلومات وذلك بإكسابهم المهارات المتصلة بالتعليم الذاتي واستخدام الحاسب وشبكات الاتصال للوصول إلى مصادر المعلومات الالكترونية المحلية والدولية.

3- تطوير شبكة اتصال معلوماتي فيما بين الوزارة والمناطق التعليمية والمدارس لمساعدة

مراكز اتخاذ القرار في الوصول بسرعة إلى مختلف أنماط المعلومات المتصلة بالطلاب والمعلمين والهيئات الإشرافية والإدارية وغيرها.

4- تطوير عمليات تدريب للمعلمين إثناء الخدمة وإكسابهم الكفاءات التعليمية المطلوبة لتنفيذ المناهج الجديدة والمطورة، وذلك بإنشاء المراكز التدريبية في كل منطقة تعليمية.

5- تطوير عمليات التقويم وذلك بإنشاء بنوك الأسئلة لكل مادة من المواد الدراسية والتوسع في استخدام الاختبارات الالكترونية.

وفى سلطنة عمان قامت وزارة التربية والتعليم في السلطنة في إطار تطوير التعليم بإعداد خطة شاملة وطموحة تسعى من خلالها إلى الانسجام مع المتطلبات التنموية للسلطنة، وقد نصت على تطبيق نظام التعليم الأساسي الذي يتكون من مرحلتين الأولى للتعليم الأساسي ومدتها 10 سنوات تقسم إلى حلقتين الأولى (1-4) والحلقة الثانية (5-10)، والثانية هي المرحلة الثانوية ومدتها سنتان.

وسعت الوزارة إلى إدخال الحاسب الآلي في مراكز مصادر التعلم بمدارس التعليم الأساسي لتحقيق الأهداف حيث تُكون مرحلة التعليم الأساسي القاعدة الأساسية التي سوف يرتكز عليها إدخال الحاسب إلى المدارس إكساب الطلبة مهارات التعامل مع الحاسب، وتوفير برمجيات حاسوبية تستخدم الوسائط المتعددة تساعد على تنمية قدرات الطالب العقلية وتحتوي على كم هائل من العلوم والمعارف. وتنمية مهارة حب الاستطلاع والبحث والتعلم الذاتي والاعتماد على النفس في الحصول على المعلومات من مصادرها المختلفة.وقد اصدر معالي وزير التربية والتعليم قرارا بتشكيل لجنة من ذوي الاختصاص في جامعة السلطان قابوس ووزارة التربية والتعليم لوضع مناهج مادة تقنية المعلومات لمرحلة التعليم الأساسي) الحلقة الأولى للصفوف (1-4) لتقوم بالمهام التالية:

- تحديد المرتكزات الفكرية لمناهج تقنية المعلومات الأسس والمرتكزات.

- دراسة الأهداف العامة من أجل اشتقاق الأهداف الإجرائية وتحليلها.
- مصفوفة المدى والتتابع لمادة تقنية المعلومات.
- وضع وحدات مناهج تقنية المعلومات لكل صف من الصفوف (1-4 كتاب واحد لكل صف يشمل جزأين لكل فصل دراسي جزء).
- تحقيق التكامل الرأسي والأفقي بين هذه الوحدات.
- ربط مناهج تقنية المعلومات بمناهج المواد الدراسية الأخرى.
- اقتراح أسس لاستمرارية تحديث وتقويم مناهج تقنية المعلومات.

وبدأ التطبيق الفعلي من العام الدراسي 1999/1998 بإنشاء 17 مدرسة تعليم أساسي (1-4) على مستوى السلطنة، أعقب ذلك افتتاح 25 مدرسة في العام التالي 1999/ 2000، وجرى افتتاح 58 مدرسة في العام 2001/2000 وهي فكرة رائدة تعمل الوزارة على تطبيقها تدريجيا، وخصصت ميزانية كبيرة لإنجاحها، وتتوفر لهذه المدارس الإمكانية اللازمة لعملية تعليمية ناجحة وفق أهداف التطوير.

وقد تم إنشاء مراكز مصادر التعلم في كل مدرسة من مدارس التعليم الأساسي في السلطنة وتم تزويدها بأحدث الأجهزة التعليمية والتكنولوجية خاصة الحاسب الآلي، وهذا ما دعا إلى زيادة

وفى مصر يعد مشروع تطوير المائة مدرسة هو أحد المشاريع الرائدة، التي قامت تحت رعاية سيدة مصر الأولى حرم السيد رئيس الجمهورية، وبدأ كمبادرة من جمعية تنمية خدمات مصر الجديدة، وهي جمعية أهلية تأسست عام 1981 برئاسة سيدة مصر الأولى حرم رئيس الجمهورية. وتهدف الجمعية إلى تنمية الموارد البشرية، وإعادة تأهيلها وتزويدها بتكنولوجيا المعلومات ومفاهيم المرحلة القادمة، وعصر المعلومات من خلال المكتبات ومراكز التدريب، وعلوم الحاسب الآلي، اللغات، وعقد الندوات والمؤتمرات من خلال الموسم الثقافي السنوي، والمسابقات للأطفال والكبار وأيضا لها إنجازاتها في مجال التشجير والتجميل وحماية المستهلك والحفاظ علي القيم والتراث، ومن أهم أنشطتها[7]:

1- لجنة الصحة: وتهدف إلى تقديم الدعم المادي لتطوير وتحديث المستشفيات والوحدات الصحية ومراكز الإسعاف التي تخدم محدودي الدخل.

2- لجنة المكتبات والندوات: وهي تقوم بدور هام في تنمية المجتمع ثقافيا وعلميا من خلال المكتبات والندوات.

3- لجنة التشجير: ولها دور مهم في تشجير حي مصر الجديدة ومن أبرز ما قامت به مشروع المليون شجرة.

4- لجنة متحف سوزان مبارك للطفل: قامت الجمعية بإنشاء متحف سوزان مبارك للطفل بحديقة الغابة بمصر الجديدة والتي كانت مهملة لفترة طويلة ويتميز هذا المتحف بقدرته على استشارة الحواس لدى الأطفال.

5- لجنة البيئة وحماية المستهلك والتي تم تشكيلها بموجب قرار الجمعية رقم 2002/3/27 بغرض تحقيق التكامل بين الجمعيات.

والجدير بالذكر: أن الجمعية ليس بها لجنة خاصة بالتعليم، ولا يوجد على موقع الانترنت الخاص بالجمعية أية إشارة لهذا المشروع .

وقد بدأ مشروع تطوير المائة مدرسة في يوليو عام 2006، حيث هدف إلى تطوير مائة مدرسة في المناطق الأكثر احتياجا في محافظة القاهرة، وبدأ في أحياء النهضة والسلام، والمرج تعزيزا لمبادئ تكافؤ الفرص والعدالة الاجتماعية.

مشروع تطوير المائة مدرسة واللامركزية:

تماشيا مع سياسة الدولة في تطبيق اللامركزية، تم إطلاق المشروع في أكثر من محافظة منها الإسماعيلية والفيوم والأقصر واستكمال العمل بمحافظة القاهرة، وتطوير مدارس حي المطرية، وعين شمس في تسعين مدرسة، واستكمال العمل في ثلاثين مدرسة بمحافظة الجيزة، ومدارس حي بولاق، بالإضافة إلى الانتهاء من مدارس الأقصر. وترجع أهمية مشروع تطوير المائة مدرسة إلى كون بعض المدارس خالية من الملاعب الرياضية،

وأخرى خالية من دورات مياه ملائمة، وثالثة خالية من مقاعد سليمة، ورابعة خالية من وجود سور يحيط بالمدرسة.

جوانب الإصلاح المدرسي:

وقد شملت جوانب إصلاح وتطوير مشروع المائة مدرسة ما يلي[8]:

1- ترتكز جوانب الإصلاح المدرسي علي رؤية المدرسة، ورسالتها، والإمكانيات البشرية، والإمكانيات المادية، والمناخ المدرسي، والعملية التعليمية، وخدمات البيئة، والمشاركة المجتمعية، والتقويم.

2- إقامة عيادات طبية تضم ملفا صحيا شاملا عن كل طالب بما يساهم في تحسين وضعه الصحي، ووضع نظام لتواجد الطبيب في المدرسة، بشكل يمكنه من التعامل مع الطالب والاكتشاف المبكر للأمراض.

3- إدخال السبورة الذكية في المدارس الحكومية المجانية وتوصيلها بجهاز كمبيوتر، بحيث يمكن للطالب بمجرد تصحيح إجاباتها المدونة علي هذه السبورة،مما يساهم في زيادة قدرة الطالب علي استيعاب المناهج الدراسية.

4- تدريب القائمين علي العملية التعليمية علي استخدامات الحاسبات الآلية، ودمج تكنولوجيا المعلومات فيه إلى جانب تأهيل القادة والمواطنين والموجهين والإداريين، علي الإدارة المثلي للعملية التعليمية باستخدام هذه التكنولوجيا.

5- إنشاء مركز تدريب تابع للمشروع، ومقره مدينة السلام مخصص لتدريب القائمين علي العملية التعليمية بهذه المدارس.

مراحل المشروع:

بدأ هذا المشروع علي مرحلتين:

المرحلة الأولى: من عام (2006-2008) بتكلفة قدرها 100 مليون جنيه، وبدأ في

أحياء السلام، والنهضة، والمرج، والزيتون، واستفاد فيها (2860) فصلا، وقدرت قيمة التبرعات النقدية لرجال الأعمال والمؤسسات للمساهمة في المرحلة الأولى بتسعة وسبعين جنيها[9].

المرحلة الثانية: بدأت في شهر يونيو (2008) ومدتها عامين حتى 2010 وتشمل إصلاح وتطوير (208) مائتين وثمانية مدرسة في محافظتي القاهرة، والجيزة، بأحياء الزيتون والمطرية وعين شمس وشمال الجيزة والوراق والعجوزة بتكلفة تقديرية 208 ملايين جنيه، ويستفيد منها ثلاثمائة ألف طالب وطالبة في الأحياء المختارة[10].

وتنقسم خطة التطوير في المرحلة الثانية من المشروع إلى ثلاث مراحل: الأولى منها بدأت في يونيو 2008 وشملت تطوير ثمانين مدرسة منها خمسة وعشرين مدرسة في حي الزيتون بمحافظة القاهرة، وخمسة وخمسين مدرسة في حي شمال الجيزة، وتضم حوالي 1584 فصلا، وتستوعب مائة ألف طالب وطالبة وتجهيزها بـ (134) معمل كمبيوتر.

خطة عام 2009 من المرحلة الثانية تشمل تطوير 69 مدرسة منها 39 مدرسة في حي المطرية بمحافظة القاهرة، وثلاثين مدرسة في حي الوراق، وتشمل ستمائة وثلاثة وأربعين فصلا، وتستوعب أربعة وخمسين ألفا وسبعمائة وثمانية عشر طالبا وطالبة، وتجهيز واحد وسبعين معمل كمبيوتر، وتزويدها بألف وأربعمائة وثمانين جهاز حاسب إلى وانترنت فائق السرعة.

الجزء الثالث من المرحلة الثالثة سوف يشمل تطوير 59 مدرسة من بينها 33 مدرسة في حي العجوزة، ثمانمائة وسبع فصل، وسوف يستوعب سبعة وثلاثين ألفا، وستمائة وأحد عشر طالبا ويستلزم تسعة وأربعين معمل كمبيوتر مزود بـ ألف وستة وعشرين جهاز حاسب إلى وانترنت فائق السرعة.

فلسفة مشروع تطوير المائة مدرسة.

تقوم فلسفة المشروع علي المبادئ التالية:

أولا: تعميق الشراكة المجتمعية بين العمل التطوعي الأهلي والجهود الحكومية، ورجال الأعمال. وتعد المشاركة المجتمعية ركيزة أساسية في دعم وتحسين التعليم، والمشاركة بصفة خاصة هي مشاركة جميع فئات المجتمع علي اختلاف أنماطه (مؤسسات وهيئات ومنظمات وأحزاب) فكريا وماديا من خلال إستراتيجية مدروسة تهدف إلى تحسين جودة التعليم، وزيادة فاعلية المدرسة في تحقيق وظيفتها التربوية لدعم القدرات الإبداعية للتلاميذ وتنمية قيم الانتماء وقيم التقدم[11].

وتهدف هذه المشاركة المجتمعية إلى تحقيق مبدأ تكافؤ الفرص في التعليم، وتوسيع نطاق الديمقراطية في إدارة المؤسسات التعليمية وتحقيق رقابة أفضل علي نظام التعليم من خلال المساءلة، وتحمل المجتمع المدني مسئولية مساعدة المدارس علي تحسين جودة المنتج التعليمي، وتفهم المجتمع للمشاكل والمعوقات التي يعاني منها التعليم. وتقدير وتوفير الدعم المادي والفني للمدارس في صورة مختلفة، وتعليم التلاميذ في ضوء احتياجات المجتمع ليصبح قوة منتجة وتعظيم الاستفادة من كل الموارد في العملية التعليمية وفي الإنفاق على التعليم.

وتجسدت المشاركة المجتمعية في مشروع المائة مدرسة في تضافر جهود عدة جمعيات أهلية مثل جمعية مصر الجديدة (بما لديها من خبرة وتجربة ناجحة) وجمعية جيل المستقبل (مهمتها التدريب) والجمعيات الأهلية الموجودة بالمنطقة وفى مقدمتها ثلاث جمعيات رئيسية، جمعية محمد أبو العينين، وجمعية إبراهيم كامل، وجمعية هشام الشريف، إلى جانب مؤسسات التدريب والشركات المصرية والعالمية، ورجال الأعمال، ومؤسساتهم إضافة إلى الجانب الحكومي ويتمثل في محافظة القاهرة بجميع أجهزتها، ووزارات التربية والتعليم، والاتصالات وتكنولوجيا المعلومات والإعلام والصحة والسكان والإسكان والمجتمعات العمرانية والتضامن الاجتماعي، إضافة إلى الصندوق الاجتماعي للتنمية[12].

كما ساهمت شركة مايكروسوفت العالمية في مبادرة التعليم المصرية بالتعاون مع وزارة الاتصالات وتكنولوجيا التعليم المصرية بالتعاون مع وزارة الاتصالات وتكنولوجيا المعلومات ووزارة التربية والتعليم العالي في تدريب أكثر من 80 ألف معلم علي أسس تكنولوجيا المعلومات، ودعم شبكة المبدعين، كما ساهمت الشركة في دعم مشروع المائة مدرسة في المحافظات المختلفة[13].

والمشاركة المجتمعية هي طريقة حياة تتخلل كل نسيج المجتمع وتبيح لكل مواطن أن يشترك في صنع القرارات التي تؤثر في حياته كما تعني اشتراك أفراد المجتمع في عمليات صنع القرار وفي تنفيذ البرامج وتقويمها.

ويلاحظ أن:

المشاركة المجتمعية علي مستوى المدارس التابعة للمشروع قد اقتصرت علي التبرعات العينية أو الأعمال التطوعية من المجتمع مثل التبرع بباب ألوميتال لقاعة المعلمين، أو كراسي أو قاعات جيمانيزيوم، أو تأسيس ركن أخضر بالمدرسة أو بناء مسجد للمدرسة. وفي هذا المجال ساهمت جمعية تنمية خدمات مصر الجديدة بمثل هذه التبرعات لمدرسة المرج الثانوية بنين، كما تبرعت الجمعية بهدايا للطلاب المتفوقين.

ثانيا: امتداد المشروع يجمع بين البعدين الإنساني والتنموي لتحقيق تنمية مجمعية شاملة. فمثلا أظهرت نتائج الأداء لمدرسة المرج في ضوء السياق المؤسسي الذي تعمل فيه المؤسسة كان تميزا واضحا ويرجع ذلك إلى الموقع المتميز الذي تعمل فيه المدرسة وإلى أن المؤسسة في موقع متميز بالنسبة لحي المرج حيث إنها قريبة من الطريق الرئيسي، ومؤسسة الزكاة وتوجد بمجمع مدارس وخلف ديوان عام حي المرج بإداراته المختلفة بالإضافة إلى أنها بجوار مستشفي جراحات اليوم الواحد وبها عدة عناصر متميزة للموقع الجغرافي. المدرسة نموذج 19 فصل وحجم المدرسة مناسب كمكاتب إدارية وفصول محو أمية

و المؤسسة في موقع متميز بالنسبة لحي المرج حيث أنها اقرب من الطريق الرئيسي

عزبة النخل - مؤسسة الزكاة وتوجد بمجمع مدارس وخلف ديوان عام حي المرج بإداراتها المختلفة كهرباء،مياه، صرف صحي.

- بالإضافة إلى أنها بجوار مستشفي جراحات اليوم الواحد علي مقربة 100م من مركز شباب مبارك بحي المرج وبها عناصر متميزة للموقع الجغرافي وهذا أثر ايجابيا. كما أن المدرسة نموذج 19 فصل وحجم المدرسة مناسب كمكاتب إدارية وفصول ومعامل ولكن فناء المدرسة يعتبر صغير إلى درجة كبيرة وغير متناسب مع حجم المدرسة والنشاط الطلابي حيث إن السعة المؤسسية لطلاب الثانوي تحتاج إلى أفنية كبيرة وملاعب ومرافق تتناسب مع حجم الطلاب ونشاطهم البدني وسعراتهم الحرارية العالية. وهذا كان من التحديات التي واجهت المدرسة في ظهور ظاهرة العنف الناتج عن ضيق الأماكن وتم في هذا المجال مخاطبة الجهات المعنية وتم فتح عدد 2 مدرسة ثانوية بنين نتيجة للمطالبات الاتصال بالأجهزة المختلفة.

وفي ضوء تنمية موارد المدرسة استيعاب طاقة الطلاب في هذا السن مع ضيق المكان في الشروع في إنشاء صالة كمال أجسام صالة جيمانيزيوم حيث إن استيعابها للطاقة كألعاب قوي أعلي من أي نشاط رياضي آخر الذي يحتاج إلى فناء.

اليوم الدراسي العام الماضي كان فترتين أو فترة ممتدة للصف الثاني وفترة ثانية للصف الأول وتم مخاطبة الجهات المعنية لجعلها فترة واحدة بمشاركة مجلس أمناء المدرسة.

بالنسبة للخصائص الاجتماعية للمتعلمين فهي خليط من أبناء المنطقة الأصلية ومن الذين أتوا نتيجة توسع عمراني لجميع شرائح المجتمع صعيد - بحري ومن الأحياء المكتظة بالقاهرة الكبرى وكذلك بالنسبة للمستوي الاجتماعي والاقتصادي الذي تم في العديد من التزايد الطردي نتيجة أن المنطقة تعتبر منطقة توسع عمراني، واستثمار عقاري وهذا يحتاج إلى مكتب تربية وأخصائيين اجتماعيين يتفهمون التفاعلات والعلاقات الاجتماعية المختلفة نتيجة اختلاف طبقات وشرائح

المجتمع وكذلك التفاوت في المستويات الاقتصادية لكل طبقة. المعلمين الغالبية من المعينين ومن كبار المدرسين حيث إن المدرسة بها العديد من المدرسين الذين وصلوا لدرجة مدير عام ولا يقبلوا الترقيات وهذا يعتبر نقطة تميز من جوانب مختلفة حيث إن المستوي الكيفي للمعلمين مرتفع من حيث الخبرة والدعم المجتمعي للأنشطة والبرامج التربوية وصل إلى أعلي مستوى في جميع المجالات حيث تم عمل صالة كمال الأجسام بالدعم المادي المجتمعي وكذلك يوجد صندوق تكافل للطلاب من السادة المدرسين ويشرف عليه نخبة من المدرسين بمشاركة الأخصائيين الاجتماعين وكذلك صندوق تكافل آخر للطلاب أنشئ بمعرفة مجلس أمناء المدرسة وكذلك الدعم المجتمعي للأنشطة والطلاب المتميزين حيث تم استضافة بطولة القاهرة لكمال الأجسام وكذلك عمل ندوة استضافت الكابتن أحمد شوبير وموضوعها صفات الرجل الرياضي الناجح وتكلفت قرابة 5000 جنيه لكل منها الدعم مجتمعي وبمشاركة من جمعية خدمات مصر الجديدة. كذلك الاهتمام بالجانب الوجداني للطلاب من خلال حضور مسرحيات وحفلات بدار الأوبرا وكذلك مباريات كرة القدم بالأندية الكبرى، بالإضافة إلى إمداد المدرسة بأجهزة حاسب إلى وأدوات مكتبية وقاعة للمعلمين بالنسبة لبرامج تكنولوجيا المعلومات والاتصالات، في دعم تعلم المتعلمين تم إنشاء موقع للمدرسة على الانترنت والعديد من المواقع والبريد الالكتروني وكذلك حصول INTEL - ICDL بعض المعلمين علي دورات.

بالنسبة لرعاية المتعلمين المادية والاجتماعية والنفسية فيوجد العديد من البرامج الخاصة، أولا برامج مدرجة في خطة النشاط اللاصفي ويوجد برامج دعم في مختلف المجالات بمساهمة أعضاء مجلس الأمناء وبعض رجال الأعمال سواء في الدعم المادي لذوي الحاجة من الطلاب وتوزيع ملابس وشنط رمضانية وشنط ملابس إلى الاهتمام بالرعاية العلمية من خلال ضم من هم في مجموعات مدرسية بالمجان. بالنسبة للمعلمين تم عمل قاعة للمعلمين للاستراحة بين الحصص أو الجلوس مع الموجهين أو مراجعة بعض الدروس أو مقابلة أولياء الأمور إن لزم الأمر كذلك يتم عمل رحلة سنوية

شبة مجانية للمعلمين إلى إحدى المدن خارج القاهرة مثال الإسماعيلية مع أعضاء مجلس الأمناء وبعض أعضاء نقابة المعلمين وقيادات الإدارة التعليمية وبعض قيادات المجتمع المحلي مما يزيد من التفاعلات الايجابية للعلاقات. حالة الرضا لجميع المعنيين من أولياء أمور ومجلس أمناء ومعلمين وأخصائيين ومتعلمين حول بيئة التعليم والتعلم داخل المؤسسة يختلف باختلاف الموضوعات التي تحدث ولكنْ هناك حالة رضا من مستويات الأداء حيث إن المدرسة كانت تعتبر الأولى في جميع النواحي علي مستوى الجمهورية في مجالات مختلفة وهي أدى إلى حالة رضا مجتمعي إلى مستوى الأداء في مختلف الاتجاهات. وتوفير البرامج المختلفة لاهتمام المدرسة بالجوانب الخاصة بالاتصالات والمعلومات.

وكذلك اشتراك المدرسة في كافة المسابقات والكثير من الزيارات إلى كثير من الأماكن الترفيهية والتعليمية ورحلات علمية ونشاط صيفي ونشاط رحلات خارجية لبعض الطلاب (للأقصر- أسوان- شرم الشيخ- رأس البر (كذلك برامج النشاط الصيفي من خلال صالة الجيمانزيوم ومعامل الكمبيوتر).

- بالنسبة لخصائص المجتمع المحلي سبق وان ذكرنا أن طبيعة المجتمع متعددة الطبقات بها حالات نمو مختلفة عمراني واقتصادي.

والمشاركة الإيجابية للمتعلمين وذلك في حصول المدرسة علي أحسن جماعة رحلات وجماعة هلال احمر في معرض لقاء الأنشطة بأسوان بالمركز الأول علي مستوى الجمهورية كذلك حصول المدرسة علي المركز الأول بجماعة الركن الأخضر والعديد من المسابقات سواء قرآن كريم أو كرة قدم.

القيادة المؤسسية:

تم تشكيل لجنة ميثاق القيم الأخلاقية للمساهمة في حل أي مشاكل داخلية في المدرسة وغالبا ما يتم ذلك دون الحاجة إلى تدخل الإدارة التعليمية. ويوجد دور

للقيادة المؤسسية في تفعيل المنهج حيث يتم مراجعة المقرر المحتوي بواسطة المدرس الأول مع المدرسين وكذلك أنشطة الصفية مع الالتزام بطرق التدريس واستخدام الوسائل التعليمية المختلفة، ويتم استخدام إستراتيجية التدريس التي تشتمل على طرق تدريس التعلم النشط والتعلم في المجموعات الصغيرة وخلافها، يتم عن طريق وحدة التدريب شرح الطرق الجديدة في التدريس ومتابعتها ويشارك المدرسين في اتخاذ القرار والمساهمة في نجاحها يظهر دور ممثلي المجتمع المدرسي في توزيع وتحدى المسؤوليات حيث تم عمل اجتماع جمعية عمومية وتم تكليف العديد من السادة المدرسين للاشتراك مع فريق القيادة كذلك تم التجهيز لإجراء الدراسة وتنشر ثقافة التقييم الذاتي وتم توظيف التكنولوجيا واستخدام الحاسب الآلي في كتابة التقارير وطباعة ما تحتاج إليه الدراسة ويتجلي دور ممثلي مجلس الأمناء والمجتمع المحلي والمشاركة في التخطيط والدراسة حيث تم حضور 2 من أعضاء مجلس الأمناء وتم حضورهم أثناء التنفيذ ودعم المدرسة بالمشورة اللازمة.

أهداف مشروع تطوير المائة مدرسة:

يهدف مشروع تطوير المائة مدرسة إلى :

1- تطوير المدارس الحكومية في المناطق الأكثر احتياجا للرعاية، التي لا تتوافر لديها معايير الجودة الضرورية والمطلوبة، والتي تحتاج لنقلة نوعية تستوفي هذه المعايير. وتقييم ما تقدمه هذه المدارس من الخدمات التعليمية المتكاملة، وتقديم النموذج والقدوة لمنظمات المجتمع الأهلي، ومؤسسات القطاع الخاص، ورجال الأعمال، لتشجيعهم علي الإسهام في تحقيق أهداف المبادرة، في إطار مشاركة مجتمعية داعمة لجهود الدولة لتحقيق المساواة في إتاحة فرص التعليم المتميز لأبناء المناطق الأولى بالرعاية[14].

2- خلق بيئة صالحة لتلقي العلم للتلاميذ والطلاب وتوفير الخدمات للازمة لممارسة الأنشطة المكملة للعملية التعليمية من معامل العلوم والكمبيوتر واللغات وإعادة

إحياء دور المكتبة المدرسية وتزويد المكتبات بأفضل الكتب والإصدارات والارتقاء بالنشاط الثقافي والريادي وصولا إلى المحرك الأساسي للعملية التعليمية وهو المعلم.

3- إصلاح وتطوير المدارس في محافظات الجمهورية بالإضافة إلى التطوير المجتمعي الشامل في الأحياء المحيطة بهذه المدارس.

4- تأهيل وتطوير المدارس لحصولها علي شهادات جودة التعليم.

5- إصلاح وتطوير الأبنية التعليمة وتأسيس الملاعب والفصول والمعامل.

6- تجهيز معامل حاسبات آلية وشبكات انترنت بالمدارس المطورة.

7- خلق بيئة صالحة لتلقي العلم وتوفير الخدمات اللازمة لممارسة الأنشطة المكملة للعملية التعليمية من معامل للعلوم واللغات.

8- إعادة إحياء لدور المكتبة المدرسية وتزويدها بأفضل الكتب والإصدارات.

9- الرعاية الصحية للطلاب عن طريق تأسيس عيادات طبية تضم ملفا صحيا شاملا عن كل طالب بالإضافة إلى وضع نظام لتواجد الطبيب في المدرسة.

10- تنظيم دورات تدريبية داخل المدارس لتأهيل القائمين علي العملية التعليمة من استخدامات الحاسبات الآلية ودمج تكنولوجيا المعلومات.

11- تدريب القيادات العليمة علي الإدارة المثلى للعملية التعليمية.

تمويل مشروع تطوير المائة مدرسة:

اعتمد تمويل مشروع تطوير المائة مدرسة علي المشاركة المجتمعية من جهات مشاركة في المشروع، وهي جمعية تنمية خدمات مصر الجديدة وجمعية جيل المستقبل، ورجال الأعمال والشركات، والحكومة ممثلة في وزارات التربية والتعليم والاتصالات، ومحافظة القاهرة، والصندوق الاجتماعي للتنمية.

أسماء بعض المدارس التي قامت السيدة سوزان مبارك بافتتاحها ضمن مشروع تطوير المائة مدرسة:

1- مدرسة المرج الثانوية بنين.

2- مدرسة أنصاف سري الثانوية للبنات.

3- مدرسة الزيتون الإعدادية للبنات.

4- مدرسة كلية السلام بشارع جسر السويس

5- مدرسة الغرفة التجارية الأمريكية التجريبية لغات.

6- مدرسة المرج الإعدادية بنات. مسائي

أولا: نموذج لمشروع تطوير المائة مدرسة في مدرسة المرج الثانوية بنين

يحقق مشروع تطوير المائة مدرسة مبادئ الإصلاح المتمركز علي المدرسة من خلال تشكيل ودعم دور مجلس الأمناء بمدرسة المرج الثانوية بنين. وقد قام مجلس الأمناء بمدرسة المرج الثانوية للبنين بالعديد من الإنجازات بمشاركة أعضاء جمعية خدمات مصر الجديدة منها:

1- في مجال الإصلاح والترميم: إصلاح وترميم المدرسة بمشاركة مهندس ناصف ساويرس.

2- في مجال الخدمات الاجتماعية: دعم لجنة المساعدات للطلاب المحتاجين، ودعم رحلة الإسماعيلية للمعلمين بالمدرسة.

3- في مجال رعاية الموهوبين والمتفوقين:

- تقديم جوائز عينية لجميع الطلاب الموهوبين والمتفوقين في جميع المجالات.
- عمل رحلة ثقافية لدار الأوبرا المصرية بعدد من طلبة المدرسة المتفوقين والموهوبين.
- تقديم جوائز للأم المثالية من المعلمين وكذلك من أمهات الطلاب.

4- في مجال البيئة والتشجير: دعم فريق حراس الركن الأخضر بالعديد من النباتات.

5- في مجال الأجهزة ومعامل التطوير التكنولوجي:

- دعم المدرسة بمعمل حاسب إلى به عدد 20 جهاز كمبيوتر وشاشة عرض وتجهيزات المعمل.
- تدريب جماعي للمدرسين علي كيفية استخدام تكنولوجيا المعلومات والاتصالات في العملية التعليمية.
- دعم المدرسة بجهاز كمبيوتر لمكتب مدير المدرسة.

ثانيا: نموذج 2: تطوير مدرسة الغرفة التجارية الأمريكية التجريبية لغات

ضمن مشروع تطوير المائة مدرسة وتحت رعاية السيدة الفاضلة سوزان مبارك حرم السيد رئيس الجمهورية، وهي مدرسة تتبع التعليم الرسمي للغات بمصروفات[15].

وقد تم اعتماد المدرسة وفق الإجراءات التي حددتها هيئة الاعتماد وضمان جودة التعليم. فالمدرسة لديها رؤية تتلخص في إعداد معلم متميز في مؤسسة تتمتع بالجودة والاعتماد.

وتتلخص رسالتها في نشر القيم والمبادئ في ضوء الثقافة القومية واكتشاف ورعاية ذوي الاحتياجات الخاصة (موهوبين ومتأخرين ومتفوقين) وتفعيل دور التكنولوجيا الحديثة بما يتفاعل مع تقنيات العصر الحديث، ورفع الأداء المهني والاجتماعي والإداري لمعلمي المدرسة، وتفعيل دور مجلس الأمناء، وأعدت المدرسة استمارة التقييم الذاتي بها كما أعدت خطة تحسين معتمدة على التقديم لهيئة ضمان الجودة والاعتماد التربوي[16].

كما أعدت المدرسة ملف التقييم الذاتي، واتبعت في ذلك الخطوات التالية:

1- تشكيل فريق دراسة التقييم الذاتي للمدرسة.

2- إعداد خطة التقييم الذاتي.

3- التهيئة والإعلان عن التقييم الذاتي.

4- تشكيل وتدريب فريق العمل.

5- الاتفاق علي نوعية البيانات المطلوبة وكيفية الحصول عليها

6- كتابة التقرير النهائي لدراسة التقييم الذات، ووصف خطة التقويم الذاتي.

اعتماد مدارس المشروع:

الاعتماد التربوي هو عملية مستمرة للتعرف على مدى تحقيق المعايير والمؤشرات وتحديد نقاط القوة والضعف والعمل على تحسين الأداء لمختلف مجالات المؤسسة.

الاعتماد هو شهادة من قبل هيئة معترف بها بأن المؤسسة قد خضعت طواعية أو بشكل إداري للدراسة شاملة وفحص يوضح أنها تؤدي الوظائف التي تدعيها لنفسها وأن لديها أهداف تعليمية للطلاب المسجلين بها، ومصادر وخدمات تمكن الطلاب من تلبية هذه الأهداف. بموجب قانون رقم 82 لسنة 2006[17]. وقد تم إنشاء الهيئة القومية للاعتماد وضمان جودة التعليم كهيئة عامة تتمتع بالاستقلال، تكون لها الشخصية الاعتبارية العامة تتبع رئيس مجلس الوزراء، ويكون مقرها مدينة القاهرة وللهيئة أن تنشئ لها فروعا في المحافظات.

وقد تم اعتماد ثلاثة عشر مدرسة تابعة للمشروع في أحياء السلام والمرج والزيتون وتسلمها شهادات استيفائها لمعايير الجودة والاعتماد من الهيئة القومية لضمان جودة التعليم والاعتماد التي حددتها اللائحة التنفيذية فيما يتعلق بالشروط الواجب توافرها في المؤسسة التعليمية الراغبة في الحصول علي شهادة الاعتماد وقواعد وإجراءات إصدار شهادة الاعتماد وتجديدها وإيقافها وإلغائها، ونظم التظلمات والقواعد التي تكفل سرية تداول أية بيانات أو معلومات تتعلق بالمؤسسات التعليمية الخاضعة للتقويم.

ويلاحظ أن نسبة المدارس التي تم اعتمادها هي 13 مدرسة من مائة مدرسة أي نسبة 13% فقط من المدارس التابعة للمشروع وهي نسبة ضعيفة، ويرجع ذلك إلى أن مشروع المائة مدرسة قد ركز بصفة أساسة علي جانب واحد من جوانب الإصلاح المدرسي وهو إصلاح الأبنية التعليمية وتطويرها وتحسينها ولم يشمل كل جوانب الإصلاح المدرسي بشكل شامل وفق معايير الجودة التي وصفتها هيئة ضمان الجودة

والاعتماد بشكل شامل وفق معايير الجودة التي وصفتها هيئة ضمان الجودة والاعتماد وأن 13% فقط من المدارس التابعة للمشروع هي التي استوفت هذه المعايير.

إجراءات اعتماد مدارس مشروع المائة مدرسة

1- إعداد ملف التقدم للاعتماد ويحتوي علي اسم المؤسسة وموقعها البريدي وموقعها الالكتروني ورقم الفاكس وبيانات إحصائية عن عدد التلاميذ والمراحل الدراسية والمعلمين ونسب الغياب وغيرها.

2- الرؤية والرسالة: وجود وثيقة واضحة للرؤية والرسالة، تعكس الرؤية القومية للتعليم. وتعلن في أماكن بارزة للرسالة، تراجع المدرسة رؤيتها بصفة دورية، وتعلن المؤسسة رؤيتها على موقع الانترنت. تتم مشاركة جميع الأطراف في صياغة الرؤيا،

3- استمارة التقييم الذاتي لمؤسسات التعليم قبل الجامعي في مجالين رئيسيين هما: القدرة المؤسسية في مجالات رئيسية هي الرؤية والرسالة، والقيادة والحوكمة، والموارد المادية والبشرية، والمشاركة المجتمعية، وتوكيد الجودة والمساءلة، والمجال الثاني ويشمل الفعالية التعليمية بما يضمه منك المعلم والمتعلم والمنهج والمناخ التربوي.

4- كتابة تقرير التقييم الذاتي، وتحديد فريق دراسة التقييم الذاتي والمنهجية، وكتابة خطة التقييم الذاتي، وتحديد أدوات جمع البيانات، وتقويم الأداء في مجال القدرة المؤسسية.

المراجــع:

(1) محمد توفيق سلام: "**دراسة تحليلية لجوانب إصلاح المدرسة المصرية لتحقيق الجودة والاعتماد** "، القاهرة، المركز القومي للبحوث التربوية والتنمية، 2007، ص6.

(2) http://www.isdept.info/moodle/mod/forum/discuss.php

(3) http://www.isdept.info/moodle/mod/forum/discuss.php

(4) المركز القومي للبحوث التربوية:" **تجارب بعض الدول في التعليم الإلكتروني، مدخل لتطوير التعليم بالمدرسة المصرية**"، القاهرة 2008، ص74

(5) http://www.isdept.info/moodle/mod/forum/discuss.php

(6) Embracing e-learning: at "www.bssc.edu.au/public/learning_teaching/research/ embracing%20e-Learning%20000-731.pdf

(7) جمعية تنمية خدمات مصر الجديدة: موقعها على الانترنت www.hsds.org.eg.

(8) موقع **الحزب الوطني الديمقراطي على الانترنت** http://www.ndp.org.eg.

(9) **موقع الهيئة العامة للاستعلامات على الانترنت.**

(10) http://www.ahram.org.eg/Archive/2008/7/28/EDUC1.HTM

(11) أيمن عبد المحسن محجوب: "**المشاركة المجتمعية**" في "**دراسة تحليلية لجوانب إصلاح المدرسة المصرية لتحقيق الجودة والاعتماد**"، القاهرة: المركز القومي للبحوث التربوية والتنمية، 2007، ص109.

(12) موقع الحزب الوطني الديمقراطي على شبكة الانترنت http://www.ndp.org.eg/a

(13) http://www.qitnews.com/save.php?id=10595

(14) http://news.egypt.com/arabic

(15) **مدرسة الغرفة التجارية الأمريكية التجريبية**
http://www.geocities.com/elghorfaschool.

(16) http: accels.net/iso2009/pdf.

(17) **رئاسة الجمهورية: قانون رقم 82 لسنة 2006 بإنشاء الهيئة القومية لضمان جودة التعليم والاعتماد الصادر في 5-7-2006.**

الفصل السادس

تجربة الصين في الإصلاح التعليمي

مقدمة :

بدأت حركة الإصلاح التعليمى فى الصين عام 1949، حيث دخلت تغيرات جذرية على إصلاح التعليم وانتهجت الأنظمة الحديثة، وبدأ الأخذ بنتائج التطورات في العلوم والتكنولوجيا، ووضع البرنامج الأساسي للحزب الشيوعي الصيني وصاحبه ظهور فكر مغاير لتطوير التعليم في صورة عقد مؤتمر قومي لتطوير التعليم في الريف عام 1950 طرحت فيه العديد من الدراسات المتعلقة بتطوير التعليم في الريف[1] ثم توقف هذا الاتجاه نحو انتهاج المنهج العلمي والديمقراطي في عملية صنع السياسة خلال الستينيات وعادت عملية صنع السياسة مرة أخرى لإتباع المنهج العلمي الديمقراطي في السبعينيات في عام 1979[2] ومع بدء الانفتاح الاقتصادي، بدأت الصين مرحلة سياسية من لا مركزية صنع القرار وكان لهذه السياسة آثار إيجابية على عملية صنع السياسة، فبدأ إنشاء مراكز البحوث التربوية على مستوى المقاطعات الصينية المختلفة واتبعت سياسة التقليل من مركزية القرار التربوي، وإتاحة الفرصة للأقاليم الصينية المختلفة أن تتخذ القرارات التربوية التي تتطلبها عمليات إصلاح التعليم وتطويره في الأقاليم المستقلة طبقا للظروف المحلية.

ومنذ بداية الثمانينيات تقوم الدولة بوضع خطة قومية لإجراء الدراسات اللازمة قبل أي عملية إصلاح تعليمي ويعقد اجتماع موسع يضم مندوبين ويحضره ممثلون عن مؤسسات البحث التربوي والجامعات وكليات التربية في الصين وأكاديمية بكين للعلوم التربوية وممثلون عن وزارة التعليم والمعلمين واللجنة الوطنية للتخطيط التربوي، والمركز

القومي الصيني للبحوث التربوية، ولجنة التعليم بالدولة . ويتم من خلال هذا الاجتماع، وضع الخطة القومية للتعليم المزمع إجراؤها خلال الخمس سنوات المقبلة، وبدأ صنع السياسة في الصين يصبح أكثر تنظيما وترتيبا في الاجتماع الرابع للحزب والذي انتهي في إبريل 1991 بتبني مؤتمر الجمهورية الشعبية السابقة خطة عشرية من 1991 إلى 2000. وتضمنت الخطة برنامج طويل المدى لتطوير التعليم في البلاد والسياسة والثقافة والاقتصاد والاجتماع، وتوجد علاقة متبادلة بين صناع سياسات التعليم في الصين وبين العاملين بمجال البحث التربوي، ويتم إعداد سياسة البحث التربوي في الصين على أساس أولويات نظام التعليم وأهدافه العامة والمرحلية . ومن أجل توثيق الصلة بين صناع السياسة والبحوث التربوية في الصين يتم إتباع إجراءات محددة، هي تحديد أولويات البحوث التربوية في ضوء اقتصاديات السوق، ومشاركة المعلمين في العمل البحثي والاستفادة من خبراتهم، وتدعيم قواعد البيانات والمعلومات والاستفادة منها واستخدام تكنولوجيا المعلومات متعددة البرمجيات.

العوامل الثقافية التي أثرت على حركة الإصلاح التعليمي في الصين :

تأثرت حركة الإصلاح التعليمي في الصين بالعديد من العوامل السياسية والتاريخية والثقافية والاجتماعية والاقتصادية، وفيما يلي عرض لأهم هذه العوامل .

العوامل التاريخية :

بدأ إنشاء أول حكومة موحدة في تاريخ الصين عام 221 ق.م[3]. ولكن ولدت آنذاك جمهورية الصين في الفترة من (1911- 1949م)[4] وظهرت أول سياسة تعليمية في الصين. وكان تعميم التعليم من أهم مطالب الثورة الصينية الوطنية ولم تستطع السياسة التعليمية آنذاك تنفيذ أهدافها إلا في أضيق نطاق بسبب الحروب والحاجة إلى حكومة مستقرة، وبذل "صن يات صن" جهودا لإقامة الديمقراطية التي يحلم بها لبلاده[5]. وخلال فترة الحكم الوطني للصين أقيم نظام تعليمي متكامل[6]. واتسم تاريخ الصين

الطويل، بعدم الاستقرار السياسي، وكثرة الحروب، ونشأ الحزب الشيوعي الصيني في عام 1921م[7]. واستطاع "صن يات صن" إنشاء أول حكومة وطنية في الصين لتصبح جمهورية مستقلة .

وكان الأساس الذي قامت عليه السياسة التعليمية هو تركيز السلطة في يد الحكومة الوطنية.

وفي عام 1928م، حكم الصين "شيانغ كاي شيك" رئيس ومؤسس الصين الحديثة، وفي أكتوبر عام 1949 تم إعلان الجمهورية الشعبية الصينية بزعامة ماوتسي تونج، وبدأت الصين التخطيط المركزي للتنمية الاقتصادية والاجتماعية، وشهدت هذه الفترة مجموعة من الحركات الاقتصادية والاجتماعية والثقافية أهمها الثورة الثقافية عام 1966، والتي بدأت عام 1965، كحركة غير معلنة. واحتل التعليم مركز الأهمية في فكر ماوتسي تونج، وظهرت أهميته في مقالات عديدة[8]، وأكدت سياسة ماوتسي تونج التعليمية على أهمية أن يخدم التعليم سياسات البروليتاريا، وأن يكون مصحوبا بالعمل والإنتاج حتى يتمكن المتعلمون من النمو الأخلاقي والعقلي والبدني، وأن يصبح لديهم وعي اجتماعي وثقافي وحضاري، وأن يتعلم الطلاب العمل والصناعة والزراعة والأمور العسكرية[9] مع الأخذ في الاعتبار تحقيق العدالة الاجتماعية. وتسببت الثورة الثقافية في تأخر الصين واستبعاد كل الآراء المنادية بالانفتاح على العالم كما كان لهذه الثورة الثقافية تأثير سيئ على مؤسسات البحث وأصبح صنع السياسة التعليمية يتم وفق نظام ديكتاتوري لا يقبل النقد أو المعارضة[10]. وبدأ "ماوتسى تونج" بوضع سياسة تعليمية تركز على الواقع . وقد لعبت العوامل التاريخية دورا في حركة الإصلاح التعليمي في الصين من خلال غرس بذور الفكر الاشتراكي وتطور الاشتراكية من خلال المناهج الدراسية مع الاهتمام بنشر أهداف ثورة يوليو 1949[11].

العوامل السياسية:

ترتكز قاعدة جمهورية الصين الشعبية وحكومتها من الناحيتين النظرية والتشريعية على الدستور الذي أقره مجلس الأمة القومي في سبتمبر 1954م، وقد جاء في مقدمة الدستور الصيني أن نظام الديمقراطية الشعبية في جمهورية الصين الشعبية يضمن للبلاد أن تتمكن من تصفية الاستعمار وبناء مجتمع اشتراكي، وأن المرحلة التي تمتد من إنشاء الجمهورية الشعبية الصينية إلى أن يتم بناء المجتمع الاشتراكي مرحلة انتقالية. والاشتراكية مرحلة تعد المجتمع للتحول من مجتمع طبقي رأس مالي إلى مجتمع تكون فيه كل وسائل الإنتاج مملوكة بواسطة الشعب بأكمله على أن تضمن الدولة الديموقراطية للشعب. ويتبع النظام السياسي في الصين النظام الشيوعي، والصين بلد التناقضات فهي شيوعية ورأسمالية معا في نظام واحد ورأسمالية يطبقها شيوعيون، ومنذ عودة هونج كونج التزمت الصين بمبدأ "دولة واحدة ذات نظامين"، حيث تتمتع هونج كونج بالحكم الذاتي[12].

وقد تأثرت حركة الإصلاح التعليمي في الصين بالاتحاد السوفيتي في أوائل الخمسينيات عندما حل الاتحاد السوفيتي محل الغرب كمرجع له عمل حوالى 10 آلاف خبير روسي أو أكثر في الصين من ضمنهم 700 فرد عملوا في قطاع التعليم العالي. ودام التحالف الصيني السوفيتي ما يقرب من عام كامل ومن ثم فقد ظهر التأثير النهائي والعام على إصلاح التعليم في الصين في تبنى النموذج السوفيتي لتدعيم كلا المرحلتين النظامية وغير النظامية. وفي حركة التعليم الجماهيري mass - education كما اعتمدت الصين في تطوير التعليم بها - في تلك الفترة - على كثير من المعونات المادية التي كانت تتلقاها من الاتحاد السوفيتي في ذلك الحين.

ويلاحظ أن العوامل السياسية في الصين تلعب دورا هاما في الإصلاح التعليمي من خلال غرس المبادئ السياسية التي تدور حول المفهوم الماركسي والنظام الاشتراكي، ولها أثر واضح في تشكيل الفرد بالمبادئ والقيم السياسية المطلوبة والتي تناسب المجتمع الصيني، وتتمشى طرق التدريس مع القوى السياسية فيشجع التلاميذ على الاشتراك

الفعال في أوجه النشاط الإنتاجي والعمل التعاوني والربط المستمر بين الناحية النظرية والناحية العلمية، وذلك من أجل تطبيق السياسة العامة للصين التي تنتهجها الدولة[13].

العوامل الجغرافية:

تغطي جمهورية الصين الشعبية The People Republic of China جزءا كبيرا من شرق آسيا وعاصمتها بكين، وتحدها منغوليا وروسيا الاتحادية شمالا وطاجكستان وتركستان وكازاخستان من الشمال الغربي، وباكستان وأفغانستان من الغرب والهند ونوقان وماينمار ولاوس وفيتنام في الجنوب، وفي الشمال الشرقي كوريا الديموقراطية الشمالية ولها ساحل طويل على المحيط الهادي[14]. وتعتبر واحدة من أكبر دول العالم، حيث تبلغ مساحة أراضيها 9.6 مليون كيلو متر مربع وتقع تجاه غرب المحيط الهادي بين أراضي وهضاب عالية وأنهار كبيرة. ولها حدود قارية طولها (15000) كم . وطبيعة الصين تتكون من سهول ووديان وهضاب، أما جو الصين فهو قاري، ولتنوع المناخ أهمية كبرى، في انتشار الزراعة إلى حد بعيد.

ويظهر أثر العوامل الجغرافية على الإصلاح التعليمي في الصين من خلال ظهور التعليم الريفي في الصين وتطبيقها نوعين أساسيين من المدارس، نوع تديره الحكومة، والآخر تنظمه الوحدات الجماعية. وبدأ نظام الكوميون كتطور حتمي لنظام التعاونيات الزراعية[15]. الذي له الحق في إنشاء العديد من المدارس والكوميونات في الصين عبارة عن سياسة للإصلاح الزراعي، وتعنى تصفية أملاك كبار أصحاب الأراضي الزراعية الكبيرة، وإنشاء جمعيات زراعية تعاونية مشتركة فيما بين الدولة والأفراد، ثم تطورت إلى جمعيات الإنتاج التعاونية، وأنشئت هذه الجمعيات عام 1957 وتمتلك فيها الدولة كل الأراضي الزراعية. وبدأ نظام الكوميون عام 1958 كتطور حتمى لنظام التعاونيات الزراعية، والكوميون عبارة عن قرية كبيرة، أو مجموعة قرى صغيرة، تضم فيما بينها 24 ألف نسمة تجمعهم أرض واحدة، ويمتلك الكوميون الأرض والمعدات الآلية الكبيرة منها والصغيرة، والآلات الكهربائية، وللحكومة المركزية مكاتبها وموظفوها، وللكوميون

سلطات خاصة به، فله الحق في إنشاء مدرسة من أمواله الخاصة به وكذلك إنشاء ورش صغيرة لخدمة بعض أغراض الكوميون.

العوامل الاقتصادية :

عانت الصين حتى سنة 1949 من اضطراب الاقتصاد القومي واعتماده على الخارج إلى أن أعيد بناء الاقتصاد عن طريق استخدام القوه البشرية الهائلة كمورد أساسي وفي عام 1956 أشرف الاتحاد السوفيتي على الخطة الأولى وأجرى تحولا اشتراكيا كبيرا في الزراعة والصناعة اليدوية طبقا لشعار ماوتسى تونج السير على القدمين الذي سمح بتحويل علاقات الإنتاج بشكل متوائم مع القوى الإنتاجية[16]. وفي عام 1966 بدأت الخطة الخمسية الثالثة (1966-1970) وزاد الإنتاج الصناعي بنسبة 50% زيادة عما كان الحال في 1957، وتعتبر الصين ثاني أكبر اقتصاد في آسيا بعد اليابان، ويعتمد النظام الاقتصادي الصيني على اقتصاد السوق الاشتراكي أي الملكية العامة والعملة الرسمية في الصين هي اليوان .

ويظهر أثر العوامل الاقتصادية في الصين على الإصلاح التعليمي بها في ظهور أكثر من 300 مدرسة متوسطة، ومعظمها لديها مصانع صغيرة تدير مدارس فرعية في المناطق الريفية، وكل مدرسة لها اتصال بعدة مصانع وبعض المجموعات المنتجة في الريف، ويوضع الدخل من هذا الإنتاج تحت تصرف كل مدرسة لتوسيع رقعة عملها[17] ونمت المصانع التي تديرها المدارس في بكين نموا سريعا، والأغلبية العظمى من الثلاثمائة مدرسة متوسطة في بكين نفسها، ويتراوح إنتاجها بين لعب للأطفال وأدوات معدنية وآلات ميكانيكية.

ويمكن أن تنقسم المصانع التي تديرها المدارس إلى فئتين: فئة يكون الإنتاج فيها بحسب ما تمليه خطة الدولة، وفي هذه الحالة تقوم الدولة بإمدادها بالمواد الخام كما تقوم بتصريف المنتجات. أما الفئة الأخرى فتمدها المصانع الكبرى بالمواد الخام فتحولها هذه إلى قطع غيار، أو أنها تمد المدارس بقطع فتجمعها وتصنع منها الآلات لحساب هذه

المصانع الكبرى، وتتبع المصانع التي تديرها المدارس مبدأ الاعتماد على النفس والانتفاع بما هو متاح. وقد هيأ الانتشار الكبير للصناعة فرصا كثيرة للعمل[18] والوظائف للعمال المهرة ونصف المهرة، وانعكس ذلك على اهتمام الصين بالتوسع في التعليم الفني والتعليم من أجل العمل المنتج[19].

وقد ارتبطت الإصلاحات الاقتصادية منذ أواخر السبعينيات بالإصلاح التعليمي في ذلك الوقت حيث شملت هذه سياسات التعليم تنوعا في المحتوى التعليمي، وخصخصة بعض التكلفة التي تتحملها المدرسة واللامركزية في مسئولية الإدارة وتمويل المدارس، وخلق إستراتيجيات جديدة لتحقيق المساواة في الفرص التعليمية للأطفال خاصة أطفال المناطق الريفية، وإنتاج قوى عاملة ماهرة ذات كفاءة عالية والتركيز على الجودة النوعية للتعليم[20].

والجدير بالذكر أن من المؤشرات الدالة على التطور الاجتماعي والاقتصادي في الصين، زيادة الناتج المحلي من 67.9 مليون يوان عام 1952 إلى أن أصبح قدره 5773.4 مليار عام 1995. وفي عام 1997 وصل إلى 7955.3 مليار يوان[21]. وسجلت الصين زيادة في معدلات نمو الناتج القومي الإجمالي ليصل إلى معدل 12% عام 1992[22]. وبلغ متوسط معدل النمو في عقد التسعينات 9.6% في الصين وساعد هذا الاندماج في النظام الاقتصادي العالمي على نمو الصادرات الصينية بنسبة 17%[23] وهو ما يعكس أهمية الإصلاح الاقتصادي.

ويظهر أثر عملية الإصلاح الاقتصادي في الصين على إصلاح التعليم المستمر وتعديل الاتجاهات والسلوكيات التربوية حيث أدى التكيف الصيني التدريجي للإصلاح الاقتصادي إلى تحول في نظام التعليم الصيني في مجال المناهج الدراسية والموضوعات التعليمية، كما أرغمت المدارس ووحدات العمل على إعادة التفكير في إستراتيجيات النجاح وظهرت المدرسة المنتجة في ضوء رواج اقتصاديات التعليم. ونجحت الصين من خلال سياسة الإصلاح والانفتاح في هيكلة النظام الاشتراكي، وتحويله من نظام المركزية المفرطة الخاضع لبيروقراطية الدولة إلى نظام مندمج من الشبكات الاقتصادية

العالمية دون الإخلال بهدف النظام الاشتراكي، وتحقيق أكبر قدر ممكن من العدالة الاجتماعية .

العوامل الاجتماعية :

الصين مدينة متعددة الجنسيات تشمل 56 جنسية غالبيتهم من الهان Han حوالي (92%) ومعظم الأعراق الأخرى لها لغتها الخاصة، ولم يكن للغة شكل مكتوب حتى عام 1949 وللشعب الهاني لغته الخاصة به وهي الصينية وهي اللغة الرسمية للبلاد، ويبلغ تعداد السكان حوالي 1.2 مليار نسمة. والصين مجتمع زراعي يشكل الفلاحون 83.5% من قوة العمل في المجتمع بينما يشكل العمال الصناعيون 7.4%[24].

وقد نصت المادة الثالثة من الدستور على أن "الجمهورية الشعبية الصينية دولة متعددة القوميات موحدة، وأن جميع القوميات متساوية، ولجميع القوميات حرية استخدام لغاتها المنطوقة والمكتوبة وتطويرها وحرية إبقاء عاداتها وتقاليدها، أو إصلاحها وأن يطبق الاستقلال الذاتي المنطقي في الأقاليم التي تتكتل فيها أقليات قومية، على أن يكون كل إقليم من أقاليم الاستقلال الذاتي جزءا لا يتجزأ من الجمهورية الشعبية الصينية". وتتعدد إنجازات التعليم بالنسبة للأقليات ففي عام 2000 كان هناك 12 جامعة بلغ عدد المسجلين بها أكثر من 5 مليون طالب، منهم 317300 مسجلا من الأقليات، بنسبة 5.71% من إجمالي عدد المسجلين. وفي الوقت الحاضر تمتلك الأقليات 55 جامعة خاصة بها، ولقد قامت الدولة باتخاذ خطوات لمساعدة مناطق الأقليات لتطوير التعليم ثنائي اللغة ولعمل كتب دراسية بلغة الأقليات، ومن بين 55 أقلية بالبلاد يوجد 53 أقلية لها لغاتها المكتوبة.

أ- الزيادة السكانية:

استجابت الصين لمتغير الزيادة السكانية من خلال بناء نظام التعليم من بعد في الصين ليشمل الدولة ككل من خلال تكامل برامج التعليم من بعد المعتمدة على الأقمار

الصناعية، وحاليا يوجد 20 مؤسسة تعليمية عليا تعرض برامج الدبلومات والمؤهلات الخاصة بها، وفي عام 1979 افتتحت جامعة الإذاعة والتليفزيون المركزية بالصين (CRTVU) Central Radio and TV University .

وفي عام 1986 انطلقت القناة التعليمية التليفزيونية الصينية لنقل برامجها عبر الأقمار الصناعية، ويتم تدريب المعلمين أثناء الخدمة عن طريق القناة التليفزيونية على كافة المستويات، كما اتبعت نظام التدريب بالمراسلة والبرامج المسائية والتعلم الذاتي، ومن ثم يحصل ملايين المعلمين على برامج متجددة وتدريب المعلمين أثناء الخدمة باستخدام القمر الصناعي الذي بدأ في عام 1986م، كما بدأت كلية المعلمين التليفزيونية في يوليو عام 1987 وسميت China TV Teacher's College بهدف تدريب معلمي المدارس الابتدائية والثانوية وتحقيق التنمية المهنية المستمرة لهم. وأيضا تشارك كلية المعلمين التليفزيونية في إنتاج المواد التعليمية، وتدريس الإدارة والأعمال الإدارية مثل شئون النظام والطلاب والتسجيل والاختبارات وإعطاء الشهادات، كما يتم تعليم الطلاب من خلالها وجها لوجه مع مرشدين مختصين ويحصلون من خلال هذه البرامج على دبلومات إذا ما نجحوا في اجتياز الاختبارات الموضوعة بواسطة مركز الاختبارات الصيني[25]، وبحلول منتصف التسعينات أصبح نظام للتعليم من بعد في الصين المعتمد على الإذاعة والتليفزيون أكبر مؤسسة تعليمية تقدم تعليم وتدريب مستمر مرتبط بالوظائف لأكثر من 2 مليون معلم ومدير وموظف، وقد حصل 2.31 مليون معلم على دبلومات خلال فترة من 2 إلى3 سنوات من هذه الجامعة كما قدمت تدريبا عمليا لمليون مزارع. وتطوير شبكة التعليم من بعد لتطوير التعليم في المناطق شديدة الفقر [26]. وتقوم الصين حاليا بتشغيل برامج تطوير التعليم مدى الحياة بصورة فاعلة. وقامت الحكومة الصينية بإتباع سياسة الارتقاء بمستوى الأمة (Enhancing the Quality Of the Nation(EQO بصورة متكاملة لتقديم أنواع ومستويات متعددة من التعليم ومساعدة المؤسسات التعليمية على فتح أبوابها للمجتمع، وتشجيع الناس على تحقيق طموحهم الخاص بالتعليم. وتطوير شبكة التعليم والبحث العلمي الصينية (CERNET)

China Education And Research Net work التي بدأت عام 1994. وربط أكثر من 400 مؤسسة تعليمية عليا منتشرة في أكثر من 100 مدينة وربط لكل مستويات التعليم العالي بها وبشبكة الإنترنت.

ب- الفجوة بين الذكور والإناث في الصين .

اهتمت الصين بضمان حقوق المرأة والفتاة في التعليم، ففي الصين القديمة كان 90% من النساء غير متعلمات، وفي عام 1949 بلغ معدل التسجيل بالمدارس الابتدائية ما يقرب من 15% من الفتيات. وبحلول عام 2000 بلغ معدل تسجيل الفتيات في المدارس الابتدائية 99%، كما انخفض الفارق في التسجيل بين الجنسين إلى0.07، وبحلول عام 2001 وصلت نسبة الفتيات المسجلات في المدارس الابتدائية إلى47.64%. وفي عام 1999 بلغ عدد الإناث بالمدارس الثانوية ما يزيد على 50%، وبمؤسسات التعليم العالي التقليدية 42.04% من إجمالي المسجلين لعام 2000[27]. وقامت الحكومة بالعديد من المشروعات لتطوير بيئة التعلم للفتيات المتسربات من التعليم لمساعدتهن على العودة للمدرسة كما. حققت الحكومة الصينية تقدما ملحوظا في القضاء على الأمية ففي الصين القديمة عام1949 وصلت نسبة الأمية 80% ويرجع ذلك إلى أن الصين استطاعت إنشاء نظام للتعليم الإضافي (وقت الفراغ) الذي بدأ عام 1951. واعتبر جزءا من النظام التعليمي للدولة، كما افتتحت عام 1958 البرنامج القومي للتربية في وقت الفراغ وبرنامج عمل نصف الوقت. وقد انخفضت معدل الأمية من 80% عام 1949 إلى15.8 % عام 1990، واتبعت الصين أسلوب "السير على كلتا القدمين" والمقصود به إنشاء نظام للتعليم غير النظامي وهو نظام مرن ومفتوح إلى جانب التعليم النظامي وهو حكومي مجاني اختياري. وبحلول عام 2001 انخفض معدل الأمية في الصين إلى اقل من 6,72% كما انخفضت نسبة الأمية بين الشريحة العمرية15- 50 عاما إلى اقل من 4,8 % .

العوامل الدينية :

انتشرت في الصين ديانات متعددة هي التاوية والبوذية والكنفوشية ثم ظهرت

الديانة المسيحية في القرن السابع الميلادي[28] ويعتنق غالية الصينيون الديانة البوذية والتاوية والكونفوشيوسية وحوالي 15% يعتنقون الإسلام و 10% الديانة المسيحية وجميع القوميات والأديان متساوية، ويظهر أثر تعدد الديانات على الإصلاح التعليمي بالصين في إنشاء إدارة الدولة للأديان في بكين مهمتها تنسيق الصلات بين الحكومة ورجال الدين، بحيث تضمن الدولة تلبية رغبات أصحاب الديانات المختلفة وينعكس تأثير هذا العامل الديني على مناهج التعليم، فيلاحظ أن هناك مناهج خاصة تبعا لاختلاف الأديان.

تعليق عام على العوامل الثقافية :

في ضوء ما سبق يتضح أن العوامل السياسية والجغرافية والاقتصادية والاجتماعية في الصين قد لعبت دورا في حركة الإصلاح التعليمي من خلال غرس المبادئ الاشتراكية التي أثرت بشكل واضح في تشكيل المجتمع الصيني، إذ تم وضع أهداف السياسة التعليمية في ضوئها من خلال ربط النظرية بالتطبيق، كما أثرت العوامل الجغرافية على الإصلاح التعليمي في الصين حيث كان لتنوع المناخ وطبيعة الصين الجغرافية وتكونها من سهول ووديان وهضاب كان له أثر كبير في ظهور التعليم الريفي، وظهور نظام مدارس الكوميونات كتطور لنظام التعاونيات الزراعية، وهو نوع من المدارس تنظمه الوحدات الجماعية، كما أنشئت المدارس الملاءمة لطبيعة كل منطقة سواء كانت جبلية أو رعوية أو زراعية . أيضا كان لاضطراب الاقتصاد القومي في الصين عام 1949 تأثير على الإصلاح التعليمي حيث بدأت الصين استخدام قوتها البشرية الهائلة كمورد أساسي. وظهر تأثرها بنظام التعليم في الاتحاد السوفيتي، وظهرت المدارس التي لديها مصانع وزادت المصانع التي تديرها المدارس، وأدت الظروف الاقتصادية وحاجة البلاد إلى التصنيع إلى صنع سياسة تعليمية تخدم الاقتصاد. ولذلك يلاحظ أن هناك ربطا بين المدارس وبين المصانع بأنواعها المختلفة وفرض الوضع الاقتصادي للصين وحاجتها للتنمية والإنتاج اشتراك التلاميذ في العملية الإنتاجية واشتراك المدارس في إدارة وامتلاك المصانع، وتضمنت مناهج التعليم التركيز على أهمية العمل والإنتاج والصناعة بأنواعها

المختلفة لأهمية ذلك في بناء الاقتصاد الصيني. وشملت السياسات التعليمية تنوعا في المحتوى التعليمي، وخصخصة بعض التكلفة التي تتحملها المدرسة واللامركزية في مسئولية إدارة وتمويل المدرسة والتركيز على الجودة النوعية في التعليم، كما يظهر أثر عملية الإصلاح الاقتصادي على إصلاح التعليم في الصين من خلال إصلاح التعليم المستمر، وتعديل الاتجاهات والسلوكيات التربوية، وتغير في المناهج الدراسية، وظهور المدرسة المنتجة، وبذلك استطاعت الصين التحول من المركزية الشديدة إلى اللامركزية دون الإخلال بالأهداف والمبادئ الاشتراكية.

أما بالنسبة لأثر العوامل الاجتماعية على حركة الإصلاح التعليمي فيلاحظ أن الصين دولة متعددة الجنسيات والأعراف، ودولة تتصف بالزيادة السكانية وهى أيضا تشمل ديانات متعددة، وتتعدد إنجازات التعليم الذي سمح بمشاركة الأقليات حيث أنشئت جامعات خاصة بالأقليات، كما أنشئت إدارة الدولة للأديان من أجل تنسيق الصلات بين الحكومة ورجال الدين ويلاحظ أن الإصلاح التعليمي قد استجاب لعامل تعدد الأديان في الصين حيث توجد مناهج خاصة تبعا لاعتناق الفرد الديني، وقد مثلت الزيادة السكانية الكبيرة مشكلة للصين خاصة فيما يتعلق باستيعاب أعداد الملزمين بالمدارس المختلفة إلا أن السياسة التعليمية في الصين قد استجابت لمتغير الزيادة السكانية ببناء نظام التعليم من بُعد الذي يغطى الدولة ككل. بالإضافة إلى تكامل برامج التعليم من بُعد المعتمدة على الأقمار الصناعية، وافتتاح جامعة الإذاعة والتلفزيون المركزية، وإنشاء كلية المعلمين بالتلفزيون الصيني، وتطوير شبكة التعليم من بُعد لتطوير التعليم في المناطق شديدة الفقر، وتشغيل برامج تطوير التعليم مدى الحياة.

أهداف التعليم في الصين:

التعليم هو قاعدة التحديث الاشتراكي ويهدف التعليم في الصين إلى توفير التعليم إلى جميع المواطنين لخدمة التحديث الاشتراكي للبلاد، ودمج التعليم مع العمل لضمان التنمية الأخلاقية والعقلية والبدنية الشاملة لدى الأجيال القادمة لبناء المجتمع الاشتراكي،

ويستند تطوير التعليم علي الماركسية اللينية، وفكر ماوتسى تونج ونظرية بناء الاشتراكية مع الحفاظ على السمات والخصائص الصينية. وإقران العلاقة الرابطة بين التعليم والنمو الاقتصادي لتحسين القوة العاملة. وتهدف الصين إلى إنشاء إطار عمل أساسي لنظام التعليم مع نهاية القرن الحادي والعشرين بحيث يكون متوافقا مع احتياجات التجديد الاشتراكي، ويتصف بالصفات الصينية المتميزة[29].

ومن ثم ركز الإصلاح التعليمي على تقديم تعليم فني ومهني يعني باحتياجات خطة التعليم بتقديم الأعداد المطلوبة من المتعلمين والخبراء والعمال. وتعد أفكار ماركس وأنجليز وليفين، وماوتسى تونج الإطار المرجعي للقيم الاجتماعية، وقد حدد ماوتسي تونج الهدف الأساسي للتعليم أن يخدم الأغراض والأهداف السياسية وتمكين الجميع من تلقى تعليمهم أخلاقيا وعقليا وبدنيا لكي يصبحوا عمالا يتميزون بالوعي الاشتراكي[30].

ثالثا :نظام التعليم في الصين :

يشبه نظام التعليم الصيني الشكل الهرمي حيث يقل عدد الطلاب في المراحل العليا والتعليم العالي بسبب ندرة الموارد المخصصة للتعليم من الدولة للتعليم العالي وكذلك التي يكون مصدرها الإعانات والمنح والجمعيات الأهلية

ويتكون التعليم في الصين من أربعة قطاعات أساسية هي قطاع التعليم الأساسي Basic Education (BE)، وقطاع التعليم المهني والتقني Vocational Education (VE)، وقطاع التعليم العالي الجامعي Higher Education (HE)، قطاع تعليم الكبار Adult Education (AE). ويشمل التعليم الأساسي مرحلة ما قبل دخول المدرسة، والتعليم الابتدائي والثانوي العام، والتي تشمل مرحلة التعليم الثانوي الدنيا، ومرحلة التعليم الثانوي العليا ويختلف سن الالتحاق والتخرج من المدرسة في مستويات مختلفة

مرحلة ما قبل المدرسة :

تقبل مرحلة رياض الأطفال عند سن الثالثة وأكثر، وتستمر ثلاث سنوات وهى

مرحلة غير إلزامية، وينتشر تعليم ما قبل المدرسة في الصين بسرعة مذهلة خاصة في المناطق والقرى الريفية، ويضم عدد كبير من المدارس الابتدائية الريفية فصول حضانة لمدة سنة واحدة قبل دخول المدرسة. وقد اهتمت الحكومة الصينية بتعليم ما قبل المدرسة، ووضعت المدن والأقاليم تشريعات خاصة بمؤهلات مدرسي الحضانة وتقييم أدائهم، وتشريعات متعلقة بإدارة الحضانات وتوجد على مستوى الدولة 67 مدرسة مخصصة لتدريب معلمي الرياض، بالإضافة إلى أقسام تعليم ما قبل المدرسة المتصلة بالمدارس المهنية العليا والتي تدرب المدرسين من خلال شبكة التعليم من بعد، كما قامت الحكومة بمشروعات لتطوير التعليم في مرحلة رياض الأطفال في المناطق الجبلية [(31)].

وطبقا للظروف المحلية وفي عام 1999 كان هناك 111.7 ألف دار حضانة ويبلغ عدد المسجلين بها 2021800 طفلا.

التعليم الابتدائي :

ومدته ست سنوات أو خمس سنوات ويكون سن الالتحاق بالمدرسة الابتدائية ست أو سبع سنوات، وتتبع الصين نظام التعليم الإلزامي ذو التسع سنوات ويشمل التعليم الابتدائي والمرحلة الثانوية الدنيا. وفي الوقت الحاضر يوجد نظام (6 + 3) سنوات ويوجد نظام آخر متكامل 1-9 سنوات .جانبا إلى جنب لنظام (6+3) المنتشر في معظم الأماكن. وقد بذلت الصين جهودا عظيمة لتوفير التعليم الإلزامي (ذو التسع سنوات) منذ إعلان قانون التعليم الإلزامي سنة 1986، حيث أصبح التعليم الابتدائي إلزاميا في أغلب مناطق الدولة وبحلول عام 2001 بلغت نسبة الأطفال في المدارس الابتدائية 99.1%، بالمقارنة بعام 1949، حيث كانت 20% فقط ويوجد 491.300 مدرسة ابتدائية بلغت نسبة الملتحقين بها 125.434.700 طفلا. كما قامت الحكومة بمشروعات لتعميم التعليم الإلزامي في الأقاليم الفقيرة.

مرحلة التعليم الثانوي العام :

وتشمل مرحلة التعليم الثانوي الدنيا، ومرحلة التعليم الثانوي العليا. وتعتبر المرحلة الثانوية الدنيا ضمن التعليم الإلزامي، ومدتها 3 أو 4 سنوات، بينما يكون سن الالتحاق بها 12 أو 13 سنة. ويكون سن الالتحاق بالمرحلة الثانوية العليا 15 سنة أو 16 سنة، وقد خطت الصين خطوات كبيرة في تطوير التعليم بالمرحلة الثانوية. حيث بلغ عدد المدارس في نهاية عام 2001 حوالي 14900 مدرسة ثانوية تقليدية بإجمالي عدد مسجلين يبلغ 14049100 طالبا و 21.800 مدرسة ثانوية للتعليم المهني. ولقد بلغ معدل إجمالي عدد المسجلين بالمرحلة الثانوية 42.8% من المرحلة العمرية المستهدفة .

التعليم المهني الثانوي :

ويشمل التعليم الثانوي الفني المدارس الثانوية الخاصة والمتخصصة شاملة بذلك المدارس الفنية الثانوية (STSs)، والمدارس العادية (NSs)، ومدارس العمال المهرة Skilled Workers (SWSs) Schools، والمدارس المهنية، ويلتحق الطلاب بالمرحلة الثانوية العليا في المدارس المهنية العليا عند سن 15 أو 16 سنة، وتستمر الدراسة 2-3 سنوات، ونسبة قليلة تستمر 4 سنوات[32] ومنذ عام 1980 والتعليم الثانوي المهني والفني في تطور مستمر وسريع، وفي عام 2001 كان هناك 14,854 مدرسة ثانوية مهنية بلغ عدد المسجلين بها 3331100 طالبا. ويوجد الآن 9,811,000 طالبا في هذا النوع من التعليم. ولقد بلغ عدد المسجلين 41.1% من إجمالي طلاب المرحلة الثانوية، بالإضافة إلى 2,100 مركز تدريب توفر التدريب والتعليم لمليون شخص غير عامل سنويا.

شكل رقم (1) [33]

نظام التعليم الرسمي في جمهورية الصين الشعبية

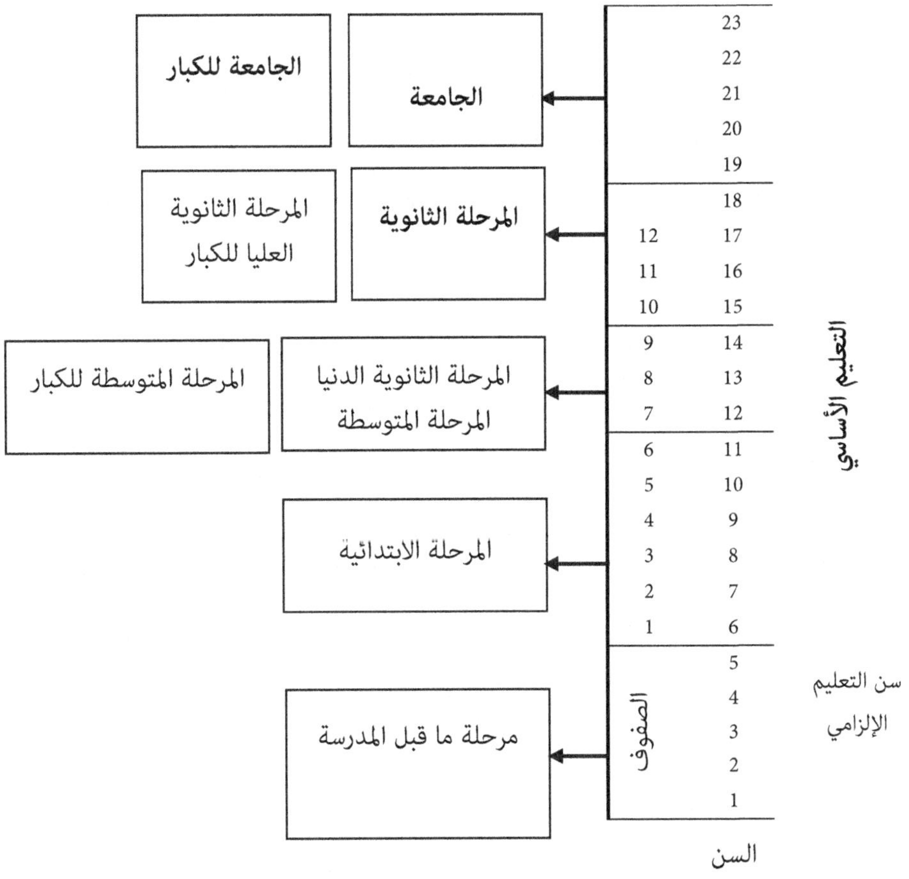

مبادئ الإصلاح التعليمي في الصين:

تلتزم السياسة التعليمية بالمبادئ والاتجاهات العالمية في إطار مبدأ التعليم للجميع.

1- المبادئ التي تضمنها البرنامج الأساسي للحزب الشيوعي في عام 1949 .

وتتضمن:

المادة (159) تنص على إتاحة الفرص التعليمية المتكافئة للجميع.

المادة (160) تنص على أن يكون لكل طفل من سن 6-12 حق الحصول على التعليم المجاني في المرحلة الابتدائية مع توفير الكتب للعائلات الفقيرة.

المادة (161) تنص على منح بعثات تعليمية للطلاب في الريف والحكومات المحلية.

المادة (162، 163) تنص على إدراج التعليم العام والخاص والأسس الثقافية تحت الرقابة العامة للدولة مع إحداث التوازن في التعليم بين الأقاليم المختلفة.

المادة (164) تنص على توازن الميزانية القومية العامة بين المدن والأقاليم.

وعندما قامت الثورة في أكتوبر 1949 وضع البرنامج الأساسي للحزب الشيوعي الصيني النقاط الرئيسة التالية للسياسة التعليمية:

مادة (41) الثقافة والتعليم في جمهورية الصين الشعبية ديمقراطية الواجب الرئيسي للحكومة هو رفع مستوى الثقافة والتعليم والنهوض بالأفكار التي تخدم الجماهير مثل التدريب على العمل الوطني وغرس حب الوطن والعمل والممتلكات العامة.

مادة (46) أن تجمع طريقة التدريب بين الجوانب النظرية والجوانب العملية عن طريق تغيير مضمون التعليم وإصلاح طرق التدريس تدريجيا[34] .

2- دستور عام 1954م :

وترتكز قاعدة الجمهورية الصينية الشعبية وحكومتها من الناحيتين النظرية والتشريعية على دستور الصين لعام 1954، والذي جاء في مقدمته أن نظام الديمقراطية الشعبية في جمهورية الصين الشعبية يضمن للبلاد أن تتمكن من تصفية الاستعمار وبناء مجتمع اشتراكي مزدهر عن طريق سلمي، وأن المرحلة التي تمتد من إنشاء جمهورية الصين الشعبية، إلى أن يتم بناء المجتمع الاشتراكي، تعد مرحلة انتقالية، تحقق فيها الدولة إعادة البناء الاشتراكي بصورة تدريجية، وإنجاز التحول الاشتراكي في الزراعة والصناعة اليدوية وفي الصناعة والتجارة الرأسمالية بصورة تدريجية .[35]

3- دستور 1978م :

وقد أظهر هذا الدستور أن قادة الحزب يعملون في إطار المبادئ الخاصة بمشاركة الجماهير والديموقراطية المركزية، ويسمح للحزب أن يسيطر ويشرف على النظام التعليمي بأكمله.

4- قوانين التعليم :

أ- **قانون التعليم الإلزامي بجمهورية الصين الشعبية والذي** صدر في 86/4/12 وأقره المؤتمر القومي الشعبي السادس وصدق عليه رئيس الجمهورية بالقرار رقم 38 لسنة 1986 والذي نص على التزام الدولة بتنفيذ التعليم الإلزامي لمدة تسع سنوات

ب- **قانون التعليم بجمهورية الصين الشعبية. لسنة** 1995[36].

ج- **قانون المعلمين بجمهورية الصين الشعبية**. وقد صدر هذا القانون في 1993/10/31 وأقرته اللجنة الدائمة للمؤتمر الشعبي القومي الثامن وأصدر بالقرار الرئاسي رقم (5) لعام 1993 ليحدد الحقوق الشرعية والمسئوليات القانونية ونظام صلاحية المعلمين.[37]

د- **قانون التعليم المهني بجمهورية الصين الشعبية** [38]. وقد صدر هذا القانون عام 1996 طبقا لقانون التعليم وقانون العمل، من أجل تنفيذ تطوير التعليم المهني ودعم التحديث الاشتراكي.

هـ - **قانون التعليم العالي بجهورية الصين الشعبية.**

و- **قانون تنظيم الدرجات الأكاديمية بجمهورية الصين الشعبية.**

ويلعب المؤتمر الوطني للحزب الشيوعي الصيني دورا هاما في وضع أهداف ومهام التحديث الاشتراكي في القرن الحادي والعشرين ويضع الخطة العامة لتنفيذ الإستراتيجيات لتطوير التعليم بتطوير العلوم والتربية ومن خلال المؤتمر الوطني الخامس عشر للحزب للقيام بهذه المهمة. وقد حدد المؤتمر الوطني الخامس عشر للحزب الشيوعي الصيني هدفا إستراتيجيا للقرن الحادي والعشرين وهو التحديث الاشتراكي ووضع الخطة العامة لتنفيذ الإستراتيجيات لتطوير التعليم من خلال العلوم والتربية، ومن هنا فإن خطة العمل لتطوير التعليم نحو القرن الحادي والعشرين تؤكد على التخطيط الشامل مع التركيز على البرنامج الأساسي لإصلاح التعليم، وتؤكد على الاختيار المناسب للأولويات، وعلي عملية التنفيذ.

الخطة الأولى: وتستهدف الارتقاء بمستوى الأمة وتنفيذ مشروع التعليم (EQO) **Enhance the Quality of the nation**[39] من خلال تعميم التعليم الإلزامي لمدة 9 سنوات، ومحو الأمية بين الشباب ومتوسطي العمر بحلول عام 2010.

الخطة الثانية: وتستهدف تطوير التعليم للقرن الحادي والعشرين، من خلال تحسين وتطوير نوعية المعلمين، والتركيز على أخلاقيات المهنة، وتوفير برامج تنمية مهنية مستمرة، والتدريب أثناء الخدمة.

الخطة الثالثة: وتستهدف تطوير التعليم للقرن الحادي والعشرين، من خلال تنفيذ مشروع التعليم عن بعد، حديثا وبناء شبكة تعليم مفتوحة، وإنشاء نظام للتعليم المستمر مع الاهتمام الخاص بتقديم خدمات التنمية الريفية والزراعية

الخطة الرابعة: وتستهدف تطوير التعليم المهني، وتعليم الكبار، وتدريب عدد كبير من العمال المؤهلين والموظفين المهرة بالمؤهلات الضرورية، ونشر الخدمات للتنمية الزراعية والريفية .

الخطة الخامسة: وتستهدف إصلاح أنظمة التقويم التربوي، وزيادة دافعية قطاعات المجتمع المختلفة لإدارة المؤسسات التعليمية من خلال تشكيل إطار للخدمات التعليمية بحيث تتم إدارة معظم المدارس بواسطة الحكومة أو بواسطة القطاعات الاجتماعية الأخرى وصياغة سياسات تهدف إلى جذب الأموال غير الحكومية الخاصة.

خطوات الإصلاح التعليمي في الصين:

أولا : منح مسئوليات تطوير التعليم الأساسي للمحليات :

تقوم الحكومة المركزية في الصين بالإشراف والإرشاد العام بالنسبة للتعليم الأساسي، بينما تقع مسئولية الإدارة اليومية والمتابعة على الحكومات المحلية. وتعد لجنة الدولة للتعليم (SEDC) مسئولة عن صياغة القوانين والتشريعات والسياسات والتخطيط العام ووضع العناصر الأساسية لنظام التعليم وإيجاد تمويل خاص لتدريب المعلم في المناطق الفقيرة، وأيضا مهمة الإشراف العام على العمل داخل الأقسام التعليمية تحت سلطة الحكومات المحلية. وتقع مسئولية وضع خطط لتطوير التعليم وتصميم خطط التدريس شاملة بذلك المناهج الدراسية في المدارس الابتدائية والثانوية المحلية على عاتق الحكومات الإقليمية والريفية، وتوفير التمويل المالي لمساعدة المناطق الفقيرة مع توزيع المبالغ المالية على التعليم الأساسي وتبنت الصين سياسة وضع الخطط التعليمية على أسس إقليمية بشرط أن يتم ذلك في ضوء السياسات العامة. وأن تتغير وظائف الحكومة من مجرد تنفيذ الإدارة المباشرة لشئون المدارس إلى الإدارة على مستوى اكبر بالطرق التشريعية والقانونية، والتخطيط، وتوزيع الميزانية إلى جانب الإدارة التنفيذية وتمكين المؤسسات التعليمية من أن تصبح كيانا قانونيا ومنحها قدرا مناسبا من السلطة لاتخاذ القرارات وأن تضع خطة لتوفير البرامج التعليمية استجابة للاحتياجات الاجتماعية. أما الحكومات

المحلية فتتحمل مسئولية تمويل التعليم الإلزامي، ونشر وتوظيف مبادئ إدارة المدرسة وتوفير التوجيه التعليمي للمدرسين ويتمثل عمل حكومات الدوائر الانتخابية في إدخال التعليم الإلزامي في المناطق الخاضعة لسلطتهم القضائية وقد تم إلغاء وزارة التربية والتعليم في الصين وإنشاء لجنة تعليم قومية عام 1985، وتولت اللجنة القيام بالأدوار التي كانت تقوم بها لجنة التخطيط القومي بوزارة التعليم، وأصبحت مسئولة عن كل المؤسسات التعليمية ولعبت دورا أساسيا في إدارة التعليم الذي أضفي نوعا من اللامركزية، وتعد لجنة التعليم بالدولة مسئولة عن وضع الأسس والمبادئ الموجهة للتعليم، ووضع القوانين وتخطيط مشروعات التطوير وتنسيق البرامج التعليمية للأقسام المختلفة، ووضع معايير لقياس الأداء التعليمي وتيسير الإدارة وتفويض السلطة وحدث تحول في الإدارة إلى مناطق لامركزية ومديريات تتمتع بالاستقلال ومجالس بلدية وحكومات محلية لديها القدرة على تطوير التعليم الأساسي ولديها مزيد من القدرة على صنع القرار.

ثانيا: سياسة تطوير التعليم الإلزامي في الصين:

أقر الاجتماع الرابع للمؤتمر الوطني الشعبي السادس في إبريل 1986 قانون التعليم الإلزامي الصيني الذي ينص بأن يلتحق الأطفال بالتعليم في سن السادسة من العمر وبالحدود التي يحددها قانون التعليم الإلزامي، بصرف النظر عن الجنس والنوع ويقضي قانون التعليم الإلزامي بأن يكون التعليم الإلزامي مجانا، وتقع مسئولية تنفيذ هذا القانون على الآباء وأولياء الأمور، أما الآباء الذين يمتنعون عن تطبيق هذا النظام فإنهم يتعرضون للعقاب وتفرض السلطات المحلية العقوبات المنصوص عليها على الوحدات والأشخاص الذين يعمدون إلى تشغيل الأطفال في سن المدرسة. ويشمل التعليم الإلزامي مرحلتين هما المرحلة الابتدائية والمرحلة المتوسطة الدنيا، وتعمل الصين على تعميم التعليم المتوسط الأدنى وعلى إتاحة فرصة التعليم للجميع في عمر التعليم الإلزامي الأمر الذي يستدعي قيام السلطة المحلية بوضع البرامج الملائمة للأطفال بما يتناسب وحاجاتهم ومع أعمارهم ويقرر أعضاء البرلمان في المستويات المحلية المتعددة خطوات

وطرق تنفيذ التعليم الإلزامي ذو التسع سنوات بما يتفق وتوجيهات السلطة المركزية وخطوطها الإرشادية، وتطوير التعليم الإلزامي في المناطق الريفية والمناطق الحضرية وربط التعليم الإلزامي بالأسرة والمجتمع وربط التعليم والكتب الدراسية بالإنتاج والجانب النظري بالجانب العملي .

وتضمنت إجراءات السياسة التعليمية فيما يخص ذلك لا مركزية التعليم، وعولمة نظام التعليم الإلزامي ذو التسع سنوات، ومحو الأمية، وتنويع مصادر تمويل التعليم، وفرض الرسوم والضرائب التعليمية عن طريق جمع الموارد المالية من الأسر . وبذلك نجحت حركة إصلاح التعليم الأساسي في الصين.

ثالثا: سياسة إعداد وتدريب المعلمين ورعايتهم في الصين:

تولى حكومة الصين اهتماما كبيرا بالمعلم، وتعمل جاهدة على تحسين الأوضاع الاجتماعية للمعلمين، وتم تشريع قانون المعلمين (647) في عام 1993 والذي يحدد حقوق ومسئوليات ومؤهلات توظيف المعلمين وإعدادهم وتدريبهم وتقويمهم، والالتزامات القانونية لهم ويتم ترقية هيئة التدريس طبقا للقانون .وتطبق الصين نظام مؤهلات المعلمين والتي تقسم المعلمين إلى سبعة تصنيفات ترتبط بالمراحل التعليمية المختلفة .بدأ من معلم مرحلة رياض الأطفال وحتى أستاذ الجامعة

وتشجع حكومة الصين التدريب والتنمية المستمرة للمعلمين من أجل تحسين الجودة النوعية لهيئة التدريس، ويتم تدريب المعلمين من مختلف المستويات في مدارس أو مؤسسات تدريب أثناء الخدمة . وقد قامت حكومة الصين الشعبية بالتخطيط لتنفيذ "مشروع التعليم المستمر لمعلمي المدارس الابتدائية والثانوية عام 1999" وتتضمن أهداف هذا المشروع عولمة التعليم الثانوي بنهاية عام 2010 على أساس المعايير التي يتم الأخذ بها تدريجيا .

كما بذلت حكومة الصين جهدا من أجل تحسين الأوضاع الاجتماعية والأمور المادية للمعلمين والمتعلقة بأجور المعلمين والحوافز وزيادة أجورهم تدريجيا، والرعاية

الطبية والاهتمام بجودة المعلمين، حتى وصلت نسبة المعلمين الذين يستوفون معايير المؤهلات الأكاديمية في المدارس الابتدائية 96,9% وفي المدارس الثانوية 87% وفي المدارس الثانوية العليا 68,43% عام 2000. وتنتهج الصين سياسة تدريبية شاملة يتم تنفيذها من خلال العديد من المؤسسات التدريبية، ويعتبر تدريب المعلمين في الصين مسئولية مشتركة بين مختلف الأجهزة الإدارية التعليمية ومؤسسات تدريب المعلمين ومؤسسات التدريب الأخرى،بالإضافة إلى المدارس التي يعمل بها المعلمون، بالإضافة إلى مقررات جامعات المراسلة بواسطة كليات ومعاهد التربية، والمؤسسات الخاصة.

رابعا: سياسة الاهتمام بالتعليم المهني والفني :

كانت لدراسات بحوث الخطة الخمسية السادسة من 1980-1985 تأثير واضح على تطوير التعليم الثانوي. أن يبدأ التعليم الفني من المرحلة الابتدائية إلى التعليم الفني العالي. وفي ضوء اهتمام السياسة التعليمية في الصين بالتعليم الفني والمهني صدر قانون التعليم الفني عام 1996، والذي قدم الأسس القانونية الخاصة لإجراءات إصلاح التعليم الفني الصناعي في الصين، لما له من دور في زيادة معدل النمو الاقتصادي، ونتيجة لذلك حدث تزايد في الناتج الإجمالي للصين من 451.8 مليون يوان عام 1978 ليصل إلى 6.756 بليون يوان عام 1996 مسجلا معدل نمو سنوي في المتوسط مقداره 10% .

خامسا: سياسة المشاركة في تمويل التعليم في الصين :

ينص قانون التعليم لجمهورية الصين الشعبية على أن الدولة سوف تؤسس نظاما لتمويل التعليم تشكل فيه المخصصات النقدية موردا رئيسا، يضاف إليها رءوس أموال تجمع عبر قنوات متنوعة، وفي نفس الوقت، هناك نظام لتقسيم المسئولية بين الحكومة المركزية والحكومات المحلية وهو نظام يستخدم في الإدارة وتمويل التعليم. بمعنى أن الميزانية القومية مسئولة عن تمويل مؤسسات التعليم العالي عن الاعتمادات المالية الخاصة التي تستغل في مشاريع تعليمية معينة بالدولة وكل ذلك يقع في دائرة اختصاص

السلطات المركزية. بينما ميزانيات الحكومات المحلية فهى مسئولة عن تمويل مؤسسات التعليم العالي التي تقع تحت السيطرة المحلية، ومسئولة عن تمويل التعليم العام ما قبل المدرسي وعن التعليم الثانوي عن طريق زيادة رءوس الأموال لتمويل التعليم، بخلاف الموارد الحكومية من ضرائب، ورسوم تجمع بواسطة الحكومات المحلية على مستويات متنوعة ومن أجل ذلك نص القانون على "رسوم يتم تحصيلها من الطلاب الذين يواظبون على حضور التعليم ما بعد الإلزامي ورسوم مختلفة الأنواع تحصل من الطلاب الذين يحضرون التعليم الإلزامي، والأموال التي تساهم بها المشروعات المدرسية، وإسهامات تطوعية تقدم بواسطة المجتمع المحلى ومنح من الأحياء المختلفة واعتمادات مالية مختلفة". وقد أولت الحكومة الصينية اهتماما كبيرا بالتمويل التعليم الصناعي. ينص قانون التعليم لجمهورية الصين الشعبية بوضوح على: أن الدولة سوف تزيد بصورة تدريجية نسبة الإنفاق التعليمي من إجمالي الناتج القوميGNP، وصل إجمالي الدولة في عام 2000 من الإنفاق على التعليم إلى 384,908 بليون ين في عام 2000 وتوفر الدولة منه مبلغ 256,261 بليون ين من هذا الإجمالي من موارد الدولة النقدية. وتحاول لحكومة زيادة مستوى الإنفاق على التعليم إلى نسبة 4% من إجمالي الناتج القومي وتتولى الإدارة المالية وإدارات التخطيط الحكومي على مستوياتها المختلفة مسئولية صياغة مُسْودَة الميزانيات التعليمية وتسليمها للسجالس الشعبية على نفس المستوى للتصديق عليها. وخلال إعداد الميزانية التعليمية السنوية فإن الإدارات التعليمية مسئولة عن مراجعة وتخصيص أموال البنية الأساسية على نفس طريقة تأسيس النظام الاقتصادي للسوق الاشتراكية فإن التكاليف المشتركة بين الحكومة والأفراد أصبحت أساسية في مستويات ما بعد التعليم الإلزامي، وبناءا عليه فإن الرسوم الدراسية يتم تحصيلها من الطلاب بنسب مئوية معينة من التكلفة التعليمية ككل وتمثل هذه الموارد التي تبلغ 59,4% بليون ين تمثل 15,45% من إجمالي الموارد التعليمية .

سادسا :إصلاح الإدارة المدرسية:

كان مدير المدرسة قبل عام 1985 يقوم بالإدارة من خلال القيادات الشعبية

المدرسية، ومثل هذا النظام الإدارى كان غير فعال لأنه خلط بين دور القيادات الشعبية المدرسية ومسئوليات الإدارة المدرسية، وبذلك تم إبعاد المدير عن الموقع الحقيقي لعملية صنع القرار، كما أوجد علاقة حزبية مقيدة بالمدرسة، وأصبح المدير مسئولا عن الرعاية الحزبية المدرسية بدلا من رعاية المدرسة، ثم جاء قرار الحزب الاشتراكي، والحكومة المركزية بالإصلاح والتنمية في عام 1985، ليضع في المقدمة "تفعيل مسئولية المديرين بالمدارس بجميع المراحل حتى المرحلة الثانوية".

ويحتوي هذا النظام الداخلي الجديد على ثلاثة عناصر رئيسة جديدة هي

1- المدير مسئول عن نشاط المدرسة وهو الممثل القانونى لها .

2- تشكيل لجنة مدرسية لمناقشة الأنشطة التي يقوم فيها المدير بدور صانع القرار

3- إنشاء مجلس للمعلمين يضم ممثلين عن المعلمين للمشاركة في صنع القرار الخاص بالأنشطة الهامة، وللإشراف على العمليات الإدارية، ولحماية الحقوق القانونية، ومصالح العاملين، وأعضاء هيئة التدريس، والشكل التالي يوضح الهيكل الإدارى الداخلي الجديد.

شكل (4) الإدارة الداخلية للمدرسة

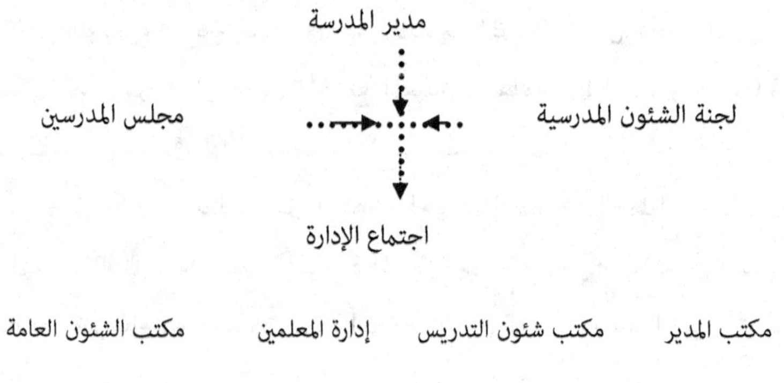

ويتضح من الشكل السابق نموذج الإدارة المدرسية الجديدة في الصين ويشتمل على ثلاث أجهزة رئيسة **هي:**

أولا: المدير، وهو مسئول عن كل الشئون المدرسية وهو الممثل القانوني للمدرسة.

ثانيا: لجنة الشئون المدرسية، وهى تشارك المدير في إقرار الأنشطة التي يلعب فيها المدير دور متخذ القرار .

ثالثا: مجلس المعلمين،ويشترك المعلمون من خلاله مشاركة كاملة في عملية صنع القرار.

وقد نتج عن تطبيق نظام مسئولية المدير تفعيل كفاءة الإدارة المدرسية، وكفاءة العملية التعليمية، بالرغم من أنه لم يتم تطبيق هذا العمل بالشكل الأمثل، بسبب عدم تمتع المدارس التي اتبعت هذا النظام بالاستقلال الذاتي كلية، وفشل أقسام الإدارة التعليمية في تفويض السلطة إلى الأعضاء الجدد، وفي تمويل إدارة هذه المدارس، ولذلك اعتبر كل من نظام رواتب المعلمين الجدد، وإعادة توزيع مهامهم ونظام مسئولية المدير من أهم قضايا الإصلاح في التسعينيات .

وتتميز الإدارة المدرسية في الصين بالروح الديمقراطية حيث تقوم على أساس مجالس يمثل فيها الطلبة والموظفون وهيئة التدريس، ولهم حقوقهم وواجباتهم، والغرض الأساسي من هذه الحياة الديمقراطية هو محو مساوئ الفردية والطغيان الذي كان يشمل الحياة الصينية في العهد الماضي. وشهدت الإدارة التعليمية في الصين تقلص في الدور الأكاديمي لقيادة المدارس، وتغيير القيادة التعليمية فيها، وتشكيل لجان من بعض أعضاء المجتمع المعنيين والمعلمين والطلاب، وذلك بهدف تحقيق مبدأ المشاركة المجتمعية في إدارة المؤسسات التعليمية. وظلت المدارس العامة خاضعة للرقابة المركزية من خلال آليات مختلفة مثل المناهج المحورية للجميع، والعمليات الإدارية الموحدة، والميزانية المحكمة الرقابة، والمدخلات الموحدة المصدر، مما جعل حركة التغيير في المدارس بسيطة وبطيئة للغاية، حتى عام 1991 أصدرت شعبة التعليم والقوى العاملة وإدارة التعليم وثيقة

رسمية باسم مبادرة الإدارة المدرسية Education and Manpower Branch And Department School Manegment Inatiative (SMI) والتي كانت بمثابة سياسة جديدة لإصلاح الإدارة المدرسية في هونج كونج، وتهدف إلى تحسين الجودة الشاملة في مدارسها وقد تم إصلاح نظام الإدارة المدرسية عن طريق تعزيز فعالية تجربة المدارس الابتدائية، وتقديم الحوافز التشجيعية لزيادة حماس المديرين والمعلمين وهيئة التدريس بالكليات، وفي عام 1994 بدأت المدارس في مقاطعة luoxiu في تطبيق نظام مسئولية المدير، وهو ما يعنى تحمل مدير المدرسة المسئولية كاملة عن النظام التعليمي، وعن توظيف المعلمين من خلال التجديد أو التعيين، وقد ساهم ذلك في تطوير إدارات المدارس. وتعد المدرسة في الصين مؤسسة تدريبية للمعلمين، يتم فيها تدريبهم على تحسين كفاياتهم التدريسية، والتعلم أثناء العمل من خلال العمل البحثي، ويتم التنسيق وإعداد خطط الدراسة بصورة مشتركة بين المعلمين في المادة الدراسية الواحدة، أو الفصل الواحد، كما تعقد المناقشات الجماعية لتبادل الخبرة بين المدرسين، ويقوم المفتشون بتقييم أعمال المعلمين وفق خطة معينة، حيث يخطر المدرس مسبقا بوقت الزيارة، ثم يناقش في عمله عقب كل زيارة للتشخيص والتقييم، ولتحقيق مبدأ التغذية الراجعة.

تعزيز دور الجمعيات الأهلية في الإصلاح التعليمي :

لعبت الجمعيات الأهلية دورا بارزا في إصلاح نظام تمويل التعليم في الصين خلال فترة "الخطة الخمسية التاسعة" The FiveYear Ninth Plan FYP. حيث اتخذت خطوات هامة لدعم التشريعات التعليمية المرتبطة ببعض المدارس الشعبية الحكومية، التي تديرها منظمات غير حكومية (NGOS)، بواسطة مساعدة الولاية أو مساعدة الكوميونات، أو بمساعدة أفراد، وتعتزم الصين بحلول عام 2010 أن تعتمد أغلب المدارس الخاصة التي تديرها الدولة على دعم ورعاية أصحاب المنظمات غير الحكومية. Sponsored (NGOS). وأن توضع إجراءات ميسرة لجمع الموارد المالية من مختلف جهات المجتمع. وأن تشترك بعض الهيئات المحلية، والقرى، في تمويل التعليم وبناء المدارس من خلال

الضرائب، وأن تسهم المصانع والمؤسسات، وأجهزة البحث العلمي، والمكاتب العامة، والهيئات المدنية، والقـوات المسلحة والكوميونات الشعبية، والمنظمات في فتح المدارس والمشاركة في تأسيسها وينظر للمؤسسة التعليمية في الصين على أنها "عمل كبير تديره أمة فقيرة".

وقد تم العمل منذ منتصف الثمانينيات، بسياسة زيادة التمويل من خلال تنويع المصادر، والعمل بنظام اقتسام التكلفة، كحل أساسي لمشكلة النقص الحاد في تمويل التعليم، وساعد على ذلك لا مركزية تمويل التعليم الإلزامي، خاصة في المناطق التي تتمتع بقدر أقل من التنمية الاقتصادية،وفي المناطق الريفية، واستطاعت المدارس توفير مصادر التمويل من الأنشطة الاقتصادية بالمدرسة، والتي أصبحت من العوامل المؤثرة في الحفاظ على استقرار التعليم.

وتلعب المنظمات غير الحكومية (NGOS)، والمشاريع والمعاهد في الصين دورا بارزا في تطوير سياسة التعليم في مرحلة ما قبل المدرسة، وحشد وتحريك المصادر المهتمة لإدارة حضانات بأشكال مختلفة، إلى جانب الحضانات التي تدار بواسطة الحكومات المركزية، كما تشجع الأفراد على إنشاء وإدارة حضانات بشكل قانوني، ومن خلال هذه التوجهات خطت سياسة ما قبل التعليم أو مرحلة تعليم الطفولة المبكرة خطوات هائلة، حتى وصلت نسبة الأطفال المدرجين في الحضانات وفصول ما قبل المدارس المتصلة بالمدارس الابتدائية 32.5 % من إجمالي الأطفال من سن ثلاث إلى ست سنوات. وفي عام 19995، وفي المدن الكبرى والمتوسطة فإن غالبية الأطفال من سن 3-6 يذهبون إلى حضانات ويتلقون تعليم ما قبل دخولهم المدرسة الابتدائية.

ومن أبرز جهود المنظمات غير الحكومية في دعم التعليم الإلزامي في الصين، "مشروع الأمل" (Project Hope) الذي قامت به مؤسسة الصين لتنمية الشباب (China Youth Development CYDF Foundation). وكانت مهمتها الأولى إلحاق الأطفال المتسربين بالمدارس في المناطق الفقيرة، وجذب مصادر التمويل غير الحكومي لتطوير التعليم في الصين في المناطق الفقيرة، كما أنشئت منظمة الشباب الشيوعية (Communist (CYL

youth league كمنظمة فرعية تعمل تحت قيادة الحزب الشيوعي الصيني، وتقدم الدعم والمساندة للحزب الشيوعي الصيني فيما يتعلق بالأنشطة القومية للشباب وطبقا لتوجيهاته.

وقد نجح مشروع الأمل في إلحاق الأطفال المتسربين في المناطق الفقيرة بالمدارس وقد نجح هذا المشروع في أن يعيد أكثر من 10 آلاف طفل للمدرسة في العام الأول من المشروع.

وتقوم حاليا الحكومة الصينية بتشجيع المساعدات غير الحكومية والخاصة لإنشاء وإدارة المؤسسات التعليمية، ومؤسسات التعليم العالي. ففي عام 2001 كان هناك 56200 مدرسة خاصة بإجمالي 74100 طالبا، وكان منهم 44.5 ألف دار حضانة بإجمالي يزيد على 314930 طفلا، وتشجع الدولة المساهمة الفعالة في إدارة المدارس الثانوية والابتدائية من جميع جوانب المجتمع . وبناء عليه فإنه في كثير من المحليات يوجد بها مدارس ابتدائية وثانوية قد عاونتها مشاريع ومؤسسات ومعاهد ولجان فردية بمساندة جميع جوانب المجتمع بالمدارس.

وتؤدى الجمعيات الأهلية في الصين دورا بارزا في تأسيس علاقات شراكة في مجال التعليم، ومنها الجمعية التعليمية الصينية للتبادل العالمي، وهى منظمة قومية غير حكومية تدعو إلى التعاون والتبادل الدولي في التعليم، ولها أقسام محلية متصلة بالمحليات، ويوجد في كل المؤسسات التعليمية العليا في الصين مركز للتعاون والتبادل العالمي منها الجمعية الصينية التعليمية للتعاون والتبادل العالمي والتي أسست علاقات شراكة مع أكثر من 13 منظمة في 30 دولة في العالم، ومن الأشكال الرئيسية للتعاون والتبادل في المجال التعليم تبادل المعلمين، وتبادل الطلاب، وإدارة المؤسسات التعليمية بشكل مشترك، والبحوث التعاونية المشتركة .

المراجــع:

(1) يسرية على محمود: "**دور مراكز البحوث التربوية دراسة مقارنة**"، رسالة دكتوراه غير منشورة، معهد الدراسات والبحوث التربوية، جامعة القاهرة، 2000، ص 223.

(2) روجييسونج: مرجع سابق، ص 220.

(3) جيان بوزان - هوهوا - شاوخو نتشينغ: "**موجز تاريخ الصين**". دمشق، دار دمشق للطباعة، 1983، ص 23.

(4) شين شيه - بينغ، شين شيه فو: "**تاريخ الصين" تايوان**. القاهرة ، دار النشر الصينية، 1959 ،، ص 40.

(5) فرغلي جاد أحمد: "**نظام التعليم في الصين، التجربة والدروس المستفادة** ". القاهرة، دار المعارف،1989، ص 370.

(6) Chul , Sam Tsang, : " **Society, Schools and Progress in China**", London, Rregiment press, 1968, pp. 26-27

(7) ثناء يوسف العاصي: "**التاريخ التربوي في العصور الحديثة**". طنطا، مكتبة التقدم، 1986، ص 284. 7

(8) Lofsted, Jan Ingvar: "**Chinese Educational policy changes and contradictions 1949-1979**" Sweden, Almqvist&Wiksell International Stokholm, Humanities Press Inc ,1980, P.124

(9) Lofsted , Jan Ingvar: "Op cit , p1249

(10) محمد أبو حسيبة مرسي محمد: "**دراسة مقارنة لنظام التعليم الإلزامي في الصين في جمهورية مصر العربية وجمهورية الصين الشعبية**"، رسالة ماجستير غير منشورة، كلية التربية، جامعة أسيوط، 1995، ص 88.

(11) إبراهيم نافع: "**الصين معجزة نهاية القرن العشرين**". القاهرة، مركز الأهرام للترجمة والنشر، 1999، ص10 .

(12) Pepper, Suzanne:" **Radicalism and education reform in twentieth century**

in China the search for an ideal development model" ,London , Cambridge University press 1996 , p157-163

(13) فائقة سعيد الصالح: **"التعليم في دول الشرق الأقصى"**. البحرين، سلسلة نظم التعليم في العالم، 1998، ص 12.

(14) Teng, Teng: **"People,s Rrepublic Of China,** In: "Postleth Waite, T.Neveille (ed) **International Encyclopedia of National System of Ducation,** 2nd Edition", Britain, Pergamon , 1995, p. 206.

(15) نبيل سعد خليل: **"التعليم الإلزامي ودوره في التنمية الاقتصادية والاجتماعية في جمهورية الصين الشعبية"** دراسة حالة، في **"تجارب معاصرة، في التربية والتنمية"**، المؤتمر السنوي السادس الجمعية المصرية للتربية المقارنة والإدارة التعليمية دار الفكر العربي ومكتبة النهضة 25-27 يناير 1998، ص133 .

(16) تقرير البنك الدولي لبحوث السياسة العامة: **"المعجزة الصينية معجزة شرق آسيا، النمو الاقتصادي، السياسات العامة"** ترجمة عبد الله ناصر السويدي، مركز الإمارات للدراسات والبحوث الإستراتيجية، الطبعة الأولى، عام 2000، ص 90.

(17) فانج هسوه: "مصنع تديره مدرسة بكين"، **تحقيق خاص عن سمات التعليم في الصين، ترجمة أحمد خالي .** مستقبل التربية، العدد الرابع اليونسكو، مركز مطبوعات اليونسكو، 1975، ص 77-78.

(18) إيملي هانوم ترجمة د. مجدي على: **"الفقر والتعليم الأساسي في الصين، قضايا الإنصاف في التسعينات،** مستقبليات"، مجلة فصيلة للتربية المقارنة، العدد 112، مجلد 29، عدد 4 ديسمبر 1999، ص 634 .

(19) شوقى جلال: **"الصين، التجربة والتحدي"**، القاهرة، دار المعارف، 2001، ص 14.

(20) تقرير البنك الدولي لبحوث السياسية العامة: مرجع سابق، ص 90.

(21) **التقرير الإستراتيجي العربي: اختلالات نظرية، الاتجاه شرقا، التجربة الصينية، نموذجا.** مرجع سابق، ص 88.

(22) ليو بواتنج: "**الإصلاح الهيكلي والتنمية الاقتصادية في الصين**" مقالات مختارة بمناسبة مرور خمسين عاما من عمر المجلة الدولية للعوم الاجتماعية، المجلة الدولية للعلوم الاجتماعية، سبتمبر 1998، العدد 157، ص 161.

(23) Hudson, Christoper and Curry,Jude: **"The China Handbook"**, London, Fitzroy earborn, publishes, , 1997, P.250.

(24) Xie Yun jin : **Recent Development of Satellite TV Normal Education in China**, paper presented to National Conference on Teacher Education, Preparation, Training , Welfare" Cairo, Ministry of Education, 6-8 November, 1996, P. 97.

(25) State Education Commission: **"Developing The Distance Education Network To Promote Education in Poverty Stricken Counties"** in "**Hard Climbing** . selected cases in promotion of basic education in china western Disadvantaged counties, Sino Unicef Project , State Education Commission ,1998, p 122

(26) Ministry of Education: "**Education in China**", Pepoles Republic of China, 2002,p10.

(27) State Education Commission: "**Improving the educational environment for girls as awhole , helping girls back to school.** in **Hard Climbing**. selected cases in promotion of basic education in chinas western Disadvantaged counties, Sino Unicef Progect , State Education Commission ,1998, p112

(28) Education Law of the peoples Republic of china 1995: **journal of Chinese Education & society** may/jun 99, vol 32 issue 3, p30.

(29) Zhixin Su: "An Organizational Analysis of central Education Admenest- ration in China": In: Epsetin Irving (ed): "Chinese Education, problems, polices, and prospects", U.S.A , Garland Publising ,Inc . 1991 , p 375 .

(30) State Education Commission: "**New Approach for Development of preschool education in mountains of basic education in china's westrern disadvantaged counties** in **Hard Climbing**. selected cases in promotion of basic education in chinas western Disadvantaged counties , Sino Unicef Progect , State Education Commission ,1998, , p.81

(31) Peirong ,Liu: "**Developing Informal preschool education in back word mountain areas according to local conditions** "in **Hard Climbing**. selected cases in promotion of basic education in chinas western Disadvantaged counties, Sino Unicef Progect , State Education Commission, 1998, P. 67 .

(32) State Education Commission: **"One Township One school, An effective mode of school running for popularizing compulsory education in poor counties"** : In: **Hard Climbing selected cases in promotion basic education in chinas western Disadvantaged counties**, Sino Unicef Progect, State Education Commission ,1998 , p.33

(33) Unesco World Survey Education: **Educational Policy, Legislation and Administration** , Paris, Unesco , 1971 , PP. 319 - 322

(34) Compulsory Education Law of the peoples Republic of China enacted 1986, journal of Chinese Education &society, may/jun99, vol.32, issue 3, p14.

(35) Education Law of the peoples Republic of china , 1995 : journal of Chinese Education & society , may/jun99, vol.32, issue 3, p30.

(36) Education Law of the peoples Republic of china , 1995 : journal of Chinese Education & society, may/jun99, vol. 32, issue 3, p30.

(37) eachers law of the people Republic of china Enacted October 1993 : journal of Chinese Education &society, may/jun 99, vol 32 ,Issue 3, p 19.

(38) **Vocational Education Law of the peoples Republic of China enacted1996** - Chinese:Education &society may/jun99 , vol.32 issue 3,

(39) Ministry of education: **"action scheme for invigorating education towards the 21st century(III)Improving energetically the Quality of teachers through implementinon of governors promotion project across the centuries"**, china education and research network. 1998. 2000 http://www. edu. cn/Hompagel English / Laws lindex. Shtml Ddate of modefied=1998-2000 Date of citation =14/10/2002 on line available.

Printed in the United States
By Bookmasters